Studies of Archaic Chinese

上古漢語研究

中國社會科學院語言研究所《上古漢語研究》編輯部 編

第二輯

商務印書館
The Commercial Press

2017年·北京

圖書在版編目(CIP)數據

上古漢語研究. 第 2 輯/中國社會科學院語言研究所《上古漢語研究》編輯部編. —北京:商務印書館,2018

ISBN 978-7-100-15584-7

Ⅰ.①上… Ⅱ.①中… Ⅲ.①古漢語—研究 Ⅳ.①H109.2

中國版本圖書館 CIP 數據核字(2017)第 297563 號

權利保留,侵權必究。

上 古 漢 語 研 究
(第二輯)
中國社會科學院語言研究所
《上古漢語研究》編輯部 編

商 務 印 書 館 出 版
(北京王府井大街36號　郵政編碼100710)
商 務 印 書 館 發 行
北京市藝輝印刷有限公司印刷
ISBN 978-7-100-15584-7

2018 年 6 月第 1 版　　開本 787×1092　1/16
2018 年 6 月北京第 1 次印刷　印張 14
定價:48.00 元

顧　問（以姓氏筆畫爲序）：
王　寧　江藍生　何九盈　高嶋謙一
董　琨　裘錫圭　鄭張尚芳

主　編：孟蓬生

編輯部（以姓氏筆畫爲序）：
王志平　李　玉　肖曉暉　孟蓬生　姚振武　張　潔

本輯責任編輯：
孟蓬生　王志平　李　玉　肖曉暉　張　潔　游　帥

封面題字：陳永正

目　　錄

語言學對漢語史研究的期待 ………………………………………… 劉丹青（ 1 ）
清華楚簡所見甲骨文字遺跡舉例 …………………………………… 沈建華（ 7 ）
"包"字溯源 …………………………………………………………… 蔣玉斌（10）
釋甲骨文"庭"的一個異體 …………………………………………… 王子楊（15）
"量"字新說 …………………………………………………………… 莫伯峰（19）
幾組甲骨新綴的整理 ………………………………………………… 劉　影（25）
吳王光鑑銘文補釋 …………………………………………………… 李家浩（30）
馬王堆帛書校讀拾補 ………………………………………………… 沈　培（35）
《長沙馬王堆漢墓簡帛集成》校讀札記 …………………………… 周　波（46）
試論利用簡帛用字現象進行相關研究需要注意的問題 …………… 袁金平（54）

上古漢語同義詞的確定 ……………………………………………… 李佐豐（66）
每一種語序都蘊涵着自己的反面
　　——試論上古漢語語序的綜合性 ……………………………… 姚振武（88）
體標記、選擇標記與測度標記
　　——先秦兩漢虛詞"將"析論 ………………………………… 盧烈紅（100）
"絕不要"和"一定要"
　　——先秦古書疑難詞句考釋二題 …………………………… 楊逢彬（112）
西周金文中的總括副詞"總"和"畢" ………………………… 石小力（122）
近20年上古漢語專書詞彙研究綜述 ………………… 武振玉　閆斯文（129）
蜀語、漢語、羌語同源說 ………………………………………… 汪啟明（143）
上古音與古文字研究芻議 ………………………………………… 王志平（158）
上古韻部歸字辨析三則 …………………………………………… 張富海（178）
劉賾《說文最初聲母分列古本韻二十八部表》校理、今音標注與說明（下） …… 馮　蒸（182）

《上古漢語研究》稿約 …………………………………………………………（214）

語言學對漢語史研究的期待[*]

劉丹青

一、漢語史研究的三種不同取向

我在2003年到浙大做講座,就專門談過對漢語史研究的一些看法。2005年在河北師大舉行的全國博士生導師論壇上,我又專門就語文學和語言學的關係做過專題發言。今天的發言是在以往這些思考基礎上的繼續和發展。

漢語史的研究,存在三種不同的取向。

一是面向文獻的漢語史研究,它主要是爲了解決古代文獻解讀中出現的種種問題。

二是面向古代活語言的漢語史研究,它主要目的是還原作爲活語言的古代語言的系統性狀況及其演變過程。當然,由於不可能有現代人對自己母語的那種語感,能掌握的古代材料畢竟受限,這種系統的還原不可能是百分之百實現的。

三是面向普通語言學的漢語史研究,其目的是讓漢語史的研究推動普通語言學理論的發展。

這三者的關係是:有關聯而又不同,能相互促進,並不能相互替代。

由於研究目的的不同,三者各自形成了自己的一些研究範式。但它們的研究對象畢竟有很大的共同點,因此它們的研究成果是可以互相促進的。這三種取向出現時代不一,但有不同的學術功能,並不能互相代替,不是更替關係。不能認爲後起的研究範式就是唯一先進的,應當完全取代早先已有的研究範式。也不能認爲早先原有的研究範式就是研究漢語史的唯一正道,對後出現的研究取向持排斥態度。更不能認爲早於自己的都是落後的,晚於自己的都是不可靠的。相互吸收促進,各自蓬勃發展,是它們最健康的學術發展之道。用錯誤的眼光看待三者關係,就會導致不必要的相互排斥,無端損耗寶貴的學術資源。

---

[*] 本文是劉丹青在"第五届《中國語文》青年學者論壇"(浙江大學,2017年4月9日)上的發言,由唐正大根據發言提綱和錄音整理,經作者本人閱校修正。

我高興地看到,這次論壇的東道主浙江大學作爲漢語史研究的重鎮,三種研究取向都存在,都發展得很好,而且形成了健康的互動關係。這是非常可喜的。

我今天要談的語言學對漢語史研究的期待,主要是就第二、第三種取向而言的。

二、漢語音節結構、音節顯赫程度及其與漢字的關係

漢語的一大特點是音節顯赫。音節顯赫的古今表現並不完全相同。這是需要深入思考的。例如,可能存在的複輔音、聲調的有無,都會對音節的顯赫度產生影響。具有複輔音的語言,其音節顯赫就沒有單純的 CV 或 CVC 語言強;有聲調的語言,音節顯赫強於無聲調語言。

先看如何解釋非音變關係的諧聲現象。很多諧聲,發生在語音特徵相距很遠、難以用語音演變來理解的語音之間,如明母曉母的諧聲——母每梅霉(明母)—悔晦(曉母),一個是雙唇濁鼻音,一個是舌根清擦音,幾乎沒有任何共同點,爲什麼能用同樣的聲符?用很多語言存在的這類複輔音來解釋是最自然的。當然也有人提出清鼻音等解釋,也需要進一步論證是否在清鼻音之前或之後階段經歷過複輔音的階段。再如見組與來母的諧聲——各格閣(見母)—絡洛落駱(來母),很難設想見母和來母能相互演變,用親屬語言藏緬語也存在的 kl- 或 kr- 一類複輔音解釋是最貼切的;況且"角"的意思後代還有"角落、旮旯"等雙音節現象,用複輔音的裂化是最好解釋的。同時也解釋了"角里先生"爲什麼要念作甚至寫作"甪里先生",還有仍存在於蘇州的"甪直"一類地名,字也是"角"減去筆劃,用複輔音的分化也是最好解釋的。

象形—音節類文字不必起源於音節特別顯赫的語言,很多跟漢語音系類型不同的語言都產生過象形—音節類文字,但是音節顯赫會長久維持文字的音節屬性。其他很多象形—音節類文字最終變成了音素類拼音文字,而漢字作爲持久地記錄漢語的工具,和漢語的音節越來越顯赫有關。漢語的音節變化,包括複輔音的丟失、聲調的產生,都把漢語的音節包裝成一個更加堅固的整體。在這種情況下,漢字沒有像別的語言的文字系統那樣從音節文字向音素文字發展。我們知道,漢字跟詞語、語素的關係非常複雜,不像漢字和音節的對應關係那麼簡單。現在很多人在研究字詞關係,研究各種各樣的通假關係,就是因爲字和詞不是對應得十分整齊的。

漢字對應音節顯赫的程度在不同時代不一定是等同的。有些情況下,例如昨天田煒報告中所舉到的例子,"事"和"吏",早期可以用同一個字"吏"記錄這兩個不同的語素,後代覺得,它們的差別越來越大了,讀音也可能不同了,所以秦統一六國"書同文"的時候就分開用兩個漢字來記錄了。再如沈培老師昨天報告中提到的"遂~順"和"遂~閱"之間的通用關係,從出土文獻釋讀的需求,這已經給出了答案。但作爲活語言的探究,我們還需要瞭解,這

些後代顯然不同音的漢字，當時究竟爲什麼能通用。是方言差異，還是漢字本身可以記錄不同的音節和語素，還是同一個語素/詞可以有不同的讀音，還是當時同音的漢字後來讀音分化了？按什麼規則分化？從這些例子，至少可以看出，漢字最初記錄音節的時候，並不是非常精確的，例如不能精確反映出複輔音的情況。因此，也就不能單憑漢字現在記錄漢語的模式來斷定古代的字詞關係。

三、早期漢語的形態問題

早期漢語的形態問題更爲複雜。形態跟音節顯赫有密切的關係。音節高度顯赫的語言會抑制形態的發展。音節顯赫的語言，每一次形態變化都要以音節爲單位，負擔太重。最近我讀拉丁語、希臘語的語法，一個動詞有大量的變位形式，可以多達 200 個，這在音節顯赫語言中是不能設想的。但上古漢語中，我們假定有複輔音、有複雜韻尾的存在，那麼，有可能存在比現代漢語更複雜的形態。比如，大家熟知的《公羊傳·莊公二十八年》："春秋伐者爲客，伐者爲主。"何休注："伐人者爲客，讀伐，長言之"；"見伐者爲主，讀伐，短言之"。古書只留下了漢字，我們很難想象這種用元音長短來表示主動和被動的情況只發生在一個動詞身上，這不符合語法的系統性。所以，其背後隱藏了哪些形態變化，我們至今瞭解得不夠。當然，有時候讀音差別到一定的程度，我們會用另外的字形來表示，有構詞的、構形的，因此滋生出很多的同源字詞，有些人用形態或者構詞去解釋。王力先生編寫了《同源字典》。同源字典提供了有同源關係的各種詞的語音關係，給了我們一個研究的起點，卻不是終點，我們要解釋這些同源字詞到底是什麼關係。"剛"和"堅"古聲母相同，韻母不同，韻母之間是什麼關係？爲什麼不同？同源字典中，有同音、雙聲、疊韻、旁轉、對轉等等情況，導致或實現這些語音差異的機制是什麼？動因是什麼？在當時的語言系統中是什麼存在狀況？都需要解釋。有些可能有方言的差別，例如北方人說"寬"，吳語人對應的是"闊"，再如"端（張凳子）"和吳語的"掇（張凳子）"的對應，這都是符合陽入對轉的。"陰陽對轉""陽入對轉"，不是單一的原因，有的是古代就存在的方言差別，有的則可能是形態變化。王力先生把這種現象給我們列出來，我們不能滿足於知道這些現象，還應該探究到底是什麼導致的。比如我們知道"教"和"學"是同源字，但是到底是先有"教"然後有"學"，還是反過來的情況？是根據什麼規則變音的？作爲語言學的古漢語研究，就要努力回答這些問題。

這裏要談談以下四個現象的相互關聯，即：音節顯赫、聲調顯赫、量詞和連動句。這四個現象從音素到詞類到句法，呈現出高度的相關關係。以粵語作爲突出例子，音節顯赫、聲調顯赫、量詞發達，功能豐富，連動句發達。往西北方向推，聲調越來越少，有的方言只剩下兩個聲調，有的方言幾乎要討論有沒有聲調的問題。另外，量詞數量減少，功能減少，很多方言常用一個"個"來解決問題。連動式，有些西北方言不如東南方言發達，不過這方面描寫材料不多,還有待進一步調查。我們再看看非漢語,比如壯侗語,音節顯赫,聲調顯赫,可以多達近十個聲調,連動顯赫,量詞功能發達;到彝語支,音節比較顯赫,只有CV結構,最多有少量CVC結構,沒有複輔音,量詞功能少於壯侗語,但比西部的語言要多很多,連動式也比較發達;到羌、藏語言,複輔音多起來了,聲調則有的語言有,有的沒有,不穩定,量詞似有似無,數詞可以和名詞直接組合,沒有連動句,或只有少量的和"來""去"組合的連動句。也就是說,這四個因素高度相關。因爲,量詞主要出現於形態不發達、數範疇不發達的語言中。我在《民族語文》2015年的文章中環顧了漢語周邊諸語言,發現連動顯赫只存在於孤立的、形態不發達的語言。比如阿爾泰語言完全沒有連動,要靠"副動詞"也即一種類似動詞分詞的形態手段來表示。都是從東南到西北,越來越減弱。這說明,空間推移、語言接觸的力量有時候大於親緣的力量,比如東南方言和壯侗語的共同性,要多於親緣上和我們更近的藏緬語的關係。而我們建立譜系關係的時候,主要依靠基本詞的語音對應關係。另外,所有東南亞的語言顯示,連動發達的語言都是形態不發達的語言,連動不發達的語言都有較發達的形態。那麼,回到上古漢語,上古漢語是什麼樣的語言?我們認爲,上古漢語音節顯赫程度不如廣東話,它有複輔音,聲調沒有或不發達,量詞還沒有批量產生,數名可以直接組合,連動不發達。因此,其形態應該要發達一些。古漢語中,連動即使有也僅限於少量動詞,如"來、去"類。其他一般要加"而"等連詞,我們在東亞地區找不到一個連動不發達、音節和聲調不很顯赫、量詞不發達卻同時沒有形態的語言。因此我們認爲,上古漢語並不是我們曾經設想的完全孤立型的語言,應該有比較豐富的形態體系。這有待漢語史學者去深入開掘。

四、漢語不同時代的語言生態
——從文獻中的漢語還原生活中的漢語

漢語史的研究除了微觀研究,同時應該多關注漢語不同時代的語言生態。這裏說的語言生態,就是要盡可能還原當時語言交際時的語碼關係是怎麼樣的——也就是說,多語多言狀態下,不同語言之間的關係是什麼樣的。比如,我們研究文獻,把甲骨文、金文、西周、春秋戰國文獻作爲一條綫來研究,但是我們知道,在上古時代,來自甘肅、陝西的周部落,是跟羌有關的。"羌"就是"西戎牧羊人"。而周部族中有顯赫的"姜"姓(呂尚姜太公之姓),雖然從女是華夏古姓用字的常態(姬、姒、嬴、姚等),但是"姜"和"羌"在字形上、讀音上的高度關聯又可能蘊涵著族群關係的重要信息。而殷商的地域特徵和族源關係,與之顯然有別。我們現在也看到,甲骨文裏的有些文字現象、語法現象、詞彙現象,和金文、周朝的語言關係有近有遠。而後來的文言文主要受周朝、春秋戰國先秦文獻的語言影響,而受甲骨文影響很小,比如先秦文獻最顯赫的"之、乎、者、也"在甲骨文裏面不顯赫甚至有的還沒有。那麼,它們到底是不是一種語言?他們的族源關係導致的語言混合現象如何?這些問題僅從文獻解讀的目的出發，不會去討論很多；從語言學的角度出發，就要盡可能還原這些東西。比如，我們會問，周代各諸侯國之間的是怎樣的語言關係？吳越之間？齊楚之間？晉楚之間？秦晉之間？北方人和楚國人互相嘲笑對方，所謂"南蠻鴃舌"之類；聲稱"我諸戎飲食衣服不與華同，贄幣不通，言語不達"或"我蠻夷也，不與中國之號諡"的群體，到底是像今天漢語和少數民族語言這樣的關係，還是方言間的關係？另外，分封制和發展的不均衡導致了統治集團的族源和被統治集團的族源不一定相同。楚國的統治者可能有漢族族源，百姓是哪些民族不很清楚。吳國的統治者是西周的嫡系，但是當地的人是披髮文身的百越先民。越國的世系可以追溯到跟褒姒一樣的"姒"姓，即大禹的後代，是不是真的可靠？我們看看吳越兩地君王的名字——闔閭、夫差、勾踐等，有些有漢族的特點，有些看起來像百越民族的。再如，《越人歌》是什麼語言？有些學者如鄭張尚芳和韋慶穩等將其語言與泰語、壯語建立起聯繫，這說明，當時這些地方的主體民族是壯侗系的百越民族。也另有說法，大禹就是從越地北上的。

同樣的問題，也適合於漢代之後。如漢朝與匈奴的語言關係，張騫出使西域是如何解決語言問題的，魏蜀吳的語言關係，它們和西涼馬騰馬超集團的語言關係，五胡亂華時的語言交流問題，鄭和下西洋時是如何解決語言問題的。

這裏也涉及對文獻語言研究的回饋。《切韻》的音系到底在什麼方言狀態下存在的？歷代共同語或標準語是怎樣的存在方式？這直接影響到對《切韻》音系性質的解讀。

《切韻》曾被認爲是所有漢語當代方言（至多除了閩語之外）的共同祖語。但是《切韻》形成的隋末沒有方言差異嗎？《切韻》時代的方言差異有多大？它們現代在哪兒？元代的漢兒言語、清代的八旗語言，到底是怎樣的存在形式和狀態？這些問題，不但對我們瞭解中國歷代社會生活的真實狀況和族際關係至關緊要，而且對於很多語言現象本身——例如近代漢語一些後置詞的自源與他源等問題——至關緊要。

社會語言學關注的語言生態，需要向古代漢語延伸，但是社會語言學的基本方式——社會調查——對古代漢語不適用。因此，只能靠文獻記載與語言材料的結合來逼近事實，當代多民族地區的語言生態也能爲還原舊時語言生態提供參照——但不是本證。

此外，我們還有中山國、渤海國這樣的非漢族群體，以後的五胡亂華、漢兒言語等，都顯示出了當時複雜的語言生態樣貌。更早時，河姆渡、半坡、紅山、良渚這些文化的主體民族是什麼語言的？那些少數民族首領的姓名是什麼語言的？那些地名是什麼語言的？他們是如何交際的？不同語言之間是如何實現有效交際的？不同方言之間是如何交際的？古代的方言差異跟今天的方言差異哪個更大？對於這些問題，我們現在囿於條件，無法像今天的社會語言學這樣進行實地調查、多語多方言的調查，但是我們應該努力從文獻中尋找線索，並結合其他歷史、考古等材料，進行復原式研究。

總之，建立漢語史研究中的語言生態研究，對揭示各個發展階段漢語和周邊語言的譜系關係、歷史發展、類型特徵、地緣特徵都有著很重要的意義。

這是我想到的語言學對漢語史研究的一些期待,當然只是部分的,卻是我們最希望獲得的信息。

(劉丹青　中國社會科學院語言研究所　100732)

清華楚簡所見甲骨文字遺跡舉例

沈建華

自70年代以來，國內各地不斷發現新的出土文獻，數量之多、内容之豐富，遠遠超過了孔壁和汲冢竹書，如包山簡、江陵九店簡、郭店簡。自上海博物館收藏楚簡之後，清華大學、嶽麓書院、北京大學相繼收藏了楚簡和秦漢簡，可以說近十年來楚簡已經成爲一門顯學。清華簡迄今爲止先後出版了六册，爲上古歷史、古典文獻研究提供了難得的資料，對戰國和秦漢語言文字研究產生了重要影響。

我們知道，商代和西周文字主要以甲骨和金文爲代表，春秋晚期以後，隨著社會的發展和變革，大量的生活器物銘文使我們看到當時社會的繁榮，到了戰國時代，以竹簡文字爲代表，其内涵更爲豐富。竹簡的文字結構與甲骨文和金文存在很大的差異，但在文字的發展序列上，它又與甲骨文有著很密切的淵源關係。近二十年來，許多誤釋和不認識的甲骨文字都是通過戰國簡破解的。兹以"協"爲例，將讀書心得提出，與大家討論。

清華簡《芮良夫》簡13篇中有一句"用❐（叡）保"之"❐"字。春秋晚期金文叔尸鐘曰："鰖叡而九事。"值得注意的是"叡"字下從"犬"從"言"，"言"與"音"通，說明"協"字本義與音樂有關。

從《芮良夫》簡13可以看出，三"力"字爲三具耒錨初形，後演化爲"力"字。"力"字下部易與"肉"混淆，如清華簡《尹誥》簡2（2013：330）"協"字"❐（叡）"從三"力"三"肉"三"犬"。所謂的"肉"部，其實應該是三個耒錨字形的訛變。

《說文》曰："劦，同力也，從三力。""協，衆之同和也。""恊，同心之和。"戰國簡的"叡（協）"字，我們都知道源自於甲骨文"協田"之"❐（叶）"。

"協田"最多見於廩辛康丁卜辭，如下：

(1) ……田叶，□每。（《合集》29228）

(2) 壬王叀叶田……。（《合集》29229）

(3) 弜田燹,叀……(《合集》29230)

(4) 王叀燹田,亡災。(《合集》29231)

(5) 戊王其田……王叀燹田,湄日亡戈。(《合集》29232)

甲骨文有"朁"字,可省作"虘",又省爲"曾"。于省吾先生(2009:392—396)曾釋爲"列"字,在卜辭中相當於"皆"字,表示並列的意思。如卜辭:

(1) ……朁令二人。(《合集》27749)

(2) 其虘用舊臣貝。(《合集》29694)

(3) 叀羊。豚眔羊曾用。(《合集》31182)

(4) 朁宰。(《合集》31183)

(5) 辛巳卜,王其奠元眔永,朁才盂奠,王弗□羊。(《屯南》1092)

中山王方壺作"虘",郭店楚簡作"虘"形,使我們對甲骨文"朁"字有了進一步的認識。裘錫圭先生(2013:467)指出:"殷墟卜辭有'朁',或省作'虘',當讀爲'皆'或'偕'","關於'皆'形的起源,似尚有待進一步研究"。由此看來,讀作"皆"在卜辭中顯然比讀作"列"更爲合理。

清華簡《系年》"皆"字異體作:❋(簡52)、❋(簡99)。對於"皆"字,有很多種討論。何琳儀(1998:1113—1114)認爲:"帛書,朁讀皆。截取朁之下的下半部凷,即爲皆字。"前些年李零(2013:119—120)在《西伯戡黎的再認識》一文中有詳細的論證,並附了先秦各時代的"皆"字形圖錄,他說:"這些例子,無論哪一種,都不從歹,也不從几,今體虎字從几是從人訛變,並非本來做几。今體皆字是個簡化字。"可見學者們都認爲"皆"字是個簡化字,但是對於"皆"字的來源並不清楚。

最近我從郭永秉先生(2015:165)的文章中受到啟發,他引用了鄔可晶的說法,指出:"迄今所見古文字資料中最早的'叡'字是春秋早期秦公鎛的❋,此字從'叡'從'目',而'叡'則'像手('又')持鏟臿之類工具('屮')疏鑿阬谷、溝壑('兮'),當是疏濬之'濬'的表意初文。"(鄔文見《出土文獻與古文字研究》第五輯,頁225。)郭永秉指出:"秦公鎛所從'屮'旁的寫法是繼承商代甲骨文、西周金文傳統寫法的——鏟鍤之上部手執之處作'卜'形。"郭永秉先生的這一說法可信。

從甲骨文"皆"或"偕"字"曾、朁、虘"等形來分析,可以看出上面的兩個並行的"屮"形爲上古掘土耒鍤農具。鍤,《釋名》:"鍤,插也。插地起土也。"漢代大禹治水石刻上的人物手中持的耒鍤與甲骨中的"㠭(皆)"字形完全相同。

過去我們並不清楚它的來源爲何物,有不同的猜測。其實源自於齒(協)字上部耒耜的簡化形,像二人合力耦耕狀,現在我們才明白,"皆"很可能源自"㠭"協字原始本義。"㠭"爲古代農具,反映了古代的耦耕。《詩經·周頌·載芟》曰:"千耦其耘。"一字排開,勞作景象之壯觀,《呂氏春秋·長利》"協而擾"即《周禮·里宰》"合耦而耰"。

《爾雅》曰:"諧、協,和也。""協"字在匣母葉部,與見母脂部的"皆"古音本義接近。《古文四聲韻》上平二十八"皆"字下的"諧"字作"龤"形。《儀禮·聘禮》:"三揖皆行。"鄭玄注:"皆,猶並也。"由此可知"協"和"皆"的密切聯繫,二字可通用。

另,甲骨文會意字"甾"便是一個直接證明。

合集 18433

很遺憾,此字在卜辭中我們只找到一例,我認爲有可能"甾"字是"協"字的變體。此字從"㠭"從"田",這與上所舉例《集成》277.2 叔尸鐘的"龤"(協)字,下從二"耒"從"犬"從"言",本義與樂器有關,性質是相同的,表示耦耕的"協"是個會意字。

如果這個推測不錯的話,我們可以知道,卜辭中省掉虎頭的"㠭(皆)"字與上半部"㠭"形變體的"甾(協)"字形完全相同,"皆"字的來源應該是"協",故"甾"字應釋讀爲"協"。

參考文獻

李學勤主編,沈建華、賈連翔編　2013　《清華大學藏戰國竹簡(1—3)文字編》,上海:中西書局。
郭永秉　2016　《清華簡〈繫年〉抄寫時代之估測——兼從文字形體角度看戰國楚文字區域性特徵形成複雜過程》,《清華簡〈繫年〉與古史新探》,上海:上海古籍出版社。
何琳儀　1998　《戰國古文字典(下冊)》,北京:中華書局。
李　零　2013　《西伯戡黎的再認識》,《簡帛·經典·古史》,上海:上海古籍出版社。
裘錫圭　2013　《裘錫圭學術文集》第二卷,上海:復旦大學出版社。
于省吾　2009　《甲骨文字釋林》,《于省吾著作集》,北京:中華書局。
于省吾　1979　《甲骨文釋字集林》,北京:中華書局。

(沈建華　清華大學出土文獻研究與保護中心,
出土文獻與中國古代文明研究協同創新中心　100084)

"包"字溯源

蔣玉斌

《說文・九上・包部》：

⊙包，象人裹妊，巳在中，象子未成形也。元气起於子，子，人所生也。男左行三十，女右行二十，俱立於巳，爲夫婦。裹妊於巳，巳爲子，十月而生，男起巳至寅，女起巳至申，故男年始寅，女年始申也。

其說解多以漢代陰陽家說說之，與"包"字構形無關（參董蓮池 2004:362）。學者一般認爲"包"即"胞"之初文（丁福保 1988:9072—9076、17377—17379，鈕樹玉、王筠、徐灝等說；李圃主編 2003:165，林義光、馬敘倫、楊樹達等說），這一說法實際上很難證實（例如《說文》說"巳""象子未成形也"，本身就是需要證明的）。

古文字中確知的"包"字，似乎只能上推到戰國晚期的秦文字，如睡虎地秦簡"包"作⊙⊙（方勇 2012:274），又古璽有"苞"字作⊡（羅福頤 1981:9）。這些"包"字（或偏旁）形體結構跟《說文》小篆基本一致。在李學勤先生主編的《字源》一書中，"包"字條說解最後謂"字未見於商代西周文字，但《詩》習見包字和苞字，說明西周時代應該有包字"（2012:1117。該條爲周寶宏先生撰），很有啓發性。應該說，"包"這個詞及與之有密切聯繫的"苞"等詞在先秦是比較常見的。但是所用文字則不必全用"包"形。後世寫作"包"或以"包"爲聲符的字，在戰國文字資料中就有不少是用"保"字或"缶"聲字（如"橐"）、"勹"聲字表示的。但從文字形體上說，"包"字有沒有更早的寫法，它的來源是什麼，都是值得進一步討論的問題。

最近，謝明文（2015）對"包"字來源提出新見，認爲甲骨文中的⊡⊡（李宗焜 2012:179）應該是唐蘭先生所說"抱者裹於前，保者負於背"之"抱"的象形初文，"包"很可能就是由這種形體演變來的。其說先前已爲劉釗先生主編的《新甲骨文編（增訂本）》採納（2014:683）。我們認爲謝先生的研究很有價值。下面就在謝文基礎上談談我們的一些看法，希望能對"包"

---

* 本文爲國家社會科學基金一般項目"甲骨綴合類纂及數據庫建設"（14BYY164）、中央高校基本科研業務費專項資金資助項目"甲骨分類綴合研究"（63172302）成果之一。本文曾在"出土文獻與上古漢語研討會"（2015 年 11 月 21—22 日，北京）上宣讀並得到與會學者的指教，於此謹致謝忱。

字溯源研究有所補益。

謝文在論證時首先談到"保"字,這裏也簡單做一梳理。① 從形體來源看,古文字"保"似可分爲三個序列(字形未出注者參董蓮池 2011:1080—1089、李宗焜 2012:178—179):

I [字形] → [字形] 周甲 → [字形] → 《說文》古文
　　　　　　　　　　　　→ [字形] → 《說文》小篆
　　　　　　　　　　[字形] 厚父9

II [字形] → [字形] 大万鼎 [字形] 周公廟 → [字形] 繫年34 → [字形] 古文四聲韻·古老子
　　　　　　　　　　　\ ([字形] 周甲H11:15) [字形] 自作薦鬲
　　　　　　　　　　　— [字形]

III [字形] 英1149+合16037(王子楊綴合)

同是表示負子於背,I系"保"字側重大人之手在身後托舉,II系側重綁縛小兒於背後,III系既是綁縛,又刻畫出小兒在襁褓之中只露出頭部的形象。② 不管是哪種方式,較早的"保"字都是圖形式會意字,儘管後有加注(或改造)聲符的情況,但在位置關係上一律是大人形在小兒形之前。因此即便簡省如[字形],也仍是"保"字。謝文論證[字形]象攬子懷於前,就是以此類推的。

謝文接下來論證了[字形]是"包"的初文。側立人形演變爲"勹"很容易說明,謝先生舉了"复"字平行演變的例子;而說[字形]中的"子"後來變爲"巳"就有些麻煩。因爲早期古文字既有"子"字([字形]),也有"巳"字([字形]),形體差別還不算小。謝文花了較大篇幅,提出的解釋是"'子'、'巳'應係一字分化,在殷墟甲骨文中兩者已經基本分化完成,但仍保留兩者是一字分化的遺跡"。但所舉例證頗有需要商榷者,③ "子""巳"的關係仍需進一步的研究。

其實在甲骨文中,還有另外一種字形更有資格作爲"包"的直接來源:

(1) ……敦……□[字形]……(英 1854)
(2) ……方其敦[字形]……(輯佚附 38)
(3) ……允……其[字形]……(合 5964=歷 131。也可能不屬同一辭)
(4) ……[字形]……(懷 S0882)

其中[字形]等四個形體可與"保"字(尤其是III系的[字形])比照,它們反映的顯然就是懷子於前的形象。懷抱小兒的人形(無須一定解爲"女")是坐姿,與"保"字中大人作側立形不同,這也很容易解釋:負子於背一般是在大人行走或勞作時,大人形必作立姿;擁子於懷固然可有立姿與坐姿,但顯然以坐姿更便於表示該行爲的特徵。文字系統中不同文字形體間要有一定的示差性,選擇有鮮明特徵的寫法是明智的。

以上試以"看圖說話"的方式說明 諸形可表"抱"的概念。這些形體所在辭例的限制性不强(如前揭辭 1—2 中, 似乎是作方名或族名,屬於假借用法;3—4 辭則殘缺太甚,謝文所論兩形也是如此),難以知曉這些形體本來所要表示的詞是否就是"抱"。研究這些形體,還是要從字形演變序列的角度著眼。

中環臂、坐姿的人形,與甲骨文 (乳)字所從基本相同。近年,陳戈(陳劍,2004)、趙平安(2011:112—117、2015)、郭永秉(2015:3—13)等學者在古文字"乳"字的考釋上取得了很大成就,其中較晚出的郭文所述尤爲詳盡。結合他們的研究,"乳"字的形體演變可圖示如下(多數形體直接取自郭文):

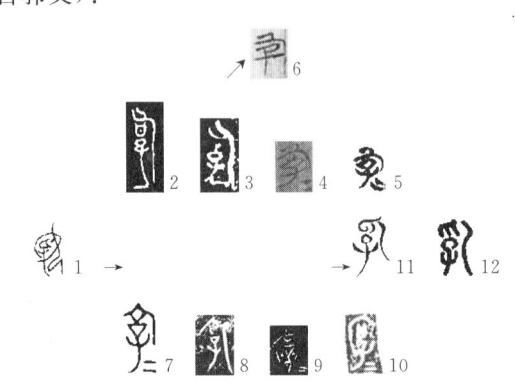

(字形簡單出處:1 合 22246 2—3 曾侯乙鐘 4 清華簡楚居 5 繫年 6 上博周易 7 古玉印 18 8 令狐君孺子壺 9 龍陽鐙 10 鼄彙 2371 11 魏石經 12《說文》)

甲骨文"乳"字中環臂、坐姿的人形,到戰國文字中變爲殘留手爪形的側立人形,甚至手爪形也可省略,變爲典型的 亦即"勹"形(參李家浩 2000:56)或直接變爲側立人形。 諸形若循此例演變,當然就會變成從"勹"的"包"字。換句話說,懷抱小兒形的 完全具備演變爲"包"字的可能。這類形體應該就是後世"包"字在甲骨文中最直接的來源。

《說文》說"包"從"巳"("象子未成形也"),"巳"下又說"巳,巳也。四月陽气巳出,陰气巳藏,萬物見,成文章,故巳爲蛇。象形"。現在既可認爲 是"包"字,則可知這些形體中的 實際就是"包"所從之"巳"的來源。前述Ⅲ系"保"字中的 與此一致。其形本象裏在繈褓中僅露出頭的小兒形。④

下面來談其他可能是"包(抱)"的形體。

前文已根據字形來源將"保"歸納爲三系:

Ⅰ Ⅱ Ⅲ

其中所背負的小兒形象,既可以作 ,也可以作"子"。上文所釋 (包—抱)字,與Ⅲ系"保"字相對應,將小兒形象寫作 。那麼,有没有像Ⅰ系、Ⅱ系"保"字那樣將小兒形象直接寫作"子"的"包(抱)"字呢？

甲骨文確有這種形體：⿰（⿱），見《合》4710（殘辭，該字右側還有"買"和從午從口的字）。其字亦作懷抱小兒形，但大人的手臂只有一隻是完全伸出去的，另一隻則在小兒身後呈自然下垂形。而小兒的形象則作完整的"子"形。因此，這是一個寫成單臂抱"子"的"包(抱)"字異體。

既然"包(抱)"字也可從"子"，很自然地就要談到金文、甲骨文的"好"字（董蓮池 2011：1664—1666、李宗焜 2012：151—153）：

⿰ ⿰ ⿰ ⿰ ⿰ ⿰ ⿰

謝文注[23]寫到：

> 郭永秉先生曾跟我說到"好"字可能與"保"字有關。從甲骨文中"好"字所從"子"形皆位於"女"形前方以及"⿰"（《合》7284）、"⿰"（《花東》296）等形來看，我們認爲"好"字構形應與"抱"字有關，"好"最初可能是"抱"之異體，後來才分化出來。

郭、謝兩位的看法值得重視。甲骨金文"好"字構形中偏旁位置關係固定，⑤以我們對早期古文字性質的認識，很容易想到它應該是個圖形式會意字；同時，古音"好""包(抱)"均屬幽部，聲紐分隸曉、幫，也比較接近。⑥這都對郭、謝兩位的看法有利。不過單純從字形來看，雖然"好"字中"子""女"相對位置固定，但並不凸顯大人之手對"子"的環抱。因此將"好"與"包(抱)"字聯繫時還是要慎重一些。

綜上，本文在謝明文（2015）的研究基礎上，指出甲骨文 ⿰ ⿰ 諸形反映的是懷抱小兒形，從字形演變序列來看，當是後世"包"字最直接的來源；甲骨文 ⿰ 形可看作"包"之異體。"包"是"抱"的初文。"包"字所從之"巳"源於甲骨文 ⿰，其形本象裹在繈褓中僅露出頭的小兒形，而不是《說文》所說的"象子未成形也"。

附　注

① 部分字形直接取自謝文；一些最近被討論的字形是根據趙平安、顏世鉉、王子楊、鄔可晶、謝明文、孫剛與李瑤等學者的意見，謝文均已引用，此不贅述。

② 關於Ⅲ系"保"形的解釋，文音《學契劄記四則》(http://www.gwz.fudan.edu.cn/SrcShow.asp? Src_ID=914)文後評論（2009 年 9 月 23 日）曾引述我的這種看法；較詳細的論說則可看王子揚（王子楊）《〈英國所藏甲骨集〉綴合四則》（《故宮博物院院刊》2012 年第 4 期）。

③ 例如，文中雖舉出近 10 個"子"省略手臂形的例子，但相對於數以萬計的"子"字（尚未計從"子"之字）來說，不成比例；關鍵是這些例證多屬缺刻，應看作異寫而非異構現象。文中又以《合》20138 的 ⿰ 作爲"子形豎筆末端亦可彎曲上鉤"的例證，查檢該片的另一拓本《京》3088，"子"字及其周邊作 ⿰，所謂彎曲上鉤之處應與"子"上方一樣屬於泐痕，該"子"字仍是常見的師肥筆類寫法。

④ 早期古文字中單用的"巳"字作🯄🯅🯆,跟"包""保"所從的🯇形接近。它們之間是怎樣的關係,尚需進一步研究。

⑤ 李宗焜(2012:152)"好"字下收有🯈一形,其來源爲《合》2970。覆覈原拓,知右下方一字殘缺且有泐痕,看起來不會是"好"字。該形應從"好"中排除。

⑥ 趙彤(2006:52—55)曾指出,出土楚系文獻中有一些幽部的見系字跟幫系字交替的例子,可作參考。

參考文獻

陳炎(陳劍) 2004 《竹書〈周易〉需卦卦名之字試解》,簡帛研究網,4月29日。
丁福保 1988 《說文解字詁林》,北京:中華書局。
董蓮池 2004 《說文解字考正》,北京:作家出版社。
董蓮池 2011 《新金文編》,北京:作家出版社。
方 勇 2012 《秦簡牘文字編》,福州:福建人民出版社。
郭永秉 2015 《從戰國楚系"乳"字的辨釋談到戰國銘刻中的"乳(孺)子"》,《古文字與古文獻論集續編》,上海:上海古籍出版社。
劉釗主編 2014 《新甲骨文編(增訂本)》,福州:福建人民出版社。
李家浩 2000 《九店楚簡·竹簡釋文與考釋》,北京:中華書局。
李圃主編 2003 《古文字詁林》第八冊,上海:上海教育出版社。
李學勤主編 2012 《字源》,天津:天津古籍出版社、沈陽:遼寧人民出版社。
李宗焜 2012 《甲骨文字編》,北京:中華書局。
羅福頤 1981 《古璽文編》,北京:文物出版社。
謝明文 2015 《釋甲骨文中的"抱"——兼論"包"字》,《中國書法·翰墨天下》第11期。
趙平安 2011 《釋戰國文字中的"乳"字》,《金文釋讀與文明探索》,上海:上海古籍出版社。
趙平安 2015 《釋睡虎地秦簡中一種古文寫法的"乳"字》,《漢語言文字研究》第一輯,上海:上海古籍出版社。
趙 彤 2006 《戰國楚方言音系》,北京:中國戲劇出版社。

(蔣玉斌 南開大學文學院 300071)

釋甲骨文"庭"的一個異體*

王子楊

甲骨文有如下之字：

合集 23265

此字上部从"口"从"耳"，乃"聽"的初文，下部从"丁"，偏旁都極好辨認。此字一般被釋作"耵、丁"二字合文，如《甲骨文合集釋文》第 23265 條和《甲骨文校釋總集》《殷墟甲骨文摹釋全編》等。①近年出版的《新甲骨文編》《甲骨文字編》在"聽"字頭下都收録了《合集》23265 的形體，顯然兩種字編也把這個形體看成兩個字。②此字用在下引卜辭中：

(1) 乙酉卜，□貞：殷白（伯）冓□于父丁宗。

貞：于🔲令。九月。　　　　　　　合集 23265［出組］

卜辭"于某令"格式中的"某"，除了是時間詞以外，皆爲表示地點的詞，如"于乙門令"，見于《合集》13660、12814+13601、綴合集 14、《合補》1244 等版。"乙門"當指一個祭祀場所。以此例之，"🔲"當也是一個祭祀場所無疑。以聲音求之，當是"庭"的一個異體，"丁"當是在"聽"之初文的基礎上添加的聲符。下面簡單說明之。

甲骨文中有"廳（庭）"字，一般寫作"🔲""🔲""🔲"之形，③从"宀"从"耵"（聽之初文）爲聲，于省吾（1943：18）有詳細的考釋，頗可參考。"耵"本身也可以跟"宧"通用，用來表示"庭"這個詞。如《合集》15241 正有辭"貞：告宧企束于高"，這是把"宧企束"之事向"高"祖報告。《合集》10048 云："戊子卜，貞：翌庚寅延耵企束。""耵企束"顯然就是《合集》15241 之"宧企束"，這也說明甲骨"🔲""🔲""🔲"諸形的"庭"字以"耵"爲聲是没有問題的。"耵（聽）"還有一種寫法作"🔲""🔲"，"耵"下增加"人"旁，可以看作在"耳"下連帶畫出的人形。這個"人"旁後來演變爲"壬"，整個字就是"聽""聖"的共同表意初文，這種演變軌跡跟"望""廷"等一路，

---

* 本文是 2013 年教育部人文社會科學研究青年基金項目"基于類組差異現象的甲骨文字考釋"（項目批准號：13YJC770052）、國家社會科學基金項目"甲骨字釋的整理與研究"（項目編號：15BYY149）的階段性成果。

可見"庭"跟"耵"的密切關係。我們討論的"𠮷"字,主體也是"耵",又在下部添加聲旁"丁"。"丁",上古屬于端母耕部;"耵",上古屬于透母耕部;"庭",上古屬于定母耕部。三者聲紐俱在端組,韻部相同,且中古都是開口四等字,自然可通。因此,"丁"旁可以擔當"庭"之聲符,"𠮷"可以視作"庭"的另一種寫法。

"庭",據王國維(1959:123)的研究,乃古代太室中央的廣大空地,金文"立中庭",即太室南北之中也。古代册命、祭祀、宴饗、奏樂等重大活動,多在開闊的大庭舉行。(1)辭"于庭令"符合這一歷史背景。卜辭有如下之辭:

(2) 王其鄉(饗)在𠮷(庭)。
　　弜鄉(饗)。(合集31672[無名])

(3) 王其鄉(饗)于𠮷(庭)。
　　弜鄉(饗)𠮷(庭),肆尊𢍏。
　　其作豐,又正。
　　弜作豐。(屯2276(綴合集66同文)[無名])

(4) 万叀美奏,又正。
　　叀庸奏,又正。
　　于孟𠮷(庭)奏。
　　于新室奏。(合集31022(31014同文)[無名])

(5) 己巳卜:其啟𠮷(庭)西戶,祝于☐。(合集30294[無名])

(6) 于𠮷(庭)門孰④酓(飲),王弗每。(合集30284(30285同文)[無名])

(7) 王于門☐[尋]。
　　于自辟尋。
　　于𠮷(庭)新尋。(懷特1391[無名])

(8) 于祖丁旦(壇⑤)尋。
　　于𠮷(庭)旦(壇)尋。
　　于大學尋。(屯南60[無名])

以上這些無名組卜辭辭例都說明,"庭"在殷商時代是舉行重要活動的場所,我們把"𠮷"視作"庭"的異體非常合適。

最後必須交代"𠮷"不能看作"耵丁"合文的理由。有學者把本文討論的"𠮷"跟(8)辭合觀,釋"𠮷"爲"庭壇"合文,這在卜辭中是可以講通的,但仔細想來也不能成立。從字形上說,第一,賓組一般用"𠮷""𠮷"寫{庭},偶有以"耵"寫{庭}者,見于賓組三類卜辭,本文討論的出組卜辭少見"庭"字,不能證實出組也有用"耵"寫{庭}的習慣。第二,"𠮷"下部構件是"丁",不是"日",如何是"旦"字？或曰,直接以"丁"表示"旦","旦"本以"丁"爲聲。甲骨文

"旦"一般作上"日"下"丁"之形,單用一"丁"來表示{旦}的確鑿例證一例也找不到。或曰,"丁"下似有一直綫,"旦"金文有作上面是"日"而下面是直綫者,這個所謂的"丁"其實就是"旦"字。這樣理解也有問題,因爲上面不是"日",已見前言,下面的所謂直綫筆畫太過纖細,以至于有的拓本根本看不到(我們文後所附清晰拓本可以看到),是不是筆畫都成問題。⑥ 即便真是筆畫,但甲骨文中的"旦"字下部所從之"丁"從來不作直綫之形。第三,"󰀁"形剛好占一個字的空間,跟右部的"九月"之"九"長度相當,看作一個字最爲合適。另一方面,從用法上看,不能因爲無名組卜辭有"庭旦(壇)"之搭配(見于《屯南》60號),就認爲《合集》23265的形體必然要看成"庭旦"合文,而忽視形體上的種種乖違,從而放棄本來通暢無礙的解釋。筆者認爲,"󰀁"形釋作"庭"的一種異體,更加合理。

以前見到的"庭"字皆寫作"󰀂""󰀃""󰀄"之形,現在我們釋出出組卜辭的"庭"字還可以寫作"󰀁"形,豐富了我們的認識。

合集 23265

附記:本文觀點曾經請教蔣玉斌先生,蔣先生告訴我,他也有相同的看法,爲記。

追記:復旦大學謝明文先生在《談談甲骨文中可能用作"庭"的一個字》一文中肯定拙說,並把出組卜辭過去釋作"今丁"二字的形體(合集23340、拼集43)也釋作"庭"的一種異體,讀者可以參看。謝文收在《2016年古文字學與音韻學研究工作坊論文集》,第121—127頁,華東師範大學,2016年10月15—16日。

附　注

① 胡厚宣主編:《甲骨文合集釋文》,中國社會科學出版社,1999年8月。曹錦炎、沈建華編著:《甲骨

文校釋總集》,第 2658 頁,上海辭書出版社,2006 年 12 月。陳年福撰:《殷墟甲骨文摹釋全編》,2091 頁,綫裝書局,2010 年 12 月。

② 劉釗主編:《新甲骨文編》,第 678 頁,福建人民出版社,2014 年 12 月。李宗焜編著:《甲骨文字編》,第 220 頁,中華書局,2012 年 3 月。

③ 字形採自劉釗先生主編的《新甲骨文編》第 448 頁,福建人民出版社,2014 年 12 月。

④ 裘錫圭先生釋,參《釋殷墟卜辭中與建築有關的兩個詞——"門塾"與"自"》,《古文字論集》第 190—194 頁,中華書局,1992 年 8 月。

⑤ 陳夢家:《殷虛卜辭綜述》,第 472 頁,中華書局,1988 年 1 月。

⑥ 很可能是界劃綫,有些界劃綫就是長度很短,並不稀奇。

參考文獻

曹錦炎、沈建華　2006　《甲骨文校釋總集》,上海:上海辭書出版社。
陳年福　2010　《殷墟甲骨文摹釋全編》,北京:綫裝書局。
胡厚宣　1999　《甲骨文合集釋文》,北京:中國社會科學出版社。
王國維　1959　《觀堂集林》,北京:中華書局。
于省吾　2009　《雙劍誃殷契駢枝三編》,北京:中華書局。

(王子楊　首都師範大學甲骨文研究中心,
出土文獻與中國古代文明研究協同創新中心　100089)

"量"字新說

莫伯峰

《說文》："量，稱輕重也。從重省，曏省聲。𨤲，古文量。"

許慎從小篆字形出發，認爲"量"字本義應爲稱量物品的輕重，與"重"有關，因此自然就生發出將"量"字作爲省聲字的解讀。然而後世對于許氏之說多存疑慮，于省吾(1999：415)提出："清代和現代文字學家對于'量'字的解釋，有的說 ⊖、▽ 蓋象量器之形，有的說從日以土圭正日影，有的說'量'下從里，還有的說'量'從良省聲，異解紛起，無一是處。因此，王筠《說文釋例》遂謂：'量字形聲義，無一不回穴者，蓋失傳也'"。

要正確的解讀"量"字，不能僅限于小篆和古文的字形，而必須要梳理其字形的源流，以演變的思想來看待。"量"字一些早期形體，上部基本都從日，這與小篆形體基本是一致的。差別在于下部所從構件不同(見圖 1)：

基于這種構件差異，一些學者開展了新的解讀。郭沫若(1943)認爲："槀爲量字之所從。量字小篆作𨤲，蓋從土槀聲。以此及字形推之，當係亮之古文。日出東方，放大光明也。後世以亮爲之而字失。亮之本義當爲高亢，聲義俱相近。"馬敘倫(1956)認爲："疑量從東囊省聲，或曏省聲，或良省聲，爲囊之異文或轉注字，曏爲囊之轉注字，正囊量從曏省聲爲囊轉注字之例證也。篆譌爲量。或量從土槀聲，古書用爲度量字，其本義遂亡矣。"

而從更早的甲骨文字形來看，上述理解也都是有問題的。甲骨文中"量"字作如下一些

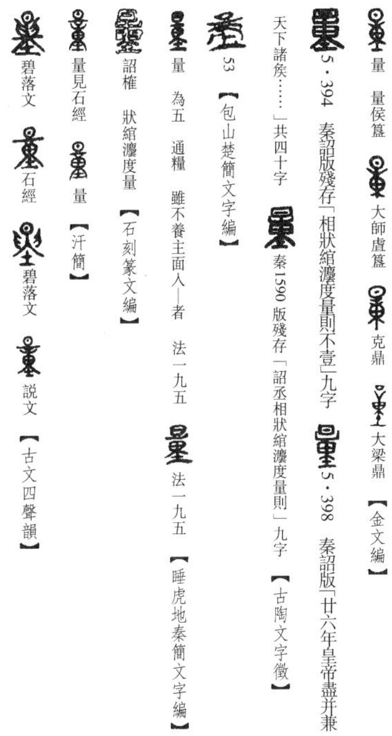

圖 1　古文字"量"字形
(採自《古文字詁林》第 535 頁)

---

* 本文是國家社科基金青年項目"基于字體分類的甲骨卜辭綴合研究"(項目號：14CYY056)階段性成果。本文初稿曾在第二屆"出土文獻與上古漢語研討會"上宣讀，承王志平等先生提出寶貴意見，謹致謝忱！

形體(見圖2、圖3):

| 合 22097 午組 | 合 18507 賓組 | 合 22094 午組 | 合 18505 賓組 | 合 22093 午組 | 合 18504 賓組 | 合 31823 無名組 | 合 19822 自組 |

圖2 甲骨文"量"字字形(拓本反色形,採自《新甲骨文編》〈修訂本〉第496頁)

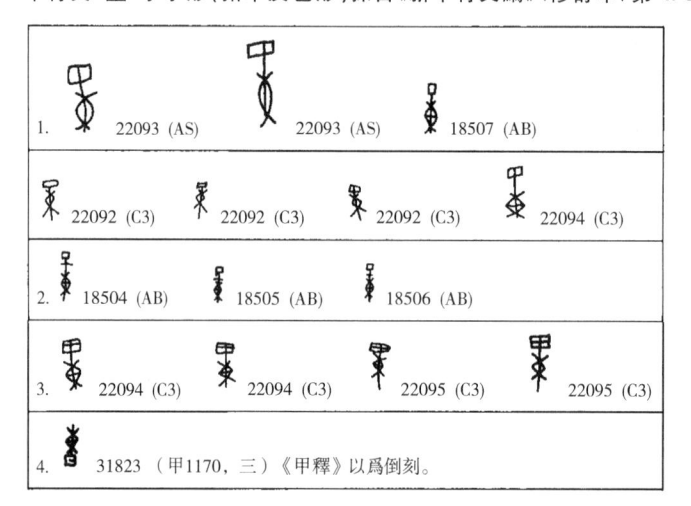

1. 22093 (AS)　22093 (AS)　18507 (AB)
   22092 (C3)　22092 (C3)　22092 (C3)　22094 (C3)
2. 18504 (AB)　18505 (AB)　18506 (AB)
3. 22094 (C3)　22094 (C3)　22095 (C3)　22095 (C3)
4. 31823 (甲1170,三)《甲釋》以爲倒刻。

圖3 甲骨文"量"字字形(摹寫形,採自《甲骨文字編》第1270、1271頁)

李宗焜先生《甲骨文字編》將"量"字字形分爲四種小類,基本代表了甲骨文中"量"字的所有類型,下文我們以"量1""量2""量3""量4"指代。

過去學者的認識差異都來自于對這四類字形關係的不同分析:

一、馬薇廎(1970)認爲:"契文♦字,或作♦、♦、♦等(引者注:即量1、量2、量3三類形體),就字形言,从♦,象正視之斗形,十爲其柄(柲),斗字契文作♦(乙八五一四),金文作♦(秦公敦),係側視形,與實同。田、田乃斗中實米之意,从♦或♦,像囊形,可想像其中所貯爲米或穀類也(原注:東字之義爲囊中之東西)。♦从♦从♦,即量米之量器之意,故此字當爲量,量金文克鼎作♦,父乙甗作♦,與契文相同,可以互證。量之初義,釋文'斗斛也',其後稱輕重亦曰量,說文'量,稱輕重也',測量面積曰丈量,皆引申義也。"

二、于省吾(1999:414—416)認爲:"甲骨文量字作♦、♦、♦、♦等形(引者注:即量1、量2兩類形體)。……量字的初文本作量,从日从重係會意字。量字的本義,應讀爲平聲度量之量,屬于廣義,作爲名詞用的度量之量,乃後起之義。量字从日,當是露天從事度量之義,這和甲骨文眾字作♦,爲眾人露天勞動同例。度量田野,道路和穀米都是露天的工作。……總之,甲骨文量字从日从東,借東爲重。其从日从秉,秉即重字的初文。其从日,係露天量度之義。量所以度量物之多少輕重。量字从重从日,乃會意字,這就糾正了說文以爲形聲字的誤解。"

三、張懋鎔、秦建明(1981:100—102)認爲:"東作爲植物性食物,實際上就是農作物,泛指糧食。……甲骨文'量'字像'東'在日光下生長的情景。……量字肩負東字的初義,成爲後來的糧字,其發展過程是很清楚的。從字音上分析,東在東部,量在陽部,而東部和陽部可以旁轉。……東、量音義相同,所以'東'就是糧食的糧字。它播于土田爲種子,長于土田爲糧食,煮于鍋中爲飯食,從意義上說也十分吻合。後來'量'字成爲糧食含義的代表,'東'遂失其本義,成爲方向指示詞了。"後有學者對張、秦兩位學者的觀點進行了進一步申發,認爲:"(張、秦之文)從糧食的角度探索'東'的形義來源,有合理性,但字形如何解釋?本義究竟是什麽?仍然不够明白。'東'的本義是種子,是'重'、'種'的象形初文。"(何金松1996:316)

可以看出,對于"量"字上下部的構件,學界都存在著不同的認識:一、對于上部構件,馬薇廎認爲"量2"是"量"字的字源形體,而其他各形體都是在"量2"基礎上進行的進一步變形。于省吾則認爲"量1"是字源形體,其他各形是在"量1"的基礎上進行的變形。這些觀點都存在明顯的疏漏,以旱爲斗,屬看圖說話,毫無依據;而認爲"量"字上部爲"日"也是不正確的。姚孝遂《詁林》(1996:3016)按語已指出:"究屬何所取象,難以確指,似不得謂從'日'。"二、對于下部構件,或認爲表示"糧食",或認爲表示"種子",都是基于上部爲"日"作出的判斷。上部構件從"日"既然不可信,那麽對下部構件的分析也就自然難以成立。

事實上,甲骨文"量"字上部的構件確与"日"沒有關係。是否爲"日"關鍵不在于中間是否有一筆畫,而在于中間一筆是否與外部方框相交。可參看甲骨文各類組中"日"的形體(見圖4、圖5):

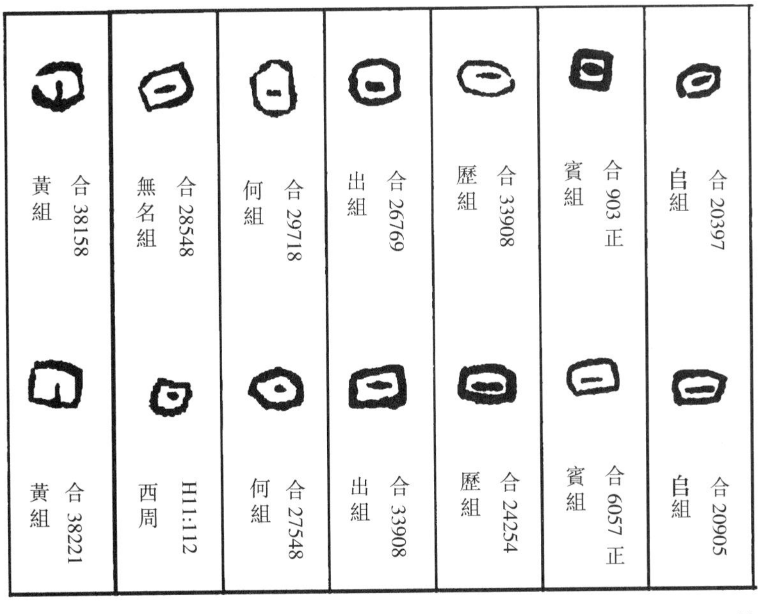

圖4 甲骨文"日"字(拓本反色形,採自《新甲骨文編》〈修訂本〉第399、400頁〈節錄〉)

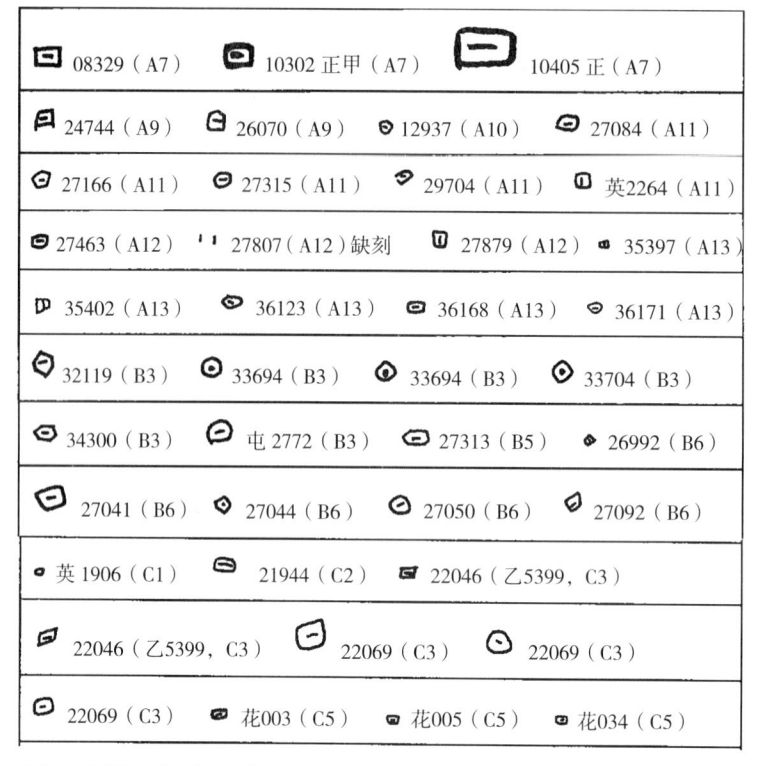

▢ 08329（A7）	◎ 10302 正甲（A7）	▭ 10405 正（A7）
▣ 24744（A9）	◎ 26070（A9）	● 12937（A10）	⊖ 27084（A11）
⊖ 27166（A11）	⊖ 27315（A11）	⌒ 29704（A11）	▯ 英2264（A11）
◘ 27463（A12）	˙˙ 27807（A12）缺刻	▯ 27879（A12）	⊖ 35397（A13）
▯ 35402（A13）	◎ 36123（A13）	◎ 36168（A13）	◎ 36171（A13）
◯ 32119（B3）	⊙ 33694（B3）	◉ 33694（B3）	◎ 33704（B3）
⊖ 34300（B3）	⊖ 屯2772（B3）	⊂⊃ 27313（B5）	◆ 26992（B6）
◘ 27041（B6）	◆ 27044（B6）	◘ 27050（B6）	◆ 27092（B6）
• 英1906（C1）	▭ 21944（C2）	▭ 22046（乙5399，C3）
▭ 22046（乙5399，C3）	▢ 22069（C3）	◯ 22069（C3）
⊖ 22069（C3）	▭ 花003（C5）	▭ 花005（C5）	▭ 花034（C5）

圖 5　甲骨文"日"字（摹寫形，採自《甲骨文字編》第 408—410 頁〈節錄〉）

因此，"量"字上部構件需要重新分析，只有弄清了該構件才能對"量"字構意有正確的分析。我們認爲"量"字上部構件實際上爲"田"，幾種類似"日"的形體都是"田"的一種簡化形體。"量3"之形爲"量"字最全之形，上部與"田"形體一致。而"量1"上部類似"日"的構件則是由"田"形省簡而來。通過共版"量"字的不同形體便能够確定這種簡化關係：

(1) 壬寅卜：钔🔲于入乙。

(2) 壬寅卜：钔🔲于父戊。

(3) 壬寅卜：🔲亡凶。（合22094＋22441）

以上卜辭中，"量"皆用爲人名。雖然形體有差異，第1、2 條卜辭中，上部構件爲"田"，第3 條卜辭中，上部構件類似"日"，但無疑必定是同一字。因此，由這種共版關係可以看出，類似"日"之形是"田"的一種省形。

這種由"田"形省簡爲類似"日"形的現象，在甲骨文中并不是一種孤立的現象，也同樣體現于其他一些文字中，例如：

1. "曾"字，常作"𠚑（合11392）、𠚑（合18436）"之形，亦可省形作"𠚑（合16060）、𠚑（合18913）"；

2. "盧"字常作"𩵋（合3929）"之形，亦可省形作"𩵋（合259）"；

3. "鬼"字常作"𩵋（合24999）"之形，亦可省形作"𩵋（合25013）"。

從歷時演變的角度來看,這種演變跡象更爲明顯。如常見之"𠅘"字,時期較早的無名類卜辭皆作"✦(合 29011)、✦(合 33155)"之形,而時期最晚的黃類卜辭則有四類不同形體:

1. "✦(合 37362)、✦(合 37462)"之形;
2. "✦(合 37745)、✦(合 37661)"之形;
3. "✦(合 37760)、✦(合 37757)"之形;
4. "✦(合 37748)、✦(英 2539)"之形。

尤爲需要注意的是第四種形體,"𠅘"字所從之"田"形構件,已經演變得與"日"無異。黃類卜辭之"日"作"⊖(合 36168)、⊖(合 36171)"之形,其與第四種形體幾乎没有差别。而這種演變也正好能够解釋爲什麽後來的"量"字皆从"日"。

因此,從平行演變的角度來看,"量"字的四種形體,應該以"量 3"的"田"形構件爲最原初的形體,而後演變爲"量 1"之"▱"、"▱"形,或"量 4"之"▤"形。對于其中的"量 2"之"✦"形,于省吾(1999:414)認爲它是在其他幾種字形基礎上的進一步變形,其中所加横劃,應屬于下部構件"東","東上加一横劃,以别于東,于六書爲指事","即古重字",以之解釋後代"量"字下部所從構件"重"之來歷。

由此看來,甲骨文中"量"字上部爲"田",非"日"或其他,對于"量"字的分析應著眼于田地方面的意義。

對于"量"字字形的下部構件的分析,有一點需要特别注意。過去對于"量"字各種形體的結構分析都存在誤差,于省吾、馬薇廎等皆認爲甲骨文的"量"字上下是獨立的兩個構件,他們所摹寫的字形"✦""✦""✦""✦"多將上下兩個構件割裂開。這都是不準確的,實際上甲骨文的"量"字上下是相連的,參拓本字形如✦(合 22094)、✦(合 22094)、✦(合 22097)、✦(合 18504),都是如此。豎筆是從上到下完全貫通的,應分析爲構件"✦"或"✦"與"⊡"結合在一起(如果考慮借筆因素,則是與"⊞"重合在一起),而非構件"✦"或"✦"與構件"⊞"的組合。也就是説將"量"分析爲从某从某的形聲字或會意字都不正確,而應該將該字理解爲一個合體象形字,不可忽略上下兩個構件間存在密切的意義聯繫。

因此,"量"字下部構件爲"✦""✦",它雖然與"束(束)""朿(朿)"之形相似,但還是有一點差别的。通常認爲"束""朿"表示的是囊橐之形(于省吾 1996:3010—3011),而"量"字下部構件所表達的意義也與此有關,表示用以測量田地長度的綫軸(類似于紡錘)。囊橐爲綫繩編織之物體,綫軸則爲綫繩纏繞之物體,所以二者形象十分類似。從合體象形文字的角度來看甲骨文的"量"字,它其實是以綫軸測量田地之形,表達了測量長度之意。

古代社會中,測量田地以明面積是一項十分重要的工作,《禮記·王制》記載"司空執度度地,居民山川沮澤,時四時,量地遠近",《周禮·縣師》亦有記載"凡造都邑,量其地,辨其物,而制其域"。這些都説明測量田地之事一定產生很早。"量"字以測量田地之形表示"量"的意義,也正好是這方面歷史的一個例證。

綜上，甲骨文中"量"字字形上部爲"田"，下部爲測量田地的綫軸形工具，"量"字爲一合體象形文字，表示以綫軸測量田地之形，其本義應爲測量長度，而非度量輕重。"量"字之形，正反映了古代社會田地制度的一個側面。

參考文獻

郭沫若　1943　《陝西新出土器銘考釋》，《說文月刊》第3卷，第10期。
郭沫若　1979—1982　《甲骨文合集》，北京：中華書局。
何金松　1996　《漢字形義考源》，武漢：武漢出版社。
李　圃　2004　《古文字詁林》，上海：上海教育出版社。
李學勤、艾蘭　1985　《英國所藏甲骨集》，北京：中華書局。
李宗焜　2012　《甲骨文字編》，北京：中華書局。
劉　釗　2014　《新甲骨文編》(增訂本)，福州：福建人民出版社。
馬薇颽　1970　《釋🬀及🬀》，《中國文字》第三十六冊，台灣大學文學院中國文學系編印。
馬敘倫　1956　《說文解字六書疏證·卷十五》，北京：科學出版社。
于省吾　1999　《甲骨文字釋林·釋量》，北京：中華書局。
于省吾主編　1996　《甲骨文詁林》，北京：中華書局。
張懋鎔、秦建明　1981　《釋"東"及與"東"有關之字》，《人文雜誌》第6期。
中國社會科學院考古研究所　1980　《小屯南地甲骨》，北京：中華書局。
中國社會科學院考古研究所　2003　《殷墟花園莊東地甲骨》，昆明：雲南人民出版社。

(莫伯峰　首都師範大學甲骨文研究中心，
出土文獻與中國古代文明研究協同創新中心　100089)

幾組甲骨新綴的整理

劉　影

提　要　甲骨綴合可以爲甲骨學研究提供更全、更新的材料，對新材料的疏理往往可以引導我們發現以往沒有注意的問題，糾正以前釋讀中的錯誤。本文通過對幾組甲骨新綴的討論，在字體歸類、出土溯源、辨析同形異義、糾正釋文專書中的錯誤等方面進行了相關討論，是對新綴材料的初步整理。

關鍵詞　甲骨　綴合　整理

在整理甲骨原始材料的過程中，綴合成果的產出是非常鼓舞人心的事情。利用綴合提供的新材料，對卜辭進行深入的整理和挖掘，非常有意義。筆者近來有四組新綴，茲整理成文，以就教于方家。

第一組（圖一）：

A:《合集》26186(《上博》17647.336)

B:《英藏》2082(《合集》41184)

C:《合集》24136

A、B 爲林宏明先生綴合，[①] C 爲筆者加綴。B、C 兩版斷口基本相接，可以補足一個"貞"字。這組綴合字體與出組一類、出組二類卜辭都有明顯不同，如卜辭中的"疑"字作兩足外撇之形，"母"字作"㞢"形，"隹"字作"㠯"形等。整體上看，字體風格與《合集》22537＋《合集》24145[②]、《合集》24156、《合集》26645、《合集》26614、《合集》26387 等一致。

兩版綴合後，最上端一辭辭意逐漸明朗，釋文如下：

□巳卜，疑貞：其□多尹于母□母癸燎。

"多尹"前之殘字應當是一個祭祀動詞，"母癸"前爲另一位先母。需要指出的是，出組卜辭中的母某，如母己、母辛、母壬、母癸等一般爲合文，作"㜎""㜽""㜼""㜿"等形，本辭中則均爲分書，值得注意。另外，《英藏》2082 上端之字不清，《合集》41184 是《英藏》2082 的摹

圖一

---

* 本文是國家語委"十三五"科研規劃 2017 年度科研項目"《甲骨卜辭精粹選本》編纂"（項目號：ZDI135-44）的階段成果。

本,上端"其"字左側之殘字,《合集》41184摹成"卩"形,實當爲"母"字。

第二組(圖二):

　　A:《合集》10943(《上博》17645.99)

　　B:《安明》1120

現藏于上海博物館的A版1899年(光緒二十五年)出土于安陽小屯村劉家的二十畝地,是早期劉鐵雲舊藏,劉鐵雲所藏甲骨"一部分一千三百片歸葉玉森。葉氏選其中的二百四十片,于一九二五年編爲《鐵雲藏龜拾遺》。甲骨實物于葉氏故後流出,先歸周連寬,後售于上海市歷史博物館,解放後一併由上海博物館保存"(濮茅左,2009:12)。現A、B兩版可以綴合,由此可知明義士當年所購之B版也應出土于安陽小屯村劉家的二十畝地。卜辭習見"茲雨隹囚""茲雨不隹囚""茲雨隹孽""茲雨隹若""茲雨不隹若"等語,兩版拼合後除"若"字可補全外,也正好補足一條"茲雨不隹若"的卜辭。

第三組(圖三):

　　A:《合補》972

　　B:《合補》1714(《合集》5733+《合集》13563+《合集》15388③)

本組綴合字體爲賓組三類,A與B相拼後,補足一條完整的卜辭:"戊子卜,爭貞:勿令甫。二月。""甫"在本辭中用爲人名,他是自組肥筆類、自組小字類和賓組卜辭中常見的人物(黃天樹,2007:15—17)。自組小字類與典賓類卜辭中還有關于"甫"的相同的占卜事項(趙鵬,2007:148)。從"甫"出現在賓組三類、自組肥筆類、自組小字類、自賓間類、典賓類卜辭中的情況來看,"甫"的活動時代應該跨越了武丁早、中、晚期。

綴合中的A版右側爲千里路的位置,正與B版右側千里路相接,從形態上來看綴合也是没有問題的。千里路兩側的卜辭爲正反對貞的關係——右側卜辭從正面貞問,"令甫"去做某件事情,左側卜辭從反面貞問,言"勿令甫"。從反面貞問的卜辭來看,卜辭所卜時間只見一個"月"字,"月"字之上的數字位于盾紋經過之處,拓片上難以識别。可以從同版其他卜辭來推斷:"乙亥"所卜之月份是二月,"壬辰"所卜之月份也是二月,"戊子"是"乙亥"與"壬辰"中間的一天,所以月份也應當是"二月"。

第四組(圖四):

　　A:《合集》14125

　　B:《合集》23431

A與B可補足一個"奏"字,兩版雖不能密合,但綴合後三條卜辭均可通讀,綴合可以成立。B 版最右側卜辭的釋文，諸家所見不一：

《合集釋文》①（胡厚宣，1999）作："……柰巳一食，鼁一不左。十二月。"《摹釋總集》⑤（姚孝遂、肖丁，1988）作："……柰₍?₎亘一皀，鼁示不左。十二月。"《校釋總集》⑥（曹錦炎、沈建華，2007）作："……柰己一皀，鼁示不左。十二月。"《摹釋全編》⑦（陳年福，2010）作："……柰己一皀，鼁示不又。十二月。"

甲骨文中的 柰 一般釋爲"柰"（于省吾，1996：1474—1477；冀小軍，1991：35—44），奏 釋爲"奏"（于省吾，1996：1477—1480），由於這兩個字字形接近，經常有被誤釋、誤置的情況。如郭沫若在《殷契粹編釋文》中將《粹》111 中"奏"誤釋爲"柰"字（郭沫若，2002：390）。《類纂》⑧將《英藏》795 的"柰"字誤置於"奏"字條下（姚孝遂、肖丁，1989：572），將《合集》23694 的"奏"字誤置於"柰"字條下（姚孝遂、肖丁，1989：568），又將《合集》18822、《合集》18825 的"奏"字也誤置於"柰"字條下（姚孝遂、肖丁，1989：567）等。

這兩個字有很多相似的用法，如：

(1) 卜辭言"柰岳"，也言"奏岳"；
(2) 卜辭言"柰河"，也言"奏河"；
(3) 卜辭言"柰雨"，也言"奏雨"；
(4) 卜辭言"柰/柰于"祖先，也言"奏/奏于"祖先；
(5) 卜辭"柰"後可以加犧牲，"奏"後也可以加犧牲。

但也確實存在不同的用法，如卜辭里可以說"柰年""柰禾""柰田""柰生"，卻從不說"奏年""奏禾""奏田""奏生"；可以說"奏庸""奏戚""奏商"，卻從不說"柰庸""柰戚""柰商"。將"柰"和"奏"的這些用法歸納比較，可以發現：表示祈求義的時候，"柰"和"奏"可以通用，如可以說"柰岳""柰河""柰雨""柰于祖先"，也可以說"奏岳""奏河""奏雨""奏于祖先"；但是卜辭從不說"奏年""奏禾""奏田""奏生"，說明承擔祈求義的主要是不從"収"的"柰"字。卜辭又從不說"柰庸""柰戚""柰商"，說明承擔奏樂義的主要是從"収"的"奏"字。

本組綴合中的 B 版只餘下部殘劃，是"柰"與"奏"的可能性都有，以上釋文專書中均將殘字補爲"柰"，不確，唯《摹釋總集》在"柰"字後打上了"?"，是比較謹慎的處理方式。從綴合來看，是"奏"字無疑。從拓本來看，B 版最右側卜辭釋爲"……奏己一皀，鼁示不左。十二月"似更爲妥當，綴合後的釋文爲：

☐癸亥其奏䶵（韶），子弓（強）其［奏］己一皀，鼁示不左。十二月。

卜辭辭意不明，"皀"出現在數詞"一"之後，從語法位置來看，像是一個量詞。張玉金先生在《甲骨文語法學》一書中，指出甲骨文中的量詞有卣、升、丙、朋、屯（純）、丿、骨、人、羌等（張玉金，2001：19—20），如果本辭中的"皀"爲量詞，則張先生書中的量詞可增補一例。本辭中第一個"奏"字與樂器名"䇂"搭配,應當是"奏樂"義,第二個"奏"與"一皀"搭配,似用爲"祈禱"義。綴合後中間一條卜辭除前辭外,幾近完整,卜辭作:

    ☐貞:子母其毓不囧(殟)。十二月。

卜辭中的"毓"字,象產子之形,本義爲"生育",引申爲"繼體君之后"(王國維,1959:441—442)。本辭用其本義,即卜問"子母產子會不會死亡"。"毓"字用其本義,主要出現在子卜辭、自組卜辭以及賓組卜辭中。"漢達文庫"將《合集》14125 歸爲典賓類卜辭,⑨崎川隆先生認爲是典型的賓組三類卜辭(崎川隆,2011:606),莫伯峰先生歸入賓出類(莫伯峰,2011),從字體特徵及"毓"字用其本義的分布特徵來分析,雖然卜辭不見貞人名,我們仍傾向于將其劃歸入賓組三類卜辭。綴合後左側卜辭除前辭外,也幾近完整,卜辭作:

    ☐貞:中婦尊誅。其用于丁[于]母辛宁柰。[十二(?)月]。

"丁"後面的殘字,《摹釋總集》未釋,《合集釋文》《摹釋全編》《校釋總集》釋爲"示",現在看來應當是"于"字。

綜上,本文通過對幾組新綴的疏理,在字體歸類、甲骨出土溯源、辨析同形異義、糾正釋文專書中的錯誤等方面進行了相關討論,但僅止于初步探討,尚有未釐清的問題,以期群策群力,共同解決!

附　注

① 見先秦史研究室網站:http://www.xianqin.org/blog/archives/5065.html。
② 蔣玉斌先生綴合,見先秦史研究室網站:http://www.xianqin.org/blog/archives/2305.html。
③ 許進雄先生綴合。
④ 指《甲骨文合集釋文》一書,本文簡稱《合集釋文》。
⑤ 指《殷墟甲骨刻辭摹釋總集》一書,本文簡稱《摹釋總集》。
⑥ 指《甲骨文校釋總集》一書,本文簡稱《校釋總集》。
⑦ 指《殷墟甲骨文摹釋全編》一書,本文簡稱《摹釋全編》。
⑧ 指《殷墟甲骨刻辭類纂》一書,本文簡稱《類纂》。
⑨ http://www.chant.org/Bone/Display.aspx。

引用文獻

《合集》　《甲骨文合集》

《合補》　《甲骨文合集補編》

《英藏》　《英國所藏甲骨集》

《粹》　　《殷契粹編》

《上博》　《上海博物館藏甲骨文字》

《安明》　《明義士收藏甲骨文字》

參考文獻

蔡哲茂 2013 《甲骨綴合彙編》,臺北:花木蘭文化出版社。
曹錦炎、沈建華 2007 《甲骨文校釋總集》,上海:上海辭書出版社。
陳年福 2010 《殷墟甲骨文摹釋全編》,北京:綫裝書局。
郭沫若 2002 《殷契粹編》,《郭沫若全集(考古編)》,北京:科學出版社。
胡厚宣 1999 《甲骨文合集釋文》,北京:中國社會科學出版社。
黃天樹 2007 《殷墟王卜辭的分類與斷代》,北京:中國社會科學出版社。
冀小軍 1991 《說甲骨金文中表祈求義的𢆉字——兼談𢆉字在金文車飾名稱中的用法》,《湖北大學學報》(哲學社會科學版)第1期。
莫伯峰 2011 《殷墟甲骨卜辭字體分類的整理與研究》,首都師範大學博士學位論文(指導教師:黃天樹)。
濮茅左 2009 《〈上海博物館藏甲骨文字〉序》,上海:上海辭書出版社。
崎川隆 2011 《賓組甲骨文分類研究》,上海:上海人民出版社。
王國維 1959 《殷卜辭所見先公先王續考》,《觀堂集林》,北京:中華書局。
姚孝遂、肖丁 1988 《殷墟甲骨刻辭摹釋總集》,北京:中華書局。
于省吾 1996 《甲骨文字詁林》,北京:中華書局。
張玉金 2001 《甲骨文語法學》,上海:學林出版社。
趙鵬 2007 《殷墟甲骨文人名與斷代的初步研究》,北京:綫裝書局。

Studies of Several New Re-assemblages

LIU Ying

Abstract: Re-assemblages of oracle bones can always provide more complete and newer information. Collecting and analyzing them may lead us to identify unknown problems and correct mistakes. This paper systematizes and studies the periodic classification of oracle bones, the place that the oracle bone inscriptions were found and excavated, the synonyms and correcting mistakes of divinations by analyzing several new re-assemblages.

Key words: oracle bone inscriptions, re-assemblage, systematization

(劉 影 首都師範大學甲骨文研究中心,
出土文獻與中國古代文明研究協同創新中心 100089)

吳王光鑑銘文補釋

李家浩

吳王光鑑是 1955 年安徽壽縣蔡侯申墓出土的，第二年就將其資料公開發表。以發表的 1956 年計，距今已整整六十年了。在這六十年裏，已有許多學者對其銘文進行過研究，[①]但是仍然有個別文字的釋寫和詞句的解釋存在分歧。我擬就這個別釋寫、解釋存在分歧的文字和詞句談一點不成熟的看法。

吳王光鑑共有兩件，現在分別收藏在安徽省博物館和中國國家博物館。銘文位於腹部內壁，文字相同，都是 8 行 52 字。我根據學者研究的有關成果，重新把銘文釋寫於下：

隹（惟）王五月，既字白（迫）期，吉日初康（庚），吳王光擇其吉金玄銧（鑛）白銧（鑛），台（以）乍（作）弔（叔）姬寺吁宗彊（彝）薦鑑。用享用孝，釁（眉）壽無疆。"往巳（矣）弔（叔）姬，虔敬乃后孫（訓），勿忘。"[②]

"吉日初"下一字，舊釋爲"庚"；從銘文拓片看，實是"康"字。"康"從"庚"得聲，故鑑銘假借爲"庚"。淅川下寺出土的王子午鼎銘文"令尹子庚"之"庚"，原文以"康"爲之，[③]與此相同。

"彊"字不見於字書，字當從"弓"從"土"從"夷"聲，用爲"宗彝"之"彝"。"彊"字亦見於九店楚簡 43—44 號，用爲神名武夷之"夷"；[④]上博楚簡《競建內之》2 號也有"彊"字，唯"弓"旁寫作"人"，用爲彝器之"彝"，與鑑銘同。[⑤]

"虔敬乃后孫，勿忘"，從郭沫若釋寫、斷句。需要指出的是，鑑銘"孫"字之下是否有"="號，在學術界是有分歧的。陳夢家、孫百朋、郭若愚、陳邦懷、陳直等人釋文都跟郭沫若一樣，把"孫"作爲一個字。自 1958 年唐蘭釋文把"孫"字之下作爲有"="號處理之後，人們多從之，把它釋爲"孫孫"或"子孫"，屬下爲句。我核對了手頭所有論著著錄的吳王光鑑銘文拓片，"孫"字之下都無"="號；有的鑑銘摹本在"孫"之下有"="號，當是臆增。可見把此字釋爲"孫孫"或"子孫"，屬下爲句，都是沒有根據的。這樣釋寫和斷句，於文義也不順適，詳見下文。

從上錄釋文可以看出，只有"既字白期"和"虔敬乃后孫"比較難懂，所以人們對這兩句的意見分歧較大。我在這裏只談這兩句，其他的問題可以參看有關論著。

先談"既字白期"。

學術界多主張"既字白期"之"字"讀爲"孳",訓爲"生","白"讀爲"霸","既孳霸"即月相"既生霸"。據以下三點,此說是不可信的。第一,用字習慣不合。據不完全統計,"既生霸"在銅器銘文中出現約七十多次,無一例作"既字白"或"既孳白"的,其後也不帶"期"字。第二,字義不合。"孳"訓爲的"生"是生育之"生",而"既生霸"的"生"是生長之"生"。第三,時代不合。據郭若愚等研究,鑑作於吳王光十年,即公元前505年,在春秋晚期;據劉雨先生所說,月相"既生霸""既死霸"等,"絶大多數出現在西周銅器上,春秋前期銅器上只出現了三、四次,春秋後期和戰國銅器上則一例也未出現"。⑥

在諸家對"既字白期"句的解釋中,我認爲郭若愚和馬承源主編《商周青銅器銘文選(四)》的解釋最值得注意。郭若愚說:

> 我認爲據事理來講,"字"即《儀禮·士昏禮》:"女子許嫁笄而禮之稱字"之意。"白",明顯、明白。……"白期"是說有了明確的日子,也就是說叔姬出嫁有期,因此吳王拿出吉金,爲她鑄造這個銅鑑。

馬承源主編《商周青銅器銘文選(四)》說:

> 字　舊釋子,非是。……古婦女成年許嫁而字。《公羊傳·僖公九年》:"婦女許嫁,字而笄之。"何休《注》:"《婚禮》曰:'女子許嫁,笄而醴之稱字。'"
>
> 白期　吉期已近。白,假爲迫,義爲近,《說文·辵部》:"迫,近也"。
>
> 期　吉期。《儀禮·士昏禮》:"請期用鴈,主人辭,賓許告期,如納徵禮。"又《昏辭》:"貺某重禮,某不敢辭。敢不承命,請期。"又:"某使某受命吾子,不許某敢不告,期日某日。"白期,即迫此吉期。

按:郭、馬二氏對"字"字的解釋和馬氏對"白"字的讀法,⑦皆可信從。《史記·河渠書》所載《瓠子歌》:"吾山平兮巨野溢,魚沸鬱兮柏(迫)冬日。"《漢書·司馬遷傳》所載《報任安書》:"今少卿抱不測之罪,涉旬月,迫冬季,僕又薄從上上雍,恐卒然不可諱。"此"柏(迫)""迫"二字用法與銘文"白(迫)"相同,可以參考。"白"借爲"迫",猶"柏"借爲"迫"。但是,郭、馬二氏對"期"字的解釋,需要略作修正。王引之《經義述聞》卷十《儀禮·聘禮》"及期夕幣"條說:"凡言期者,皆行事之正日。"他在此下夾注所引的書證中,有《儀禮·士昏禮》的例子。⑧《士昏禮》"期,初昏……",鄭玄注:"期,取妻之日。"銘文"期"字當與之同義,就女方來說是指出嫁之日,就男方來說是指娶妻之日。於此可見,"既字"與"迫期"說的是兩件事:"既字"說的是叔姬已許嫁而字,"迫期"說的是迫近婚期。正是因爲婚期迫近,所以叔姬的父親吳王光擇吉日爲她鑄造媵器。

再談"虔敬乃后孫"。

陳邦懷、陳直兄弟二人也從郭沫若釋文,但是他們意識到"孫"字在這裏不能作爲本字來用,所以把它屬下爲句,讀爲"愻"或"遜",訓爲"順"。陳邦懷說:"吳王光誡之曰:虔敬乃后,勿忘順之道也。銘文'孫(愻)勿忘',乃倒文以協韻耳。"從表面上看,陳氏兄弟的意見似乎很有道理,如果跟同墓出土的吳王光殘鐘銘文放在一起來考慮,就會發現有問題。

吳王光殘鐘也是吳王光爲他女兒叔姬作的媵器,其銘文跟鑑銘"往矣叔姬,虔敬乃后孫,勿忘"相當的文字說:

往巳(矣)弔(叔)姬,虔敬命,勿忘。⑨

兩相對照,不難看出鐘銘"虔敬命"是"虔敬乃后命"的省略說法,鑑銘"虔敬乃后孫"之"孫"與鐘銘"命"字相當,其義應該相同或相近。上古音"孫"屬心母文部,"訓"屬曉母文部,二字韻部相同,聲母有關,⑩可以通用。《說文》心部:"愻,順也。從心,孫聲。《唐書》曰'五品不愻'。"按:《說文》所引《唐書》文字見於傳本《尚書・堯典》,"愻"作"遜",《尚書大傳》《史記・殷本紀》《後漢書・鄧禹傳》等引"愻"作"訓";⑪訓爲"順也"的"愻"或"遜",字或作"孫"。⑫此是"孫""訓"二字可以通用的例子。據此,頗疑鑑銘"孫"應該讀爲"訓"。古代"訓""命"都有"教""誡"之義。⑬

根據《儀禮・士昏禮》記載,古代婚禮儀式分爲納采、問名、納吉、納徵、請期、親迎、共牢合卺等,⑭其中親迎是夫方至婦家迎娶。我把《士昏禮》和其他古書中有關迎娶的文字抄寫於下:

《儀禮・士昏禮記》:父送女,命曰:"戒之敬之,夙夜毋違命。"母施衿結帨,曰:"勉之敬之,夙夜無違宮事。"庶母及門內,施鞶,申之以父母之命,命之曰:"敬恭聽宗爾父母之言。夙夜無愆,視諸衿鞶。"

《說苑・修文》:"'夏,公如齊逆女'。何以書?親迎,禮也。"⑮其禮奈何?曰:諸侯以屨二兩加琮,……曰:"某國寡小君,使寡人奉不珍之琮,不珍之屨,禮夫人貞女。"夫人曰:"有幽室數辱之產,未諭於傅母之教,得承執衣裳之事,敢不敬拜祝。"祝答拜。夫人受琮,取一屨以履女,正笄,衣裳,而命之曰:"往矣,善事爾舅姑,以順爲宮室,無二爾心,無敢回也。"女拜,乃親引其手,授夫乎户。⑯

《孟子・滕文公下》:女子之嫁也,母命之,往送之門,戒之曰:"往之女(汝)家,必敬必戒,無違夫子。"以順爲正者,妾婦之道也。

這些文字之間所說情況雖然不盡相同,但是對於我們理解鑑銘卻十分有益。據此可見,鑑銘"往矣叔姬,虔敬乃后訓,勿忘"和鐘銘"往矣叔姬,虔敬〔乃后〕命,勿忘",是吳王光告誡女兒叔姬的話,所以上錄釋文把"往矣叔姬,虔敬乃后訓,勿忘"加上引號。《爾雅・釋詁上》:"后,君也。"因爲叔姬之夫是蔡昭侯申,所以銘文把叔姬之夫稱爲"后";"訓""命"即蔡昭侯之訓命。

"勿忘"是承上句"虔敬乃后孫(訓)"而言的。舊或認爲"孫"下有"="號,釋爲"子孫"或"孫孫",與"勿忘"連讀,不僅釋文沒有根據,而且於文義也不順適。"勿忘"是要叔姬不要忘記"虔敬乃后孫(訓)"的囑咐,而不是要叔姬的"子孫"或"孫孫"不要忘記"虔敬乃后"的囑咐。

以上是我對吳王光鑑銘文中"既字白期"和"虔敬乃后孫"二句的看法,於心多年,謬誤之處,敬請大家批評指正。

附　注

① 郭沫若:《由壽縣蔡器論到蔡器的年代》,《考古學報》,1956 年第 1 期,第 3 頁;《文史論集》,第 302 頁,人民出版社,1961 年;《郭沫若全集·考古編》第六卷,第 92—95 頁,科學出版社,2002 年。陳夢家:《壽縣蔡侯墓銅器》,《考古學報》,1956 年第 2 期,第 110—111 頁;《陳夢家學術論文集》,第 502、504 頁,中華書局,2016 年。孫百朋:《蔡侯墓出土的三件銅器銘文考釋》,《文物參考資料》,1956 年第 12 期,第 33 頁。唐蘭:《〈五省出土重要文物展覽圖録〉序言》,故宫博物院編《唐蘭先生金文論集》,第 78、80 頁,紫禁城出版社,1995 年;《唐蘭全集》第三册,第 985、987 頁,上海古籍出版社,2015 年。白川静:《金文通釋》卷四,第四十輯二二九,第 588—593 頁,日本白鶴美術館,昭和四十八年(1973)。于省吾:《壽縣蔡侯墓銅器銘文考釋》,《古文字研究》第一輯,第 48—49 頁,中華書局,1979 年。郭若愚:《從有關蔡候的若干資料論壽縣蔡墓蔡器的年代》,《上海博物館集刊》總第 2 期,第 82—83、87—88 頁,上海古籍出版社,1982 年;《智龕金石書畫論集》,第 94—95、101—102 頁,上海古籍出版社,2007 年。劉翔等:《商周古文字讀本》,第 166—168 頁,語文出版社,1989 年。馬承源主編:《商周青銅器銘文選(四)》,第 365—366 頁,文物出版社,1990 年。陳秉新:《壽縣蔡侯墓出土銅器銘文通釋》,楚文化研討會編《楚文化研究論集》第二集,第 362—364 頁,湖北人民出版社,1991 年;黄德寬主編《安徽大學漢語言文字研究叢書·陳秉新卷》,第 111—113 頁,安徽大學出版社,2015 年。董楚平:《吴越徐舒金文集釋》,第 45—49 頁,浙江古籍出版社,1992 年。陳邦懷:《嗣樸齋金文跋》,第 93 頁,香港中文大學中國文化研究所吴多泰中國語文研究中心,1993 年。崔恒昇:《安徽出土金文訂補》,第 176—182 頁,黄山書社,1998 年。陳直:《讀金日札》,第 212—213 頁,西北大學出版社,2000 年。王輝:《中國古文字導讀·商周金文》,第 294—296 頁,文物出版社,2006 年。陳治平:《安徽出土青銅器銘文研究》,第 240—244 頁,黄山書社,2012 年。董珊:《吴越題銘研究》,第 25—28 頁,科學出版社,2014 年。

② 郭沫若:《由壽縣蔡器論到蔡器的年代》,《考古學報》,1956 年第 1 期,圖版 9、10。安徽省文物管理委員會、安徽省博物館:《壽縣蔡侯墓出土遺物》,圖版三玖—肆拾,科學出版社,1956 年。馬承源主編:《商周青銅器銘文選(二)》,538 號,文物出版社,1986 年。施謝捷:《吴越文字彙編》,028—029 號,江蘇教育出版社,1998 年。中國社會科學院考古研究所:《殷周金文集成(修訂增補本)》第七册,10298—10299 號,中華書局,2007 年。

③ 河南省文物研究所等:《淅川下寺春秋楚墓》,圖九九——○一,文物出版社,1991 年。

④ 湖北省文物考古研究所、北京大學中文系:《九店楚簡》,第 13、50 頁,104 頁〔一六四〕,中華書局,2000 年。

⑤ 馬承源主編:《上海博物館藏戰國楚竹書(五)》,第 19、168 頁,上海古籍出版社,2005 年。陳劍:《戰國竹書論集》,第 169 頁注⑤,上海古籍出版社,2013 年。

⑥ 劉雨:《金文"初吉"辨析》,《文物》,1982 年第 11 期,第 76 頁;《金文論集》,第 166 頁,紫禁城出版社,2008 年。

⑦ 張亞初也主張鑑銘"白"應該讀爲"迫"。見張氏《殷周金文集成引得》第 158、609 頁 16.10298、10299,中華書局,2001 年。原文"迫"作"廹"。

⑧ 王引之:《經義述聞》,總頁第 246 頁上欄,江蘇古籍出版社影印,1985 年。

⑨ 郭若愚:《從有關蔡候的若干資料論壽縣蔡墓蔡器的年代》,《上海博物館集刊》總第 2 期,第 78 頁,

1982年;《智龕金石書畫論集》,第88頁。曾憲通:《吳王光編鐘銘文的再探討》,《華學》第五輯,第115頁,中山大學出版社,2001年;《古文字與出土文獻叢考》,第148—149頁,中山大學出版社,2005年。

⑩ 參看李方桂《上古音研究》第24—25頁,商務印書館,1982年。

⑪ 參看段玉裁《古文尚書撰異》卷二,見阮元、王先謙編《清經解、清經解續編》第肆冊第4717頁,鳳凰出版社,2005年;皮錫瑞《今文尚書考證》第76頁,中華書局,1989年。

⑫ 參看宗福邦等《故訓匯纂》第552—553頁"孫"字注㉕等,商務印書館,2003年。

⑬ 參看宗福邦等《故訓匯纂》第340頁"命"字和第2103頁"訓"字有關注項。

⑭ 參看錢玄《三禮通論》第573—579頁,南京師範大學出版社,1996年。

⑮ 見《公羊傳·莊公二十四年》。

⑯ 向宗魯《說苑校證》(中華書局,1987年)第484頁注說:"此當出佚禮。"

(李家浩　安徽大學漢字發展與應用研究中心　230601)

馬王堆帛書校讀拾補[*]

沈　培

一　《十六經·果童》篇的"險"與"諶"

《十六經·果童》有這樣的話：①

(1) ▉黃帝【問四】輔曰：唯余一人，兼有天下。今余欲畜而正之，均而平之，爲之若何？果童對曰：不險則不可平，不諶則不可正。……黃帝曰：夫民卬（仰）天而生，侍（待）地而食。以天爲父，以地爲母。今余欲畜而正之，均而平之，誰敵（適）繇（由）始？對曰：險若得平，諶【若得正】，②【貴】賤必諶，貧富又（有）等。前世法之，後世既員，繇（由）果童始。果童於是衣褐而穿，負并（絣）而豒（繺）。營行氣（乞）食。周流四國，以視（示）貧賤之極。

以上一段話裏面的"險"與"諶"，馬王堆漢墓帛書整理小組（1974：釋文部分二四頁）未出注釋。國家文物局古文獻研究室（1980：66 注［五七］）在"【貴】賤必諶"下注釋："諶，讀爲勘，比較，引申爲深切考覈之意。"《集成》（2014：158 注［一〇］）引用此說而別無他說，應視爲同意此說。此二書對前面幾個"諶"皆未出注，是否把這幾個"諶"跟"貴賤必諶"的"諶"看作同一詞，不得而知。

翻檢各家說法，對這一段話裏面的"險"和"諶"的解釋頗爲分歧。下面按發表意見的先後分別介紹。

郭元興（1979：132）曾提出"險"讀爲"儉"、"諶"訓爲誠信的觀點：

"險"當讀"儉"，《荀子·富國》："下疑俗儉。"楊注："儉當爲險。""儉"、"險"二字古通用。《說文》："儉，約也。"又平，平服也。《詩·大雅》："四方既平，王國庶定。"此文言不能節儉，則不能使人平服也。諶（chén），《說文》："誠諦也。"此文言不能誠信，則不能正

---

* 本文曾在"《長沙馬王堆漢墓簡帛集成》修訂國際研討會"（湖南省博物館、復旦大學出土文獻與古文字研究中心、中華書局主辦，2015 年 6 月 27—28 日）上宣讀。

人也。或"正"讀爲"定",不誠信則不能得安定。

但是,後來採用此說者並不多見。余明光對"險""諶"的解釋採取了存異說的方法,見於余明光(1989:292):

> 險,險阻。一說"險"當讀爲"儉",《荀子·富國》:"下疑俗儉。"楊注:"儉當爲險。"儉、險二字古通用。《說文》:"儉,約也。"平,平坦。

從余著對"平"的解釋可以看出,他大概是傾向於解"險"爲"險阻"的。另外,余明光(1989:292)說:

> 諶,讀爲戡,平定。一說諶(chén),誠諦也。正,正人也,此文言不能誠信,則不能正人也。

魏啓鵬(2004:125)則將"險"讀爲"檢",其說云:

> 險,疑讀爲檢,《蒼頡篇》:"檢,法度也。"據《文選·陸機〈演連珠〉》:"動循定檢。"李善注轉引。《荀子·儒效》:"禮者,人主之所以爲群臣寸尺尋丈檢式也。"梁啓雄《柬釋》引王念孫曰:"檢、式皆法也。……是檢與式同義,言治人以禮,如寸尺尋丈之法度也。"稷下黃老學派盛稱黃帝以法治天下,《管子·任法》:"黃帝之治天下也,其民不引而來,不推而往,不使而成,不禁而止。故黃帝之治也,置法而不變,使民安其法也。所謂仁義禮樂者,皆出於法。此先聖之所以一民者也。"

但是他對"諶"的解釋則採用"誠""信"的說法:

> 不諶則不可正,此句言治國必取信於民,沒有信義、誠信就不能教正臣民。諶:信、誠。《廣韻·侵韻》:"諶通訦。"《爾雅·釋詁上》:"諶,信也。"《毛詩·大雅·蕩》:"天生烝民,其命匪諶。"毛傳:"諶,誠也。"鄭箋:"天之生此衆民,其教道之,非當以誠信使之忠厚乎?"《方言》卷一:"訦,信也。燕、代、東齊曰訦。"黃帝之治貴信,本書《立命》謂"黃宗質始好信",《正亂》稱"天行正信"、"以臨天下",《順道》稱"體正信以仁"。《經法·名理》云"處於度之內者,不言而信","已諾不信,則智大惑矣。已諾必信,則處於度之內也",則在一定程度上提示法度與信誠之關係。參看賈誼《新書·修政語上》:"故惟道不可竊也,不可以虛爲也。故黃帝職道義,經天地,紀人倫,序萬物,以信與仁爲天下先。"(見魏啓鵬2004:125—126)

陳鼓應(2007)則讀"險"爲"嚴":

> 不險則不平:"險"字疑讀爲"嚴"。《史記·五帝本紀》:"得說於傅險中。"集解引徐廣云:"傅岩在北海之川"。索隱云:"舊本作險,亦作岩"。"平,治也"(《公羊傳·隱公元年》注)。此言不嚴明法度而人民不得治理。此猶《詩·殷武》:"天命降監,下民有嚴,不僭不濫。"(見陳鼓應2007:242注⑤)

陳書對於"諶"字也是採取存異說的方式來解釋,但沒有提到"諶"作"誠""信"之解,顯然是不同意這種看法的:

不諶則不可正:"諶"或讀爲"戡",伐正。言不予伐正則貴賤尊卑不得其正。又可讀爲"審"。甚、審聲讀相近。如《左傳·昭公十八年》疏:"甚者,益審之言也"。《淮南子·時則》:"湛熺必潔",注:"湛,讀審釜之審"。朱駿聲《說文通訓定聲》云:"按:湛,讀如瀋也"。"審",是端正的意思(《國語·齊語》注:"審,正也")。"不諶(審)則不可正",是說不端正名分則貴賤尊卑不得其正。(見陳鼓應2007:242注⑥)

蕭旭(2010)認爲郭元興、余明光、魏啟鵬、陳鼓應諸說皆誤。他說:

《廣雅》:"險,衺也。"《荀子·性惡》:"今人無師法,則偏險而不正。"《賈子·道術》:"據當不傾謂之平,反平爲險。"又:"方直不曲謂之正,反正爲邪。"《淮南子·時則篇》:"準之爲度也,平而不險,巧而不阿。"又《本經篇》:"壞險以爲平,矯枉以爲直。"皆險、平(正)對舉,可知險爲傾側、不平之義。諶、正對舉,當爲邪曲、不正之義。字或作愖,《集韻》:"愖,愖愖,心不正。"

可見他對"險""諶"的解釋跟以上諸說皆不相同。

各家當中讀"諶"爲"戡"者,可能跟下面的帛書文字有關:

(2) 姓生已定,而適(敵)者生爭,不諶不定。凡諶之極,在刑與德。《十六經·觀》(《集成》2014:152)

(3) 胜(姓)生已定,敵者生爭,不諶不定。凡諶之極,在刑與德。《十六經·姓爭》(《集成》2014:161)

以上兩篇是同樣的話,僅有用字上的微小差異。馬王堆漢墓帛書整理小組(1974:釋文部分二一頁注一九)說:"諶疑當訓爲信。"但此說也是很少有人信從。唐蘭(1975:21=1976:175)說:

諶讀如戡,是戰勝的意思。《十大經》篇主要講如何戰勝敵人。

馬王堆漢墓帛書整理小組(1976:52頁注25)注釋"諶"說:"讀爲戡,平定。"國家文物局古文獻研究室(1980:63注[二七])說:"諶疑讀爲戡,勝也。"余明光(1989:286)說:

不諶不定:諶,讀爲戡,平定。定,安定。這句話的意思是說不消除互相敵對的行爲,社會就不能安定。

這些都沒有明確指明例(1)與例(2)(3)的"諶"是同一個詞。劉信芳(1996:89)在討論上引例(2)《觀》一段文字時,明確聯繫《果童》的"諶"來討論,他說:

《十大經·果童》:"不險則不可平,不諶則不可正。"險與平、諶與正皆互文見義。《蒼頡篇》(《文選·游西池》"水木湛清華"注引):"湛,水不流也。"水有高下則流動,水不流則靜止平正,引申爲由流動而轉爲平正之義。上引"不諶不定"句,謂治理國家有如止流水爲平正,實現平正的最佳方法,在刑與德。《老子》:"天之道,損有餘而補不足。"其說與《十大經》的思想相通。

顯然他認爲例(1)至例(3)的"諶"是同一個詞。

魏啓鵬(2004:107)也採用"諶"讀爲"戡"的讀法,他說:

　　諶借爲戡,攻克、平定。《爾雅·釋詁》:"戡,克也。"

戎輝兵(2004:24—25頁)認爲國家文物局古文獻研究室(1980:63)"諶讀爲戡,甚是",又認爲:

　　訓爲"勝也",不確。姓生,當爲氏族。姓生已定,至氏族已經形成。敵者生爭,當指一國之內敵對氏族發生衝突、爭鬥。《爾雅·釋詁》:"戡,克也。"此處"戡",義即平定,與下文"定"相應。解決一國之內氏族爭鬥之"戡"訓"勝也",殊爲不當。段玉裁《說文解字注》云:"經史多假此爲戡勝字。"郝懿行《爾雅義疏》:"勝者,《說文》云:任也。"《書·君奭》:"惟時二人弗戡。"孫星衍《尚書今古文疏證》:"戡與堪通,《釋詁》云:'勝也。'"然文中此處之"戡"不通"堪"。用如"戡亂"之"戡"。故訓"平定"義長。

這實際上是認同馬王堆漢墓帛書整理小組(1976:52頁注25)的看法。陳鼓應(2007:219—220頁注⑤)也從讀"諶"爲"戡"的說法:

　　"不諶(戡)不定",是說對這種戰爭和爭鬥不予以伐正就不會安定。

《集成》(2014:153頁注[一八])只引用國家文物局古文獻研究室(1980)"諶疑讀爲戡,勝也"的說法,沒有進一步解釋。

由此可見,對於例(2)(3)的裏面的"諶"的解釋,從讀爲"戡"的說法者最多。例(1)當中"諶"的解釋,有人也用讀爲"戡"的說法,即使沒有明言跟例(2)(3)的關係,也可以視爲是受到後者相關解釋的影響而提出的。

以上所列各種說法,有的初看起來似乎很有道理。例如:古漢語中"平""險"常常對舉,例(1)正是二者同時出現在同一句話當中,特別是例(1)的"險若得平"這樣的說法,似乎更可說明這種讀法的正確性。又如:古漢語中"戡"與"定"也常常連言,例(2)(3)正是"戡""定"同現。而且,此二例所出的語境,正是講述"爭"的內容,由於有"爭"而去"戡",並由此得到"定",似乎是很順理成章的。因此,讀"諶"爲"戡"得到了較多學者的同意。

但是,如果全面考慮,解"險"爲險阻,讀"諶"爲"戡",大概都不能把相關句子說通。

如果說"險若得平"還可以說通的話,那麼,"不險則不可平"則比較費解。"險"固然可"平",但是非"險"而不平之處則不能"平"嗎?可見這是違背人們的常識的。至於讀爲"戡"的問題,顯然也是存在的。例中幾個"諶"並不能都讀爲"戡",像例(1)的"貴賤必諶"的"諶"即是。

更爲重要的是,如果聯繫上下文分析,解"險"爲險阻和讀"諶"爲"戡"的毛病就更爲明顯。

《果童》篇是黃帝向四輔詢問在"余一人兼有天下"的情況下,問如何能做到"畜而正之,均而平之"。果童回答的話是"不險則不可平,不諶則不可正",換言之,即用"險"和"諶"就能達到"畜而正之,均而平之"的效果。如果將"險"解爲險阻,將"諶"讀爲"戡",顯然是說不出道理的。再者,採用這種讀法,也看不出帛書後面果童"示貧賤之極"到底有何意義。本文前面所列其他幾種解釋,也都存在上述問題,甚至還有其他容易看出來的問題,這裏不必一一加以檢討。

認識到這些問題,回頭檢討各家說法,其實就比較容易判定,在《果童》篇的釋讀中,郭元興(1979)讀"險"爲"儉"、解"諶"爲"誠"的說法應當是正確的。③上引說法中,魏啟鵬(2004)同意解"諶"爲"誠"的說法並做了較好的補充,這也是值得肯定的。在《觀》和《姓爭》篇的釋讀中,馬王堆漢墓帛書整理小組(1974)對"諶"的注釋也是可信的。值得一提的是,鍾肇鵬(1981:91 注①=2001:526 注①)在"凡諶之極"下面注釋說:

> 諶,《爾雅·釋詁》"信也"。法家主張賞罰必信,罰重而必,叫"諶"。《方言》一"燕代東齊曰沈"。沈與諶通,齊語也。帛書"不諶不定","凡諶之極",正用齊語,或以諶爲戡,非是。

這裏沒有提到馬王堆漢墓帛書整理小組(1974)的意見,是其小疵,但鍾文的解釋是可信的。他根據《方言》指出"諶"是齊語,也值得重視。大家都知道,馬王堆《老子》乙本卷前書有跟《管子》接近的內容,其思想又跟齊國稷下學派多有聯繫,因此,帛書中出現齊語是不足爲怪的。這也提醒我們今後在研究中要注意帛書中是否還有其他齊語的成分。④

下面對相關帛書字詞略加說明,以增強以上釋讀的正確性。

例(1)《果童》篇前後兩次說"今余欲畜而正之,均而平之",後一次所說承接"夫民卬(仰)天而生,侍(待)地而食。以天爲父,以地爲母"而來,語義更爲清楚,可見看出"正之""平之"皆當對"民"而言。所謂"正之""平之"即"正民""平民",皆爲古人常見說法。帛書《十六經·成法》即有"正民":

> 黃帝問力黑,唯余一人兼有天下,滑(猾)民將生,年(佞)辯用知(智),不可法組。吾恐或用之以亂天下。請問天下有成法可以正民者?(《集成》2014:165)

"平民"之"平"當爲平治義,古書常見"平治天下"之語,如《孟子》《管子》等書。《果童》前面說"均而平之",後面說"險若得平,諶【若得正】,【貴】賤必諶,貧富又(有)等",既講"均",又講"貧富有等",似乎顯得有矛盾。其實不然。魏啟鵬(2004:124—125)說:

> (畜而正之,均而平之)言養育并教化、端正天下臣民。《周易·象上傳》:"君子以容民畜衆。"虞注:"畜,養也。"均而平之,言按等級分配調度,使天下平穩安寧。參看《荀子·王制》:"分均則不偏。"同書《君道》:"請問爲人君,曰以禮分施,均偏而不偏。"(偏同遍)按:先秦典籍言均分,並無後世"均貧富"之絶對平均含義,"以禮分施"即按制度等級分配,在同一等級則平均互等。參看《管子·君臣上》:"布政有均,民足於產,則國家豐矣。以勞受祿,則民不幸生。刑罰不頗,則下無怨心。名正分明,則民不惑於道。"

根據其他學者的研究,儒家有"均平"的思想,"均"乃均衡、公平之意,其實質是人人"各得其分",而非人人"份額相等"。⑤這也可以幫助理解上引帛書和魏說。

總之，讀"險"爲"儉"，解"諶"爲"信"，對於《果童》篇相關語句都是合適的。而且，正是由於果童之言體現了崇尚儉樸的思想，這就讓我們更加明白篇末所述果童"示貧賤之極"的所作所爲的原因了。⑥

同樣，對於例(2)、例(3)裏面的"諶"，也應解爲"誠""信"之義。"不諶不定"指統治者"不諶"則不能平定人與人之間的爭鬥。上引鍾肇鵬說已經講到"賞罰"與"信"的關係。帛書《經法·君正》篇有"精公无私而賞罰信，所以治也"(《集成》2014：132)，也可爲證。"凡諶之極，在刑與德"的"極"，馬王堆漢墓帛書整理小組(1976：52 注 26)注云："極，準則。"學者多從之。其實，此"極"當即上引《果童》"示貧賤之極"之"極"。所謂"諶之極"相當於古書常見之"至誠"。如《管子·幼官》："用利至誠，則敵不校。""凡諶之極，在刑與德"這兩句話顯然是在强調"賞罰必信"的重要性。

二 《十六經·兵容》篇的兩個"三遂絕從"

我們要討論的是此篇下面幾句話：

(4) 三遂絕從，兵无成功。三遂絕從，兵有成【功】。(《集成》2014：164)

上面所引的話由兩個複句組成，同樣是"三遂絕從"，一個結果是"兵无成功"，另一個結果卻是"兵有成功"，十分怪異。馬王堆漢墓帛書整理小組(1974：釋文部分三〇頁注[七五])在"兵无成功"下注釋說：

《月令》："百事乃遂"，注："遂猶成也"。疑此句意謂多次戰勝則人皆不從，故舉兵無功。《經法·國次》："天地之道，不過三功。功成而不止，身危有殃。"似與此同意。

但對於後一個複句則沒有注釋，看不出編者對這個矛盾有何看法。國家文物局古文獻研究室(1980：71 注[一〇六])做了不同的注釋：

《淮南子·兵略》："將者必有三隧、四義、五行、十守。所謂三隧者，上知天道，下習地形，中察人情。"注："凡此三事者，人所從蹊隧。"

這是把"三遂"的"遂"讀爲"蹊隧"的"隧"，《集成》(2014：164 注[八])引此說，是同意這個看法。這顯然是正確的，"三隧"即指此篇帛書前面所說的用兵要法天、法地、法人，此說不可移易，毋需討論。"遂"字的釋讀雖然已經解決，但是爲什麼同樣是"三隧絕從"卻有"兵無成功"和"兵有成功"兩個完全不同的結果呢？

各家在處理這個問題上有不同的方法。一般認爲後一句"三隧絕從"有誤。邱少華、牛鴻恩(1985：281 注 11)說：

"三遂"四句：不可解，疑有誤字。……絕從，讀作"絕蹤"，斷絕聯繫。第三句"三遂絕從"當有誤，大意當是三遂不絕。

但是這裏並沒有說清楚"誤"在何處。

魏啟鵬(2004:154)解釋前一句時説：

絶從,謂不行三隧之途徑。絶,無也。見《論語·子罕》"子絶四"皇侃疏。從,謂行也,從其道也。《廣雅·釋詁一》："從,行也。"《尚書·禹貢》："恆衛既從。"江聲集注："從,隨其道也。"

在解釋後一句時説：

三遂絶從,兵有成功。案：此"絶"字從帛書整理小組所釋,乃鈔寫涉上文而誤。疑當爲"俱從"。(魏啟鵬2004:154)

有人認爲後一句"三遂絶從"的"絶"並非"絶"字,而是"敄"字。余明光(1989:305)釋文作"三遂絶從,兵无成功。三遂敄(務)從,兵有成[功]……"。但此説基本無人信從。

《集成》(2014:164 注[九])引魏啟鵬(2004:154)"俱從"的説法,這是認同後一個"絶"是"俱"的誤字的説法。

以上説法雖然不同,但共同特點是認爲其中一個"絶從"有問題,另一個"絶從"則沒有問題。這個沒有問題的"絶從"又至少有兩種理解。一種是邱少華、牛鴻恩(1985:281 注 11)讀"絶從"爲"絶蹤"的看法,一種是魏啟鵬(2004:154)解釋"絶從"爲"無從"的看法。其實,這兩種看法皆不可信。既然知道"三隧"指三種路徑,那麽説"三隧絶蹤"大概是説不通的。魏著所説的"絶"有"無"的意思,是作爲動詞使用的,其後的賓語是名詞。但是,他解釋"從"爲"行",是動詞,無法相配。

其實,如果考慮到古漢語中表示道路義的詞跟"絶""從"經常可以搭配的現象,這個問題就很容易解決了。

"隧"的同義詞有路、徑等。"絶路""路絶"之類的説法古書常見,現在仍然常見,不煩舉例。"徑"也有"絶徑""徑絶"等説法。帛書《十六經·三禁》有"進不氏,立不讓,俓(徑)遂淩節,是胃(謂)大凶"之語(《集成》2014:166),國家文物局古文獻研究室(1980:74 注[一二〇])注釋説：

《韓非子·解老》："邪心勝則事經絶,事經絶則禍難生。"顧廣圻曰："案經當作徑,上文云'必緣理不徑絶也'。陸行不緣理爲徑,《周禮》云'禁徑踰者'是也。水行不緣理爲絶,《爾雅》'正絶流曰亂'是也。"《荀子·大略》"溺者不問遂",注："水中可涉之徑也。"徑遂即經絶,謂妄舉動。《管子·霸言》："重而淩節者復輕。"《禮記·檀弓》"故喪事雖遽不陵節",注："陵,躐也。"

戎輝兵(2004:32)指出顧廣圻之説"實誤"。又説：

《馬王堆漢墓帛書·經法》之《十六經·三禁》注云："徑遂,道路之義。《素問·調經論》：'五藏(臟)之道皆出於經隧。'經遂(當作隧——引者注)即徑遂。在這裏意思是進行。"近得之。《説文》："徑,步道也。"徐鍇曰："道不容車,故曰步道。"《論語·雍也》："有澹臺滅明者,行不由徑。"《楚辭·離騷》："何桀紂之猖披兮,夫唯捷徑以窘步。"《説文通訓定聲》:"遂,道也。與術略同。"《商君書·算地》:"都邑遂路,足以處其民。"《荀子·大略》:"溺者不問遂。"楊倞注:"遂,謂經遂,水中可涉之徑也。""經遂"即"徑遂",同義連文,道路之謂也。《說文通訓定聲》又曰:"遂,字亦作隧。"《左傳·襄公十八年》:"夙沙衛連大車以塞隧而殿。"杜預注:"隧,音遂,道也。"故"徑遂"一作"徑隧"。《素問·調經論》:"五臟之道,皆出於經隧,以行血氣。"《呂氏春秋·論威》:"雖有江河之險則凌之。"高誘注:"凌,越也。"

由此可見,"徑""隧"同義。古今人在說道路斷絕時,既可以實有所指,也可以設喻引申。《韓非子》的"事徑絕"即屬後者,"事徑絕"即"事理斷絕"之意。《淮南子·時則》有"絕蹊徑",這是實指。

明白了上面的道理,我們就可以比較有把握地推測,例(4)兩個"三隧絕從",前一處"三隧絕從"的"從"當爲衍文,後面一處的"絕"當爲衍文,原來當作:

三隧絕,兵無成功。三隧從,兵有成功。

大概因爲"三隧"既可以說"絕",也可以說"從",抄寫者無意中將之糅合在一起,才產生了這樣的錯誤。

三 《稱》篇的"所以朕合之也"

帛書《稱》篇有如下一段文字:

天子之地方千里,諸侯百里,所以朕合之也。故立天子【者,不】使諸侯疑(擬)焉。立正敵(嫡)者,○不使庶孼疑(擬)焉。立正妻者,不使婢(嬖)妾疑(擬)焉。疑(擬)則相傷,雜則相方(妨)。(《集成》2014:178)

這段文字裏面的"朕",馬王堆漢墓帛書整理小組(1974:釋文部分三八頁)釋文直接寫作"勝",未出注釋。馬王堆漢墓帛書整理小組(1976:96 注 17)則言:

朕合,疑是縫合之意。

國家文物局古文獻研究室(1980:84 注[一六])可以看作是對上一注釋的補充說明:

朕,本義訓爲舟縫。朕合,猶彌縫,此言維持團結,不使分裂。

陳鼓應(2007:360 注⑧)則可以看作是此說的進一步發揮:

所以朕合之:"朕",縫合、聯繫。《說文解字注》"朕"字下段玉裁說:"按:朕在舟部,其解當曰舟縫也……。《考工記·函人》曰:視其朕,欲其直也。戴先生(震)曰:舟之縫理曰朕,……本訓舟縫,引申爲凡縫之稱"。二物相交時中間的縫隙叫"朕",在此作動詞,謂聯繫、關聯。"合",對應(《爾雅·釋詁》:"合,對也"。《史記·樂書》正義:"合,應也")。這是說天子轄地一千平方里,諸侯轄地一百平方里,這種差異是和他們的身分地位聯繫對應的。

陳說跟前面兩種說法的不同是他把"合"解釋爲"對應",而不是聚合、會合之"合"。但是,古書中"朕"從沒有"縫合、聯繫"這樣的動詞用法。這樣解釋顯然是很勉強的。《集成》(2014:178 注[一])引國家文物局古文獻研究室(1980:84 注[一六])之說後加按語說:

  "朕合"之義待考,整理者的意見可備一說。

其實這樣說是沒有必要的。

魏啓鵬(2004:205—206)曾提出另一種解釋:

  朕合,謂適宜,相合也。帛書《老子》乙本頻見勝作朕,此句亦然。朕(勝)讀爲稱,從朕得聲之勝字,古與稱通,《國語·晉語四》:"中不勝貌,恥也。"韋昭注:"勝當爲稱。"《周易·繫辭下》:"吉凶者,貞勝者也。"《釋文》:"勝,姚本作稱。"《周禮·考工記·弓人》:"角不勝幹,幹不勝筋。"鄭玄注:"故書勝或作稱,鄭司農云:'當言稱。'"是"朕(勝)合"猶言"稱合"。《荀子·禮論》:"貴賤有等,長幼有差,貧富輕重,皆有稱者也。"楊倞注:"稱謂各當其宜。"《漢書·刑法志》:"凡爵列官職,賞慶刑罰,皆以類相從也,一物失稱,亂之端也。"顏師古注:"稱,宜也。"古制"德必稱位,位必稱祿","量地而立國"亦循其例。參看《孟子·告子下》:"天子之地方千里,不千里不足以待諸侯;諸侯之地方百里,不百里不足以守宗廟之典籍。周公之封於魯,爲方百里也,地非不足而儉於百里;太公之封於齊也,亦爲方百里也,地非不足也,而儉於百里。"《呂氏春秋·慎勢》:"權鈞則不能相使,勢等則不能相并,治亂齊則不能相正。故小大、輕重、少多、治亂,不可不察,此禍福之門也。……王者之封建也,彌近彌大,彌遠彌小,(高誘注:近國大,遠國小,彊榦弱枝。)海上有十里之諸侯。以大使小,以重使輕,以衆使寡,此王者之所以家以完也。"

"朕"讀爲"稱"當然沒有問題,但是正如魏著注釋當中所引《荀子》之語"貴賤有等,長幼有差,貧富輕重,皆有稱者也",古人通常說"有稱",與之相反則曰"失稱",似乎從未見過說"稱合"的例子。

其實,細讀帛書文字就可以知道,原文分兩大部分,第一部分說"天子之地方千里,諸侯百里,所以朕合之也",可以看作一個"論題"。第二部分則舉了幾個相關的例子來說明這個論題。從所舉例子可以看到,涉及的人物有"天子"與"諸侯"、"正嫡"與"庶孽"、"正妻"與"嬖妾"等三組人,本來這些人的地位貴賤有別,但是地位低的人有可能會發生僭越,以至於可能會跟本來與之相對的地位高的人相爭。帛書所說的就是不要讓這種情況發生。順著這個思路去看原文,就會明白帛書前面所說的"天子之地方千里,諸侯百里,所以朕合之也"應該讀爲"天子之地方千里,諸侯百里,所以勝合之也",所謂"勝合之也"就是"勝於將各個諸侯百里之地并合"的意思。顯然,諸侯分土而居,每個諸侯方百里之地,但是如果將之并合,就會達到千里乃至超過千里,這不正是"使諸侯擬"嗎?因此,馬王堆漢墓帛書整理小組(1974:釋文部分三八頁)釋文讀"朕"爲"勝"看法是正確的,但是由於沒有加以解釋,一般人不明其意,這才引出了各種不必要的異說。

附　注

①　湖南省博物館、復旦大學出土文獻與古文字研究中心編纂,裘錫圭主編《長沙馬王堆漢墓簡帛集成（肆）》,北京:中華書局,2014年6月,158頁。本文所引帛書釋文,如無特別說明,皆據此書,以下簡稱爲"《集成》(2014)"。

②　"若得正"三字,各家皆據文意補,最早的說明見馬王堆漢墓帛書整理小組(1976:58—59頁注11)。

③　古書及出土文字資料中"僉""險"相通的例子甚多,參看高亨纂著、董治安整理《古字通假會典》,齊魯書社,1989年7月,254—255頁;白於藍編著《戰國秦漢簡帛古書通假字匯纂》,福州:福建人民出版社,2012年3月,915頁。

④　作"誠""信"講的"諶"在《詩》《書》中常見,戰國齊語中有此詞,當是古語在方言中的保留。順便一提,清華簡《厚父》簡9"厚父曰:'嗚呼,天子! 天命不可漗斯,民心難測……'"(參看李學勤主編《清華大學藏戰國竹簡(伍)》,上海:中西書局,2015年4月,110頁。原釋文"斯"屬下讀,此據馬楠《清華簡第五冊補釋六則》改讀。馬文載《出土文獻》第六輯,上海:中西書局,2015年4月)已有多位學者將簡文與古書對照,指出簡文"天命不可漗斯"跟《詩·大明》"天難忱斯"、《尚書·君奭》"天棐忱"等說法語義相近(參看前引馬楠文)。但不知爲何,似乎尚未有人明確指出簡文"漗"就應當讀爲"忱"或"諶"。

⑤　參看張自慧(2014)。同類的研究也許還有,本人對此不夠熟悉,僅舉此篇作爲代表。

⑥　其實,在過去各種論著中,讀"險"爲"僉",解"諶"爲"信"者並不罕見。例如姚允祥(2002:53)就是如此。又如,李培志(2012:118)也解"諶"爲"信",並對帛書乙本佚書重視"誠信"的思想做了較多說明。這些都是值得肯定的。但這些論著的共同缺點是往往沒有說明自己說法的來歷,也沒有對這些說法作出證明,大概都是看到此說對己說有利便加以發揮,很難說他們已清楚認識到其他說法的問題。由於這種原因,這些論著裏面的觀點並不受到人們的重視。

參考文獻

陳鼓應　2007　《黃帝四經今注今譯——馬王堆漢墓出土帛書參照簡帛本最新修訂版》,北京:商務印書館。
郭元興　1979　《讀〈經法〉》,《中華文史論叢》第2期。
國家文物局古文獻研究室　1980　《馬王堆漢墓帛書[壹]》,文物出版社。
湖南省博物館、復旦大學出土文獻文字研究中心編纂,裘錫圭主編　2014　《長沙馬王堆漢墓簡帛集成》(簡稱《集成》),北京:中華書局。
李培志　2012　《〈黃帝書〉與帛書〈老子〉君道思想淵源研究》,濟南:齊魯書社。
劉信芳　1996　《馬王堆漢墓帛書釋讀劄記》,載湖南省博物館主編《湖南省博物館四十周年紀念論文集》,長沙:湖南教育出版社。
馬王堆漢墓帛書整理小組　1974　《長沙馬王堆三號漢墓帛書之二　老子乙本及卷前古佚書》,北京:文物出版社。
馬王堆漢墓帛書整理小組　1976　《馬王堆漢墓帛書經法》,北京:文物出版社。
邱少華、牛鴻恩　1985　《先秦諸子軍事論譯注》,北京:軍事科學出版社。
錢　玄　1986　《帛書〈老子〉乙本卷前古佚書釋文補正》,江蘇省語言學會編《語言學研究集刊》第1輯,南京:江蘇教育出版社。

戎輝兵　2004　《〈馬王堆漢墓帛書〉（〈老子〉乙本卷前古佚書）校讀劄記》，南京師範大學碩士學位論文（指導教授：施謝捷）。

唐　蘭　1975/1976　《馬王堆出土〈老子〉乙本卷前古佚書的研究——兼論其與漢初儒法鬥爭的關係》，《考古學報》1975年第1期；又載馬王堆漢墓帛書整理小組編《馬王堆漢墓帛書經法》，北京：文物出版社。

温公翊（温廣義）　1979/1998　《〈經法〉等古佚書四種釋文校補》，《中國語文》1979年5期；又載《温廣義文集》，呼和浩特：內蒙古人民出版社。

魏啟鵬　2004　《馬王堆漢墓帛書〈黃帝書〉箋證》，北京：中華書局。

余明光　1989　《黃帝四經與黃老思想》，哈爾濱：黑龍江人民出版社。

蕭　旭　2010　《馬王堆帛書〈經法〉四種古佚書》校補》，http://www.gwz.fudan.edu.cn/SrcShow.asp?Src_ID=1101，2010年3月8日。

余明光　1993　《黃帝四經今注今譯》，長沙：岳麓書社。

姚允詳　2002　《黃帝·大圜·環龍——一個編輯對黃帝傳說的思考》，上海：百家出版社。

張自慧　2014　《真相與啟示：先秦儒家"均平"思想探微》，《孔子研究》第4期。

鍾肇鵬　1981/2001　《論黃老之學》，《世界宗教研究》1981年第2期；又載《求是齋叢稿》，成都：巴蜀書社。

（沈　培　香港中文大學　999077）

《長沙馬王堆漢墓簡帛集成》校讀札記

周 波

2014年6月,復旦大學出土文獻與古文字研究中心和湖南省博物館聯合編纂的《長沙馬王堆漢墓簡帛集成》正式公佈。①此項目利用湖南省博物館新拍的高清晰簡牘、帛書照片,在原整理者及學界已有研究成果的基礎上,對所有簡牘、帛書進行了全面的整理。此書資料完備,釋文註釋準確,是已有馬王堆簡帛文獻方面最好的整理本。不過馬王堆簡帛文獻的整理與研究,應是一個長期的過程,我們在研讀《長沙馬王堆漢墓簡帛集成》過程中也陸續有一些新的發現。筆者擬從圖版拼綴、釋文註釋等方面談談自己的想法,也請方家批評指正。

一

《春秋事語·伯有章》39—40行云:

令有不行而□□咎君☒□□□□閉室縣(懸)鐘而長39飲=(飲酒—酒—),②是怒亓(其)心而耤(藉)之閒(間),非□也。

《馬王堆漢墓帛書〔叁〕》所附的"《春秋事語》殘片"有A1。此殘片亦收入《長沙馬王堆漢墓簡帛集成〔壹〕》所附的"春秋事語"殘片,作A2。從後附原始圖版來看,兩種殘片左上部的筆劃、第一枚殘片中右邊小點皆應爲他處印跡粘連於此,應剔除。我們認爲剔除後的部分很可能應綴合在40行"心"字下端。綴合後原圖版、新圖版分別作A3、A4。從新綴圖版來看,不論是"心""而"二字筆畫還是上下兩塊帛片撕裂的形狀皆密合。

二

《春秋事語·晉獻公欲襲虢章》48—51行云:

---

* 本文寫作得到國家社會科學基金青年項目"戰國各系文字字詞關係比較研究"(批准號11CYY050)、上海市教育委員會科研創新項目"新出秦漢郡、縣資料的整理與研究"(批准號15ZS005)支持。

對(對)曰:"☐宮之何(柯)爲☐ 48 且長於君前,亓(其)埶(勢)有(又)庳(卑)。夫立(位)下而心需(懦)☐☐☐☐也。不敢盡而☐ 49 亓(其)達不見薦言,是不見亡之在一邦之後而卷(眷)在耳目之前,夫☐ 50 果以假道焉。

按新整理釋文"且長於君前",原釋文作"且少長於君前"。查圖版,"長"前應有"少"字,新整理釋文有誤。

51 行"果以假道焉"相關部分新整理圖版作 B1。此五字原整理圖版作 B2。前四字由左部、右部、下方三塊帛片綴合而成。新整理圖版則未綴合左部殘片 B3,將之置於後附殘片中。我們認爲此部分圖版應從原整理者意見。將上舉殘片綴合後圖版作 B4,"以""假""道"三字筆畫,諸字所在的欄綫位置皆密合,可證此一意見當無問題。

三

《春秋事語·魯莊公有疾章》89—91 行云:

今【召】89 而公子俌俱人〈入〉,不惌(怨)也。若不惌=(惌惌—怨怨)則德无(無)事矣。爲亓(其)親則德爲柰矣。二子之襲失,畢(暴)於 90 君,愧於諸〔☐〕。惎(惎—悔)德詐(詐)惌(怨),何叚(瑕)之不圖。

91、92 行上端原圖版作 C1。91 上起首殘字原整理者釋爲"君"。《長沙馬王堆漢墓簡帛集成》新圖版此處作 C2。與原整理圖版相比,新圖版 92 行位置要比 91 低半個字位。新釋文亦將 91 行首字釋爲"君"。

按 91 行首字位置《長沙馬王堆漢墓簡帛集成〔柒〕》所附原始圖版作 C3。上端附有一塊小殘片 C4。《馬王堆漢墓帛書〔叁〕》所附的"《春秋事語》殘片"也有這塊殘片,作 C5。可見原整理者認爲此殘片不應在此位置,故將其剔除,放入殘片部分。此次新整理圖版亦從原整理者意見,將之剔除。我們認爲兩種整理本的處理意見是有問題的。此殘片就應綴合在 91 行首字上端。綴合後相關部分圖版作 C6。據此新圖版,91 首字可綴合成一完整的"君"字,原整理者將此字釋爲"君"可信;92 行首字"魯"右邊筆畫也密合無間,足證我們的綴合意見當無問題。

四

《春秋事語·魯桓公与文姜會齊侯于樂章》94—95 行云:

今彭生近君,☐无盡言,容行阿君,使吾失親慼(戚)之,有(又)勒(力)成吾君之過,以 94 ☐二邦之惡,彭生亓(其)不免【乎】,禍李(理)屬焉。

95、96 行上端原圖版作 D1。原整理者已經指出,相關文字見《左傳》桓公十八年(公元前 654 年)及《管子·大匡》。95 上第二、三兩殘字原整理者據殘形及《管子·大匡》"二國"文例釋爲"二邦"。《長沙馬王堆漢墓簡帛集成》新圖版此處作 D2,與原整理圖版同。新釋文亦從原整理者意見。

按 95 行上端《長沙馬王堆漢墓簡帛集成〔柒〕》所附原始圖版作 D3。上端附有一塊小殘片 D4。兩種整理本皆將之剔除。《馬王堆漢墓帛書〔叁〕》所附的"《春秋事語》殘片"、《長沙馬王堆漢墓簡帛集成〔壹〕》所附的"春秋事語"殘片均收有此殘片,分別作 D5、D6。這種處理意見是有問題的。我們認爲據原始圖版裝裱狀況及帛書文例,此殘片顯然應下移,綴合在"二邦"二字的左端。綴合後的圖版作 D7。綴合後 95 行"二""邦"兩字,96 行"匡"字筆畫、欄綫位置皆密合無間,可證此綴合方案應無問題。

五

《十六經·正亂》22 行上—22 行下:

■力黑問□□□□□□22 上/99 上□□□□驕□陰₌謀₌(陰謀,陰謀),陰謀③□□□□□□□□□高陽,□之若何?

"高陽,□之"四字原圖版作 E1。原整理者據"高"下一字殘筆及文例補爲"陽"字。其注云:"高陽,傳說黃帝之孫。據《史記·五帝本紀》,黃帝崩,其孫高陽立,是爲帝顓頊。"又"□之若何"下整理者注云:"下文云:'爲之若何?'《觀》:'爲之,爲之若何?'《果童》:'今余欲畜而正之,均而平之,爲之若何?'《姓爭》:'吾甚患之,爲之若何?'據此,'之'前缺字,非'爲'字莫屬。"

按整理者說明已經指出:"襯頁上粘有一些正文的小殘片。我們在復原帛書的折疊方式和襯頁的放入方式後發現,正文帛片中與這些殘片的位置相應的地方往往缺損,這些殘片正好可以綴入其缺損處。"④其說值得重視。《長沙馬王堆漢墓簡帛集成〔壹〕》159 頁襯頁上粘有如下一片小殘片 E2。⑤根據其所在位置及字形筆畫,我們認爲應綴合在上舉原圖版左端。綴合後圖版作 E3。"陽"可綴合爲一完字,其下一字尚存"爲"下方大半字形,可證上引說法當無問題。據新綴圖版,22 行下釋文當改作:"□□□□驕□陰₌謀₌(陰謀,陰謀)□□□□□□□□□高陽,爲之若何?"

六

《老子》乙本卷前古佚書《稱》8 下云:

諸侯不報仇,不脩佴(恥),唯□所在。

"唯"後一字,馬王堆漢墓帛書整理小組(1974)⑥、唐蘭釋文(1975)⑦、馬王堆漢墓帛書整理小組(1976)⑧均缺釋。陳鼓應先生釋文作"唯[義]所在"。其云:"'義'字原缺,以意補。《孟子·離婁下》:'大人者,言不必信,行不必果,唯義所在。'文例與此相同。"⑨魏啟鵬先生從之。其云:"此句殆可補爲'唯義所在'。《群書治要》卷三十五引《曾子·修身》:'難者弗避,易者弗從,唯義所在。'賈誼《新書·階級》:'利不苟去,唯義所在,主上之化也。'"⑩《長沙馬王堆漢墓簡帛集成》整理者注云:"原注:脩,疑讀爲滌。今按:劉嬌指出,缺字據其殘筆疑爲'利'字,可能是對的。又'不報仇'之'不'原抄漏,補寫於'侯'字下方。"

《長沙馬王堆漢墓簡帛集成[壹]》157頁襯頁上粘有好幾片《稱》正文的殘片。如殘片F1據其位置及形狀應與153下"先天成則毁"之"先"綴合爲F2。襯頁有如下一片小殘片F3,我們認爲應綴合在"所"字上端。綴合後圖版作F4。"利""所"二字筆畫、欄綫位置皆密合,可證綴合當無問題。故原釋文"·諸侯不報仇,不脩俾(恥),唯□所在"當改作"·諸侯不報仇,不脩俾(恥),唯利所在"。"唯利所在"這一說法又見《荀子·不苟篇》:"言無常信,行無常貞,唯利所在,無所不傾,若是則可謂小人矣。"《三國志·魏書·任城陳蕭王傳》:"率師而行,唯利所在,何节度乎?"又《史記·匈奴列傳》:"利則進,不利則退,不羞遁走。苟利所在,不知禮義。"(《漢書·匈奴列傳》同)亦可以參看。

七

《老子乙本》9下—10上云:

爲學者日益,聞道者日云=(損,損)之有(又)云(損),以至於无(無)【爲,無 10/184上爲而無不】爲也。耵(聖)人之取天下,恆无(無)事,……

整理者於"耵(聖)人之取天下"下注:

原釋文"取天下"上據傅奕本等補"將欲"二字。陳劍據反印文在此處新綴入寫有"耵(聖)人之"的小片("耵"上殘筆爲上一句句末"也"字殘筆),證明原補文非是。"耵(聖)人之取天下"的異文各本未見,甚可貴。

今按此部分反印文作G1,可證陳說當可信。又湖南省博物館所提供的原始照片有如下一片殘片G2,原本裝裱在"耵(聖)人之"殘片旁邊。聯繫其裝裱位置、殘存字跡及相應的反印文情況,我們認爲此殘片應加綴在與陳文所綴的殘片右側。綴合後圖版作G3。綴合後"也""人"二字及圖版形狀皆密合,足證此方案當無問題。

八

《老子》乙本所附殘片有H1。注釋云:"此殘片被裱反。此殘字似是'復'。"其說可從。按此殘片在湖南省博物館所提供的原始圖版中原裱在《老子》乙本183行下"恒足矣"之

"足"字左旁。187 行下"復(覆)之"之"復"僅餘右部"复"旁,我們認爲此殘片就應綴合在 187 行下"復(覆)之"之字左端。綴合後圖版作 H2。"復"字恰可綴合爲完字。從"復"字字形、此殘片撕裂的形狀及欄綫位置來看,此綴合應無問題。

九

《相馬經》76 上—77 上釋文云:

  漢水前注,不欲雍(壅)之者,前夬(決)也。諸前後之夬欲長,善走。骨(骨)除不癰,多利。黑多氣,能上下合 76 下者,堅久。前夬舉,【多氣下】77 上

77 上"者,堅久。前夬舉"六字左半皆缺損。《相馬經》空白頁頁五右端附著有如下一塊殘片 I1。據其相應位置,我們認爲應綴合在 77 行上左端。綴合後圖版作 I2。"者,堅久。前夬舉"數字皆爲完字,可證此拼合當無問題。

附圖:

A1 A2 A3 A4

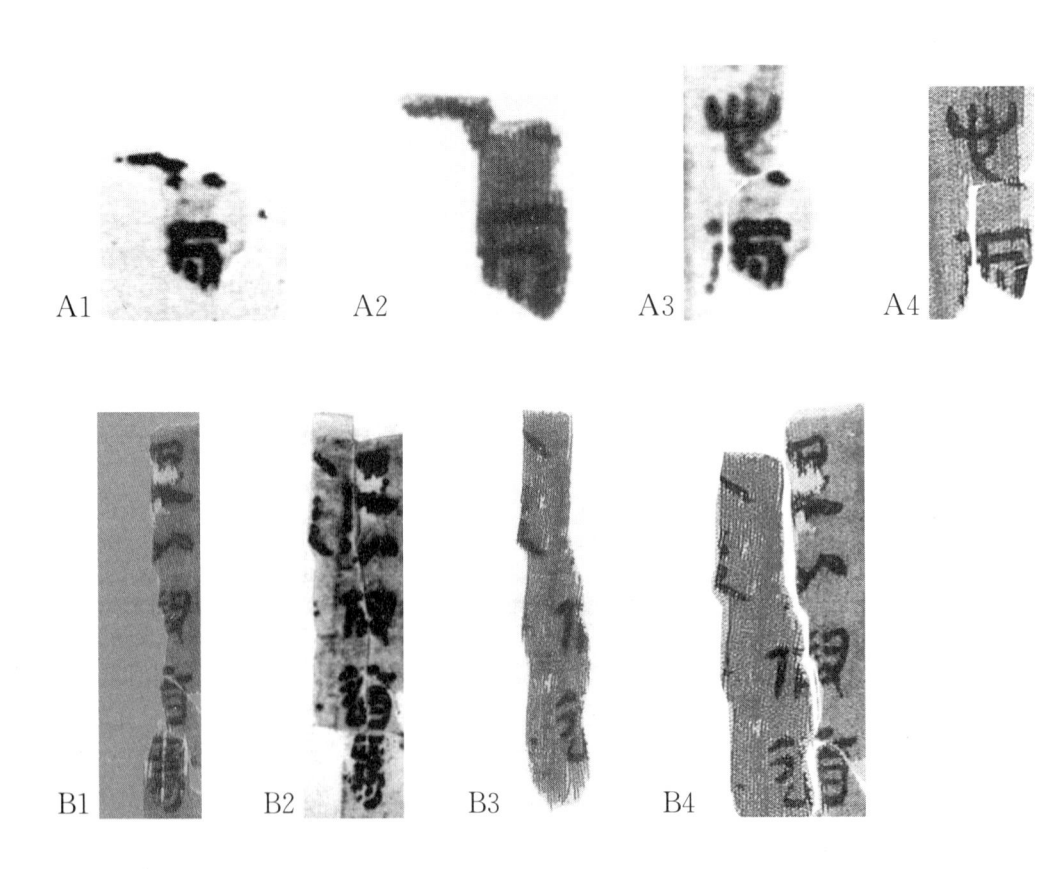

B1 B2 B3 B4

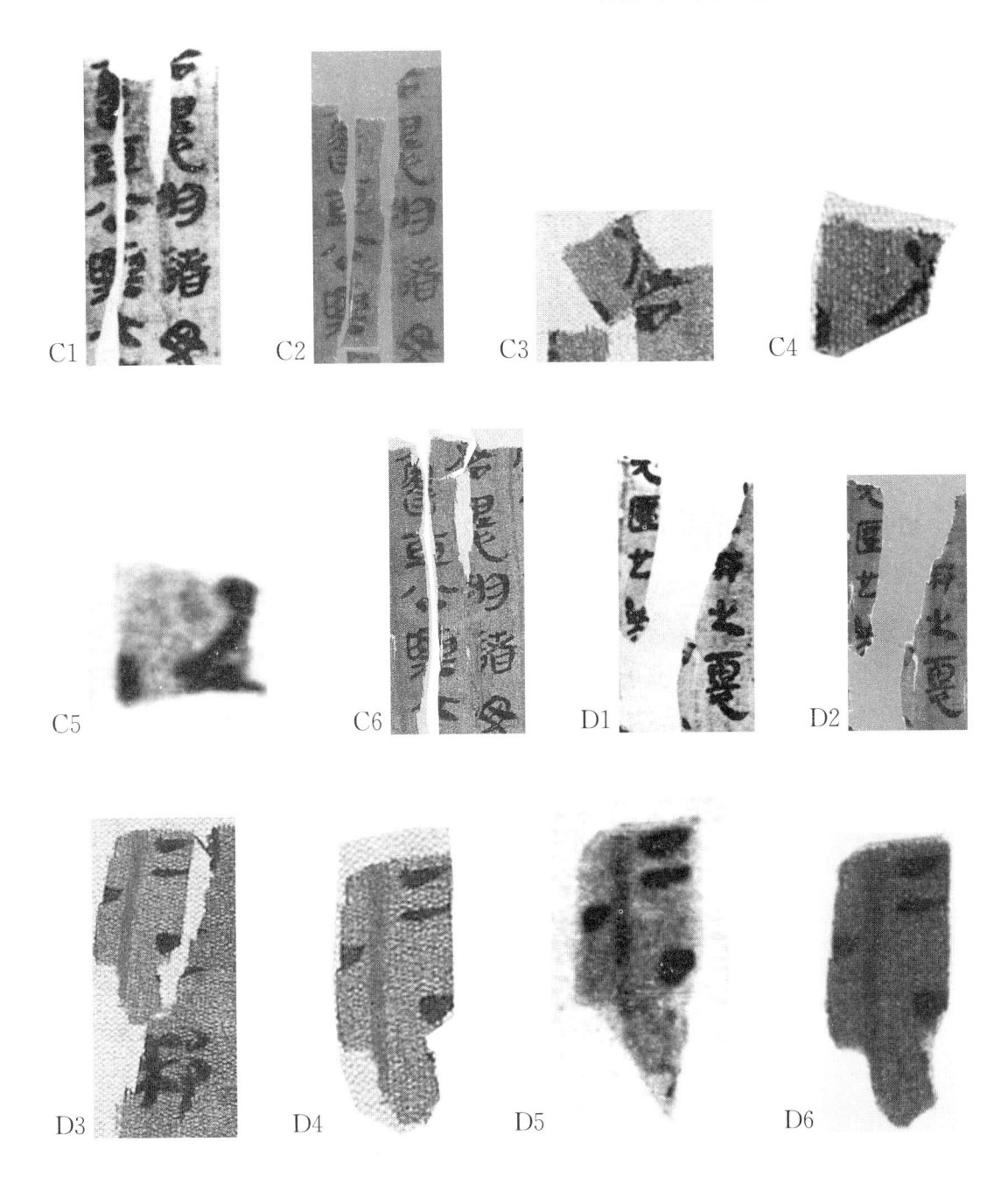

《長沙馬王堆漢墓簡帛集成》校讀札記　51

D7　　　　　E1　　　E2　　　　E3

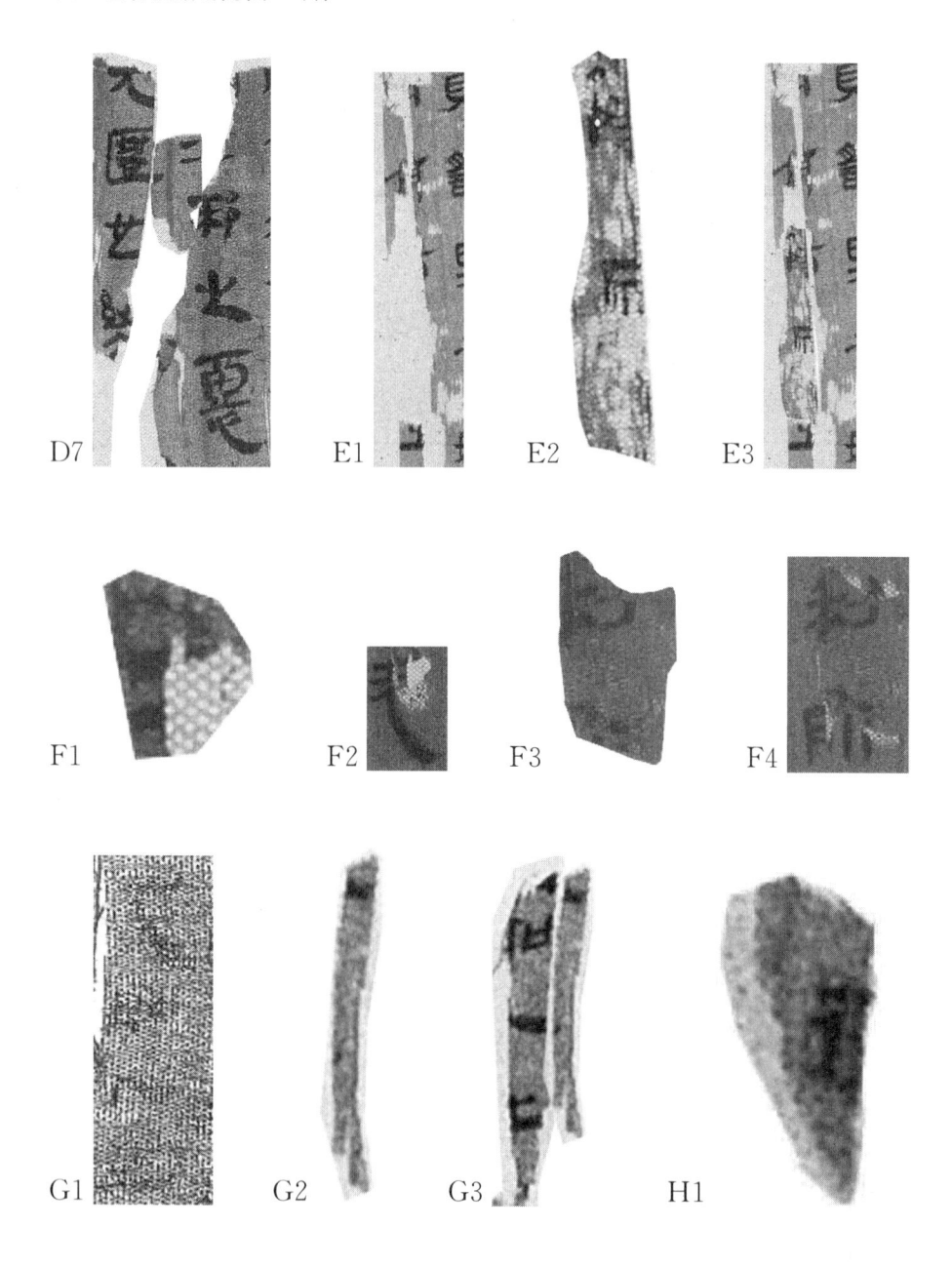

F1　　　　F2　　F3　　　　F4

G1　　　G2　　G3　　　　H1

H2　　I1　　I2

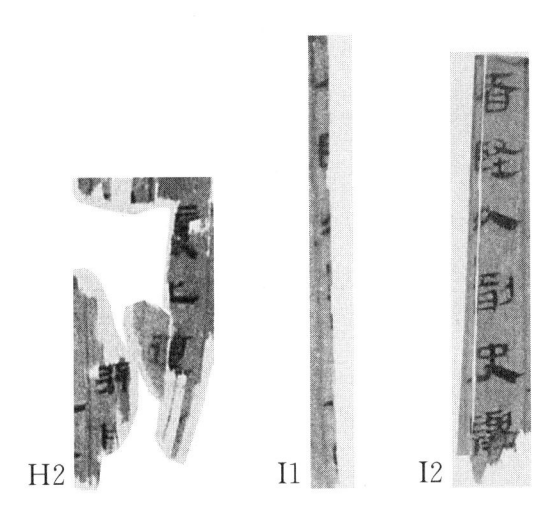

附　注

① 裘錫圭主編:《長沙馬王堆漢墓簡帛集成》,中華書局,2014年。
② 此處釋文當作"歙=(飲酉—飲酒)"。
③ 鄔可晶先生已經指出,釋文"陰=謀=(陰謀,陰謀)"後之"陰謀"二字本無,新釋文有誤。其說可從。參蘇建洲:《讀馬王堆帛書〈相馬經〉、〈養生方〉、〈五十二病方〉等篇瑣記》,復旦大學出土文獻與古文字研究中心編《〈長沙馬王堆漢墓簡帛集成〉修訂國際研討會論文集》,225頁,2015年6月27—28日。
④ 裘錫圭主編:《長沙馬王堆漢墓簡帛集成〔肆〕》,126頁,中華書局,2014年。
⑤ 此爲襯頁原始圖版,《長沙馬王堆漢墓簡帛集成〔壹〕》此頁已水平翻轉。
⑥ 馬王堆漢墓帛書整理小組(1974):《長沙馬王堆漢墓出土〈老子〉乙本卷前古佚書釋文》,《文物》1974年10期。
⑦ 唐蘭:《馬王堆出土〈老子〉乙本卷前古佚書的研究》附錄二《〈老子〉乙本卷前古佚書釋文》,《考古學報》1975年1期。
⑧ 馬王堆漢墓帛書整理小組:《馬王堆漢墓帛書·經法》,91頁,文物出版社,1976年。
⑨ 陳鼓應:《〈黃帝四經〉今注今譯——馬王堆漢墓出土帛書》,362頁、365頁,商務印書館,2007年。
⑩ 魏啟鵬:《馬王堆漢墓帛書〈黃帝書〉箋證》,210頁,中華書局,2004年。

(周　波　復旦大學出土文獻與古文字研究中心,
出土文献与中国古代文明研究协同创新中心　200433)

試論利用簡帛用字現象進行相關研究需要注意的問題

袁金平

提　要　隨著楚系文字研究的不斷深入,學者們逐漸對戰國竹簡文字的用字現象賦予了越來越多的關注,從而取得了豐碩成果。但由於簡帛研究是一項十分複雜的工作,再加上各種主客觀條件的限制,失誤在所難免,及時總結經驗與教訓,爲以後的出土文獻研究工作提供指導,是十分必要的。本文結合大量簡帛研究實例,從兩個方面具體論述利用簡帛用字進行相關研究時需要注意的問題:一是應避免使用不正確或未證實的字詞對應例,二是應避免機械、孤立地看待用字問題。

關鍵詞　簡帛　用字　失誤　經驗總結

中華人民共和國成立以後,尤其是自 20 世紀 70 年代以來,大量戰國時代的竹簡不斷出土和公佈,特別是郭店簡、上博簡、清華簡等古書類竹簡的發現,爲古文獻學、古文字學、歷史學、漢語史、學術史等方面的研究提供了第一手資料,有著不可替代的重要價值,這方面學界已有較多論著進行總結,不再贅述。就語言文字研究來說,簡帛文獻由於具有時代明確、未經後人竄改、能確切反映當時書面語言面貌等優點,其研究價值日益受到重視。

隨著楚系文字研究的不斷深入,學者們逐漸對戰國竹簡文字的用字現象賦予了越來越多的關注。這種關注的形成有其顯著的學術研究背景,正如陳斯鵬先生在其新著《楚系簡帛中字形與音義關係研究》中所總結的:"(簡帛)諸項研究之中,當然以釋字爲先,特別是古文字學界的學者們,多致力於楚系簡帛文本的釋讀。文本的釋讀,不僅要解決文字的隸釋問題,而且要論證文字的音義,也就是要弄清楚文字所表示的語言中的詞,所以實際上時時會觸及字詞關係的問題。"(陳斯鵬 2011:3)其所述及的"文字所表示的語言中的詞""字詞關係的問題",均與簡帛用字息息相關。

所謂"用字",是"指人們記錄語言時用哪一個字來表示哪一個詞的習慣"(裘錫圭 1980;裘錫圭 1998;裘錫圭 2004:128—129、170)。裘錫圭先生曾多次在其論著中強調簡帛古書所反映出的古代用字習慣的重要性,并身體力行進行相關研究,如根據戰國、秦漢簡帛中反映出的以"埶"表"設"的用字現象來校讀傳世典籍,取得了重要成績。[①]

黃德寬(2012)先生亦曾撰文強調研究出土文獻字詞關係的重要意義,他說:

漢語字詞關係的研究，是漢語史和漢字史研究的重要課題，既涉及對漢語字、詞等基本概念的科學認識和準確判斷，也涉及辭彙和漢字系統發展規律和特點的揭示和把握。傳統語文學對漢語字詞關係的認識總體上還不夠深入，前人辨析漢語字詞關係的成果，主要體現爲歷代典籍的訓釋和字書的編纂。近代以來，隨著西方語言學理論的傳入，語言文字學界對漢語字詞關係的研究才逐步走向深入，認識也更爲科學。儘管如此，漢語字詞關係的研究一直以來都是漢語和漢字研究較爲薄弱的環節。學者不僅對漢語字詞關係研究的關注較少，而且在材料運用上更多的還是倚重傳世文獻和字書，對出土文獻的重要性缺乏足夠的認識。在方法上，主要還是以靜態的描寫分析爲主，依據出土文獻進行動態考察分析的研究不多，這一點當前尤其需要改進和加強。新發現的歷代大量出土文獻資料，客觀地保存了不同時代字詞關係的原貌。通過對這些出土文獻資料的動態分析考察，我們可以對漢語字詞關係的複雜性獲得新的認識，這不僅可能解決一些長期未能解決的字詞疑難問題，而且有利於更加準確、科學地認識漢語字詞關係的一般特點和主要發展規律。

正因如此，學者們在釋讀簡帛文本的基礎上，逐漸將目光轉向楚系簡帛中字詞間的複雜關係上來，從而取得豐碩成果。②但由於簡帛研究是一項十分複雜的工作，再加上各種主客觀條件的限制，失誤在所難免，而及時總結經驗與教訓，爲以後的出土文獻研究工作提供指導，是十分必要的。

以下就如何利用簡帛用字現象從事相關研究，談談我們自己的理解與認識。

一　應避免使用不正確或未證實的字詞對應例

簡帛研究的成功經驗告訴我們，據以立論的基礎材料必須是明確無誤、真實可靠的。如利用楚簡研究戰國時代語音現象，如果所引用的假借字資料有誤，據此討論其與本字之間的語音關聯，那結果是可想而知的。如有學者通過上博簡一字通讀爲多字的資料，將借字與本字依聲韻同異分爲四類，并從中歸納出楚簡所反映的語音現象。其所使用的通假資料非常翔實，對楚簡語音現象的描述大都也是可信的，不過疏誤之處也有不少。如其所列舉"借栽爲鄦"（上六《平王問鄭壽》2）、"借字爲置"（上六《用曰》12）、"借孞爲夷"（上五《鬼神之明》3）諸條，均從整理者原釋，其實都是有問題的。所謂"栽""字"，分別爲"戠"（即楚文字習見"蔵"之省變，多讀"織"）、"孚（娩）"之誤釋，《鬼神之明》"遝孞公"乃"秦穆公"（李家浩、楊澤生2009），"孞"與"夷"無關。如果在研究中能夠多關注最新的學術成果，并吸收其中可信度較高的結論，那麼一些失誤是可以避免的。再如清華一《保訓》簡7所謂"三降之德"，諸家對"三降"的理解分歧非常大，尚無定論。③其中有學者認爲簡文字形雖爲"降"而應讀爲"陟"，這是楚簡特殊的用字現象，"三陟"是說舜被堯試用九年，每三年考核一次，歷經九年三次考核,而登上帝位。字爲"降"而讀爲"陟",這恐怕有違語言事實,也並不是楚簡用字的真實反映。對於類似目前尚無法論定之處,我們不妨存疑。

以楚簡用字習慣來校讀傳世典籍,學界這方面的精彩案例已然不少。④但如果所依據的用字特徵不是出土簡帛的真實反映,則會影響到結論的正確性。

《逸周書・皇門》:"媚夫有邇無遠,乃食蓋善夫。"王念孫《讀書雜志》卷一之二《逸周書》"食蓋"條指出此"'食'當爲'弇'"。新出清華一《皇門》簡10與"食"對應之字正作"弇",乃楚文字"弇(弇)"的習見寫法,足證王說之確。不過王氏謂"'弇'與'食'字相似"而致誤,恐怕與事實不符。且不說典籍中並無二字相混的例證,從字形上看二字亦區別甚明,無由相混,尤其是在楚系文字中二者絕不相類。我們知道,傳世典籍與出土文獻中對應的異文成因往往十分複雜,有時不易索解,此時須防止"不恰當的趨同"傾向(馮勝君 2006:191—197)。有學者根據"食""弇"這種對應關係,用來校讀《管子》,指出《君臣上》篇"主德不立,則婦人不能食其意"、《君臣下》"明君在上,便僻不能食其意"這兩處"食"也應該視作"弇"之訛字,訓爲"掩蓋"。這在文義理解上的確有其可取之處,但其立論基礎(即今本《皇門》"食"與簡本"弇"爲異文)成因不明,似不能以形近致訛爲說。

《楚辭・招魂》"蝮蛇蓁蓁,封狐千里"之"千里"向稱難解,歧見迭出。近有學者從古代抄本習用重文符這一現象得到啓發,推測《招魂》原文應作"蝮蛇蓁蓁,封狐重重",古人將"重重"寫作"重=",在傳抄過程中,由於誤將重文符號當作合文符號或重文符脫落,爲了補足音節,於是誤拆"重"爲"千里"。此說頗爲新穎,在文句形式以及文義理解上均有可取之處。最近另有學者(彭春艷 2014)對此觀點產生質疑,從《招魂》用韻、句式特點及先秦典籍中"千里"之義三方面進行論證,認爲所謂"封狐重重"說不成立,原書不誤;並借此進一步指出重文符號脫落雖然對字形有一定影響,但據此校勘時,需全面考慮文獻特點。我們很贊成"全面考慮文獻特點"這一觀點。如果再結合抄本文獻用字情況進行考察,所謂"重"誤拆爲"千里"之說(下以"誤拆說"指稱此文)恐怕也難以成立。從傳世文獻看,"重"是個常用詞,自古即有二讀之分:即去聲之厚重之{重₁}與平聲之重疊之{重₂}。所謂"封狐重重"之"重重"義爲"往來不絕貌""盛貌",顯然是引申自{重₂}。而現所見早期抄本文獻{重₂}多由"童"字來記錄,楚簡所見明確之例如下:

(1) 周童(重)耴(人名)。　　　包山 39
(2) 衣不褻美,飤不童(重)味。　　上二《容成氏》21
(3) 禍敗因童(重)⑤於楚邦。　　　上六《平王問鄭壽》1

"誤拆說"之文所列舉數例,如《易・咸》"憧憧往來"之"憧憧",帛書本作"童童",竹書本作"僮僮"等,恐亦是這種用字現象的反映。另外,從東漢王逸所見《招魂》此句即作"千里"看,其或有更早可靠的來源。該文所謂"重"可拆分爲"千里"二字的情況,在漢代以前的寫本文獻裏似乎也難以出現,因爲這與"重"的構形有關。"重"本從人、從東(橐囊之形),以人背負橐會重義；後來人形豎畫與東形中間綫條重合，又於人形足下綴加"土"，即《說文》所謂"从壬"的來源。⑥戰國、秦漢簡帛中的"重"即承此發展而來。

簡帛中的"重"字	
楚簡	![]郭店《唐虞之道》19 ![]《成之聞之》10 ![]包山 11 "陣" ![]清華三《祝辭》5 "踵" ![]清華四《筮法》53 "瘴" ![]清華四《筮法》59 "腫"
秦簡	![][![][![][![]
漢簡帛	![][![][![][![][![][![]

由上表可知，秦簡"重"所从"東"形上部二歧出之筆已開始有被拉平的趨勢，"東"下部的左右兩曳畫也是如此，漸漸與下"土"構成"壬"形。在漢簡中，這樣的特徵仍然被保留，第三欄第四例"重"雖已與後世楷書相合，但非主流寫法，其例少見。原"東"形下部"八"形逐漸被拉平，再到徹底消失，這需要一個過程。

即使承認"重"在這一階段能夠以合文形式"重="出現，那它也只能歸爲"借筆合文"中的"借用筆劃"或"整字借用"兩類。⑦先說"整字借用"。這種合文形式所離析出的往往是一個整字以及構成這個整字的一部分，如秦、漢簡帛中的一些例子：

（1）![]　婆=　婆女
（2）![]　營=　營宮
（3）![]　牽=　牽牛
（4）![]　夫=　大夫
（5）![]　孔=　孔子

如果"重"按照這一方式進行拆分，所離析出的肯定不是"千"與"里"，而只能是"重千／千重""重里／里重"。

再說"借用筆劃"。這一合文方式在秦、漢簡中並不多，楚簡中稍多一些，我們也列舉數例：

 （例參禹鵬 2012：42、43）

從形式上看，"重"之於"千里"似乎可以與此類比，特別是後一例"七""十"共用一豎筆。但我們要注意的是，以上諸例中的四組漢字無論是析書分作，還是合文形式，其音義結構是一致的，沒有被破壞或改造，只是書寫形態臨時有所變化。而"重"本从"人"（人形足下所加"土"形不參與構形）、"東"，在其被假設成"重="之後，卻又被解析爲"千""里"，這就破壞了構成合文之前的"人""東"兩個漢字個體的音義結構，有悖於合文的組建原則，除非證明"重"本就从"千"、从"里"。總之，"誤拆說"的立論是基於現代人的拆字法，因此只會與早期抄本文獻的書寫實際南轅北轍。

二 應避免機械、孤立地看待用字問題

近些年簡帛學研究有了長足發展，并取得了非凡成就，這是對學者們卓越智慧和艱辛勞動的最好回報。通過回顧楚系簡帛文字研究的歷程，可以深刻感受到我們所面對的研究對象十分複雜，主要表現爲形體變化"波譎雲詭"、語音通假"霧裏看花"、用字記詞"糾纏不清"等。一些優秀學者之所以能够透過這些紛繁複雜的現象，抓住問題背後隱藏的真相，自然與其自身深厚的學養相關，更重要的則是他們總能够綜合已有資料與研究成果，聯繫能解決問題的所有有用的綫索，從各個角度進行全面考察。正所謂"首求字形之無牾，終求文義之大安，……義有不合，則活用其字形，借助於文法，乞靈於聲韻，以假讀通之"（楊樹達 2007"自序"），研究過程中能綜合考慮這些要素并加以靈活運用，對研究者的要求相當高，難度也非常大。但仍有學者在這一方面爲我們提供了高質量的範例。

戰國文字中有一個曾被學界釋爲"夸""豪"或"奎"的常見字（楚簡帛亦屢見），其形如令、🈳（从"舟"）、🈳（从"木"）等。此字結構形態很清楚，但學界在其相當於後世什麽字以及如何疏通相關資料等方面意見分歧很大。此後陳劍（2013:318－352）先生在諸家討論的基礎上，撰寫了一篇三萬餘字的長文，對該問題進行了全方位的分析與論證，將此字釋爲"亢"，并據此對所涉資料進行了詳盡梳理。其結論雖然仍有學者表示懷疑，但不可否認的是，陳說在目前諸家觀點中可信度是最高的。新出清華三《芮良夫毖》7"紀🈳"，整理者將之釋讀爲"紀統（綱）"，無疑也是對陳說極好的支持。不過，對於陳文，我們更加關注的是其論證問題的過程和方式。此文很長，故陳先生爲提請讀者瞭解文章梗概，在其文開頭部分即將目次列出，我們轉引如下：

目　次

一、有關字形及舊說的簡略檢討

二、據押韻資料定"夲"當爲陽部字

三、據異文資料進一步推定"夲"當爲牙喉音陽部字

四、從文字系統看"夲"跟"亢"特別的密切聯繫

（一）鄂君啓舟節和《莊王既成》之"航"

（二）《三德》之"陸（阬）"

（三）《語叢四》之"舩（舤）"

五、"夲"跟"亢"字形關係的解釋

六、其餘辭例的解釋

（一）《性情論》"杭"字

（二）《彭祖》、左塚楚墓漆梮"統"字

（三）子彈庫楚帛書"冘"字

（四）梁橋形布"冘"字

（五）其他

七、結語

通過該目錄，我們可以很清楚地瞭解到陳文的總體思路。該文在將所涉及的字形資料全部列出⑧并作簡單評析後，不是直接對字形進行辨析，而是先從確定該字（包括從其得聲的字）的音讀開始，根據押韻資料定其當爲陽部字，又據異文進一步推定該字當爲牙喉音陽部字，其實質就是利用語音綫索來框定記錄符號（漢字）的一個大致範圍。很多論著在講述楚文字中特殊用字時，常會以"罷""叕""窑"等字爲例，雖然我們現在對這些形體的構形理據還不是很清楚，但由於具有簡帛文例以及傳世文獻的對應語句可據以明確其音義，因而這些字形與它們所記錄的音義之關係是很清楚的。而陳文所及之字與此不同，雖然能確定它們爲陽部字，但它們所在的諸多文例能提供的語義均不是很顯豁，即便如此，陳劍先生還是從相關辭例中尋繹出其與相應之義{航}{阬}{瓨}的密切聯繫。這樣該字的"真相"即呼之欲出了——"冘"。接下來需要做的就是辨明"仌"與"夲"（"冘"的正常寫法）的字形關係問題。陳文通過分析認爲，"仌"之類的形體是六國文字中添加飾筆而形成的特殊寫法的"冘"字，這應該是可信的。

陳文在考證與有關音義相對應的"仌"類形體爲何字的過程中，綜合考察了所有已知綫索，從而爲解決核心問題服務，正如陳先生自己在其文末所總結的：

> 本文新結論的得出，是建立在諸多前人研究的基礎上的，並受惠於新材料之賜。郭店簡和上博簡這類出土古書，其上下文意對字詞考釋的限制性較強，還有押韻、異文（包括郭店、上博簡對讀的，和它們跟傳世或以前出土的古書對讀的）等對確定有關字詞的讀音具有特殊重要性的材料。我們在考釋疑難字詞時，必須對方方面面的情況和綫索都給予充分的重視，以期最大程度地發揮出其功用。在本文所論問題的研究過程和本文的寫作過程中，我們再一次深切地體會到了這一點。

這一番話對於我們以後從事包括簡帛在內的出土文獻研究無疑也具有十分重要的理論指導意義。

我們在研讀楚文字研究論著時，會發現各家有時對於相關字形的認識沒有任何爭議，對其所記錄的音義的理解也比較清楚，但於字形與音義間的對應關係的解釋卻存在較大分歧。比較典型的例子如從"日"、"几"之"旨/兒"（兩字異體無別，下以前者爲代表）與從"日"、"丌"之"百/异"（異體，下以前者爲代表）。⑨"旨"多見於包山簡，其辭例主要有"受旨"、"旨中"、"過旨"、"旨至"等，從詞義看均用如"日期"之"期"。包山簡整理者即直接釋作"期"，認爲是《說文》"期"字古文"百"字的異體，李家浩先生認爲"旨"當是"百"的訛體。後來袁國華先生認爲"期"、"旨"二字古音有別，還沒有成爲異體字的充分條件，白於藍先生亦指出二字在包山簡中的用法並不相同,"吾"均用作人名,而"旨"卻從未見有用作人名者,絕大多數都出現在"受旨"的辭句中,從而斷定二者絕非一字。這樣學者間對於二字的理解就形成了截然不同的態度,或認爲二字爲異體字,或以爲不是一字。但各家對二字在詞義上均與"期"有密切聯繫似乎都沒有否認。"吾"不論是依據《說文》記載,還是就"吾"與"期"的語音聯繫,"吾"就是"期"的楚文字寫法這一點大家都是承認的;而"旨"(脂部)雖然在語音上與"期"(之部)有隔閡,但在楚簡中的確會偶見二部字相通的例子,如"管夷吾"之"夷"(脂部)在郭店《窮達以時》簡 7 中寫作"寺"(之部),而且"受旨""旨中""過旨""旨至"等這樣的表達也很容易讓人產生"旨"就是"期"的想法。

該如何調和這種用字之間的矛盾呢?從字詞對應的角度看,唯一的解釋則是,"旨"與"吾(期)"記錄的不是一個詞,但在詞義上二者有重合的地方,即二者爲同義詞。⑩我們可以將其間的關係圖示如下:

吾(期)　　——→ {期}:①日期;②……③……

旨　　　　——→ {?}:①日期;②……③……

"旨"具體表示哪個詞這一問題最終是由裘錫圭(2006)先生解決的,他對楚簡文字"旨"做了全面考察,認爲把"旨"與"吾"看作一字異體缺乏根據,二者應代表不同的詞,并根據語音條件與古書訓詁,將"旨"讀爲古書訓作"期"之"幾"。從裘文的論證過程可以看出,裘先生在排除了二字異體的可能性之後,從字形字義的單一論證中跳脱出來,站在語言學的高度來全面審視這一問題,從而得出"旨"雖有"期"義,卻與"吾(期)"代表著不同詞的精闢見解。後出新蔡簡零 336、341 中從"日""幾"聲之"𣇻(㡭)",用法與"旨"相同,更加證實了裘文之確。⑪前引袁國華、白於藍先生雖然能從語音與簡文用例上將二字進行區分,但都沒有將問題真正解決。這個例子告訴我們,在討論字形與其音義的對應關係時,由於楚簡帛文本用字的複雜多變,不能僅滿足於對有關現象進行描寫,還需要綜合各種信息,對造成這些現象的內在原因進行全面、深入考察。

再如楚文字中的"瑟"與"麗",其形體之間的關係學者們多有討論,李天虹(2012:108—109)、單育辰(2014:117—119)等先生對各家觀點均做了集中介紹,爲免煩瑣,我們不再作重複引述。經過學者們深入研究,現在已形成一種較爲明確的傾向性認識,即楚簡"瑟"與"麗"之省體均可寫作"丌"或"开",容易訛混,并指出"丌"或"开"在簡文中究竟應該釋爲"瑟"還是"麗",關鍵要看辭例和文義(李天虹 2012:109)。後郭永秉(2012:73—90)先生撰文對此二字形近易混的觀點表示質疑,在各家討論的基礎上,他提出一種新的解釋,即楚文字中用作"瑟"的"丌/开"字應當都是"麗"字古文的一種訛變形體,并進一步指出楚文字用"麗"來表示"瑟",是出於音近假借。如果將這兩種不同觀點予以簡單概括,可以用"二字說"與"一字說"來表示。相較之下,"一字說"在論證思路上更爲開闊,在對該問題的考察也更爲全面,不囿於簡單的形體比對,而結合文例與語音綫索做進一步深入研討。不過,這一問題還稱不上最終解決,尚存較多疑點。"一字說"在論證"瑟""麗"音近時鮮有直接證據,多是推論,降低了結論的可信度。另外,諸家多引及曾侯乙墓 E61 漆書文字"󰀀",自劉國勝(1997)先生釋其為"瑟"後,多無異議,此是目前所見出土文獻中最早的"瑟"字。⑫曾侯乙墓竹簡文字是迄今所見書寫年代最早的竹簡文字,保留了不少早期寫法(趙平安:2014)。而"󰀀"這種从類似"丁"的寫法與戰國中後期"瑟"从三"丌"明顯不同,具有較強的存古色彩。然而各家在討論中似乎沒有重視這一點,多未涉及此形,或以字形訛變統言之。近見郭珂(2012:176—186)先生通過考察考古所得的先秦古瑟資料,對"瑟"字的構形進行了探討,認為"兂"、"丌丌/开"所从之"丁"很像瑟面上用以承弦的瑟柱之形,是一個表意字。從《曾侯乙墓》所附三種類型的瑟柱圖版來看,其說值得重視。"󰀀"所从類似正反"丁"形與其中圖版第二類"不對稱"、第三類"彎鉤形"瑟柱正相仿。若此說可信,則楚文字中明確用作{瑟}文例中的"󰀀""兂""丌丌/开"諸形應該有其自身獨立來源。至於郭店《六德》30"爲宗族丌朋友,不爲朋友丌宗族"之"丌",以及《古璽彙編》0279"童开亭鉨"之"开"等,從文例看,釋作"麗"的確很合適,󰀁(包山簡 146"纚")、󰀂、󰀃(新蔡簡甲三 79、乙三 21"驪")等形亦能證實這一點,但這些形體中的"丌丌/开"應理解爲"麗"省"鹿"之形,與上述"瑟"有著不同來源,只不過在戰國文字中已經開始同形而致混。因此,前引"二字說"目前不容輕易否定。

以上數例讓我們充分領略了楚文字的複雜多變,也進一步說明研究楚文字用字現象時須做全面、動態考察,盡可能避免不恰當的"趨同"或"立異"。

後出的楚簡資料往往可以補證簡帛用字研究的前期成果,也能使我們改變固有認識。如楚文字用"鄩"表示國名、地名、蔡氏之{蔡}(參周波 2008:34),這是大家都熟悉的。清華二《繫年》中"鄩"出現 20 次,均用作蔡國、蔡侯、下蔡之{蔡},這與"鄩"習見的用法相一致。不過簡文 69、70 有兩處人物稱謂作"鄩子",通過與有關史料比勘,整理者指出此人即齊大夫蔡朝,顯然是正確的。新出上九《卜書》2"󰀄公"當可讀爲"蔡公"(蘇建洲等 2013:514),可與此互證。"鄩"可用來表示蔡氏之{蔡},這是簡文提供給我們的新認識。其實"戔"聲字可讀作"蔡"在此前公佈的楚簡中已有發現,但寫作从"󰀅"聲,且多用作地名。"󰀅"在楚文字中構字能力非常強,由其充當聲符的字根據文例多可證實讀爲"淺""竊""察"等。李家浩(2006:17—18)先生將包山簡中分別从"邑"、从"刀","󰀅"聲之字,釋爲"鄩""劃",吳良寶(張光裕、黃德寬 2008:429—431;吳良寶 2011:10—11)先生將包山簡 183"󰀆易"讀爲"蔡陽",上二《容成氏》18"田無󰀇"之"󰀇",整理者釋爲野草義之"蔡",上六《用曰》簡 20"󰀈",整理者根據文例釋爲深淺之"淺",⑬這都說明"󰀅""戔""蔡"語音很近。如果再細心考察諸例字形間的關係,會發現《繫年》中兩例"鄩(蔡)"形體上的特異之處,其形分別作"󰀉""󰀊",所从二"戈"寫法與楚文字習見"戈"相比,明顯多出一橫畫,看上去與"󰀅"比較接近。裘錫圭(2000:225)先生曾指出"󰀅"這類寫法是由从二"戈"的"戔"形訛變而成的,⑭沈培先生認爲《繫年》這兩例寫法的"鄩(蔡)"可以證明裘先生的觀點是正確的(蘇建洲等 2013:514)。由此可見,新出楚文字資料帶給我們的新知愈來愈豐富,也再次説明楚系簡帛的用字研究不能滿足於簡單的靜態描寫,而應根據層出不窮的楚簡資料進行動態考察,使我們真正全面而深入地掌握楚文字的用字規律。

附　注

① 主要有:《釋殷墟甲骨文裏的"遠""狋"(邇)及有關諸字》(裘錫圭1992)、《古文獻中讀爲"設"的"埶"及其與"蓻"互訛之例》(裘錫圭1998)、《簡帛古籍的用字方法是校讀傳世先秦秦漢古籍的重要根據》(裘錫圭2004)、《再談古文獻以"埶"表"設"》(裘錫圭2009)。後郭永秉(2009)亦根據裘先生這一發現來校讀典籍,續有所獲。

② 這方面的成果總結可參閲:周波《戰國時代各系文字間的用字差異現象研究》(周波2008:6—9)、陳斯鵬《楚系簡帛中字形與音義關係研究》(陳斯鵬2011:3—4)。另外田穎(2010:4—8)也有比較集中的介紹。

③ 各家討論可參見陳民鎮(2012)。

④ 除了前引裘錫圭先生諸文外,再舉數例:趙平安《對上古漢語語氣詞"只"的新認識》(趙平安2009:267—275)、陳劍《據楚簡文字説"離騷"》(謝維揚、朱淵清2004,陳劍2013:449—453)、陳劍《據戰國竹簡文字校讀古書兩則》(陳劍2013:457—465)、禤健聰《〈懷沙〉題義新詮》(禤健聰2013:223—232)、沈培《談談清華簡用爲"五行相勝"的"勝"字》(2012:70—77)、沈培《〈淮南子〉校讀三則》(2012年10月)。

⑤ 陳偉(2007)認爲字當讀爲"重",重複、重疊義,與"襲"義通。因重,猶"因襲",指前後相承。

⑥ 關於"重"字形結構的發展,請參閲季旭昇(2010:679—680)、林澐(2013)。

⑦ 關於合文分類,參閲禹鵬(2012)第五章,雖然此文只針對楚簡,但其分類同樣適用於秦簡、漢簡。

⑧ 其中上六《莊王既成》簡3、4的"䏁""䏁"及上三《彭祖》簡8"䏁"所從,似與其他"亢"形有别,或疑其從"尨"。

⑨ 關於二字研究的綜述主要有:李天虹(2012:138—139)、朱曉雪(2013:141—142)。下文所涉各家觀點皆見此二著,不另出注。

⑩ 王力:"所謂同義,是説這個詞的某一意義和那個詞的某一意義相同,不是説這個詞的所有意義和那個詞的所有意義都相同。"(王力1982:24)關於同義詞的界定,還可參閲黄金貴(2002)第一章。

⑪ 近仍有學者堅持"叴"字爲"期"之異體,恐有未妥(參張世超2011)。

⑫ 有學者將甲骨文中的有關字形與《説文》"瑟"古文進行比附,亦釋爲"瑟",證據尚嫌不足,參徐寶貴(2006)、郭永秉(2012)對此有所辨析,可參看。

⑬ 關於楚簡"䏁"聲字的研究成果頗多,進行集中討論的主要有何景成(2010)、俞紹宏(2016)。

⑭ 裘錫圭先生後來看法發生變化,認爲"䏁"與"戋"無關,參裘錫圭(2012:355)"編按"。

參考文獻

陳　劍　2004　《據楚簡文字説"離騷"》,謝維揚、朱淵清主編《新出土文獻與古代文明研究》,上海:上海大學出版社。

陳　劍　2010　《試説戰國文字中寫法特殊的"亢"和從"亢"諸字》,《出土文獻與古文字研究》第三輯,上海：復旦大學出版社。
陳　劍　2013　《戰國竹書論集》，上海：上海古籍出版社。
陳民鎮　2012　《清華簡〈保訓〉疑牾舉例（三則）》，《四川文物》第 1 期。
陳斯鵬　2011　《楚系簡帛中字形與音義關係研究》，北京：中國社會科學出版社。
陳松長　2001　《馬王堆簡帛文字編》，北京：文物出版社。
陳　偉　2007　《讀〈上博六〉條記》，武漢大學簡帛研究中心網站，7 月 9 日。
方　勇　2010　《秦簡牘文字彙編》，吉林大學博士學位論文。
馮勝君　2006　《二十世紀古文獻新證研究》，濟南：齊魯書社。
郭　珂　2012　《說楚文字"瑟"》，《出土文獻》第三輯，上海：中西書局。
郭永秉　2009　《讀書札記（兩篇）》，復旦大學出土文獻與古文字研究中心網站，2 月 3 日。
郭永秉　2012　《補說"麗"、"瑟"的會通——從〈君人者何必安哉〉的"祘"字說起》，《中國文字》新卅八期，台北：藝文印書館。
黃德寬　2012　《從出土文獻資料看漢語字詞關係的複雜性》，中國社會科學院語言研究所主辦"出土文獻與漢語史研究國際學術會議"論文，11 月 3—4 日，北京。
黃金貴　2002　《古漢語同義詞辨釋論》第一章，上海：上海古籍出版社。
何景成　2010　《楚文字"契"的文字學解釋》，《簡帛語言文字研究》第五輯，成都：巴蜀書社。
季旭昇　2010　《說文新證》，福州：福建人民出版社。
李家浩　2006　《談包山楚簡"歸鄧人之金"一案及其相關問題》，《出土文獻與古文字研究》第一輯，上海：復旦大學出版社。
李家浩、楊澤生　2009　《談上博竹書〈鬼神之明〉中的"遝丕公"》，《簡帛》第四輯，上海：上海古籍出版社。
李天虹　2012　《楚國銅器與竹簡文字研究》，武漢：湖北教育出版社。
林　澐　2013　《說重》，《中國文字學會第七屆學術年會會議論文集》，9 月 21—22 日，長春：吉林大學。
劉國勝　1997　《曾侯乙墓 E61 號漆箱書文字研究——附"瑟"考》，港中文大學中國文化研究所、中國語言及文學系編《第三屆國際中國古文字學研討會論文集》，香港：香港中文大學。
劉　嬌　2013　《據清華簡〈皇門〉校讀〈管子〉一則》，《中華文史論叢》第 2 期。
彭春豔　2014　《是"封狐千里"還是"封狐重重"》，《中國韻文學刊》第 2 期。
駢宇騫　2001　《銀雀山漢簡文字編》，北京：文物出版社。
裘錫圭　1980　《考古發現的秦漢文字資料對於校讀古籍的重要性》，《中國社會科學》第 5 期。
裘錫圭　1992　《古文字論集》，北京：中華書局。
裘錫圭　1998　《古文獻中讀爲"設"的"埶"及其與"執"互訛之例》，香港大學亞洲研究中心《東方文化》36 卷 1，2 號合刊。
裘錫圭　2000　《〈太一生水〉"名字"章解釋——兼論〈太一生水〉的分章問題》，《古文字研究》第 22 輯，北京：中華書局。
裘錫圭　2004　《中國出土古文獻十講》，上海：復旦大學出版社。
裘錫圭　2006　《釋戰國楚簡中的"嗌"字》，《古文字研究》第 26 輯，北京：中華書局。
裘錫圭　2009　《再談古文獻以"埶"表"設"》，香港中文大學中國語言及文學系、香港中文大學中國文化研究所中國古籍研究中心主辦"古道照顏色——先秦兩漢古籍國際學術研討會"論文，1 月 16—18 日。
裘錫圭　2012　《裘錫圭學術文集・簡牘帛書卷》，上海：復旦大學出版社。
單育辰　2014　《楚地戰國簡帛與傳世文獻對讀之研究》，北京：中華書局。
沈　培　2012　《談談清華簡用爲"五行相勝"的"勝"字》，《出土文獻》第三輯，上海：中西書局。

沈　培　2012　《〈淮南子〉校讀三則》，中國古文字研究會第十九屆年會散發論文，10月23—25日，上海：復旦大學。

蘇建洲等　2013　《清華二〈繫年〉集解》，萬卷樓圖書股份有限公司。

魏慈德　2009　《上博楚簡一字通讀爲多字例探析》，《第二十屆中國文字學國際學術研討會論文集》，5月1—2日，台灣高雄中山大學。

田　穎　2010　《上博竹書"一形對應多字"現象研究》，復旦大學碩士學位論文。

王　力　1982　《同源字典》，北京：商務印書館。

吳良寶　2008　《楚地"鄝易"新考》，張光裕、黃德寬主編《古文字學論稿》，合肥：安徽大學出版社。

吳良寶　2011　《談戰國文字地名考證中的幾個問題》，《中國史研究》第3期。

徐寶貴　2006　《殷商文字研究兩篇》，《出土文獻與古文字研究》第一輯，上海：復旦大學出版社。

禤健聰　2013　《〈懷沙〉題義新詮》，《文史》第4輯。

楊樹達　2007　《積微居金文說·自序》，上海：上海古籍出版社。

禹　鵬　2012　《戰國楚簡合文研究》，吉林大學碩士學位論文。

俞紹宏　2016　《楚簡用作"淺"、"竊"、"察"諸形考辨》，《南開語言學刊》。

張世超　2011　《佔畢脞說》，復旦大學出土文獻與古文字研究中心網站，12月7日。

張學城　2012　《〈招魂〉"封狐千里"校詁》，《文獻》第2期。

趙平安　2009　《對上古漢語語氣詞"只"的新認識》，《新出簡帛與古文字古文獻研究》，北京：商務印書館。

趙平安　2014　《說"盾"》，《吉林大學社會科學學報》第1期。

周　波　2008　《戰國時代各系文字間的用字差異現象研究》，復旦大學博士學位論文。

周鳳五　2010　《清華簡〈保訓〉重探》，《中國人民大學國學院五周年紀念會論文集》，10月16日，北京：中國人民大學。

朱曉雪　2013　《包山楚簡綜述》，福州：福建人民出版社。

Problems Being Paid Attention to during the Process of Using Relationships between the Characters and Words in the Bamboo Slips and Silk Documents to Discuss Related Question

YUAN Jinping

Abstract: With further studies of the bamboo slips and silk documents of Chu in Warring States Period, scholars gradually give more and more attention to the relationships between the characters and words, and have achieved fruitful results. And because of complexity of researching on bamboo and silk, and other subjective and objective restrictions, some mistakes are inevitable. Therefore, it may be necessary to summarize experiences and lessons in time, which can provide guidance for future studies on the unearthed documents. Through a large number of examples, this article discusses detailedly two problems, which should be paid attention to during the process of using relationships between the characters and words in the bamboo slips and silk documents to study related questions. One is that scholars should avoid using incorrect or unconfirmed examples, the other is that the relationships between the characters and words should not be considered in isolation.

Key words: bamboo slips and silk documents of Chu, relationships between the characters and words, faults, experience summarization

(袁金平　三峽大學文學與傳媒學院　443002)

上古漢語同義詞的確定

李佐豐

提　要　上古漢語同義詞的確定建立在共現關係和訓釋方式的基礎上。同現和共現是詞語在具體的句法結構中所表現的組合和聚合關係，直訓、互訓是確定同義詞的主要訓釋方式。同義詞是詞義基本相同的詞，它們可以共現，在共現後，與之相關的句子或短語的意義基本相同。在確定同義詞的同時，還可以分出近義詞、連義詞。同義詞最常由叠加訓釋構成，很少由單一訓釋構成；由叠加訓釋構成的同義詞中，常見訓釋又最多。

關鍵詞　共現　同現　常見訓釋　叠加訓釋　同義詞　近義詞　連義詞

對於同義詞的研究有確定和辨析這樣兩個方面的工作。"確定"主要是考察把詞與詞歸結爲同義詞的方法及與之相應的結果，而"辨析"則是在確定的基礎上來考察同義詞在詞義上的特點。本文主要討論同義詞的確定，此外還簡要介紹一下跟同義詞有關的近義詞、連義詞。圍繞上古同義詞的確定，我們討論4個問題：一、關於同義詞，二、共現關係，三、訓釋方式，四、同義詞的確定。

一　關於同義詞

本節討論兩個問題：1.同義詞的定義與確定方法，2.上古漢語的同義詞。

1. 同義詞的定義與確定方法

從常見的同義詞的定義中可以看出，在確定同義詞時有兩種不同的思路，與此相關，還可以看到對於同義詞的詞義範圍也有兩種不同的規定。這些方法和規定對於我們確定上古漢語同義詞都有啓發。

1）確定同義詞的第一種方法，是根據單個詞的語義特點，而劃定的範圍則常有兩種。比如以下兩個定義：

　　（1）同義詞是"意義相同或相近的詞。相同的，如'乙醇'和'酒精'。相近的如'贊成'和'同意'、'美麗'和'漂亮'、'成績'和'成就'等"。（夏征農1999:554）

　　（2）同義詞指語義相同或十分相近的詞，如漢語中的"母親"和"媽媽"，"挑選"和

"選擇","美麗""漂亮"和"好看"。(戚雨村等 1993:182)

以上兩個定義都是根據具體的詞的語義特點來確定同義詞。這就是說,我們首先是對"乙醇""酒精""挑選""選擇"這樣一個個具體的詞的詞義有了認識,然後再根據它們的詞義特點來確定它們是否相同、相近。只是這兩個定義都沒有進一步說我們該如何來認識每個具體的詞的詞義。

從所規定的同義詞的範圍看,這兩個定義中都有語義"相同",不同之處是前一個定義的範圍限定得寬一些,除了相同,還有"相近",後一個窄一些,是"十分相近"。對於詞義相近的詞,也有人稱之爲近義詞。如:

(3) 近義詞"指語言中意義相近的詞,即意義大體相同,還有細微差別的詞。如:'粗略'與'大略'、'打算'和'計劃'、'團結'與'結合'、'村'、'村莊'、'村子'和'村落'等"。(高更生等 1995:506)

根據上古漢語的特點,我們在後面的討論中,把詞義相同和十分相近的歸在一起,稱爲同義詞,把相近的另立出來,稱爲近義詞。

2) 跟以上三個定義的思路不同,另一種確定同義詞的方法是替代法。比如以下三個定義:

(4) "真正的或完全的同義詞,也就是說,在任何上下文中都可以互換的詞,是非常少的,如買(buy/purchase)或語音學術語塞音(stop/occlusive)就是同義詞。"(哈特曼等 1981:346)

(5) "兩個詞項只要意義足夠接近,可在某些語境裏自由選用而不致使整個句子的意義產生差別,就可以稱作有同義關係。"(戴維·克裏斯特爾 2000:350)

(6) 同義詞"指與另一詞同義或近義的詞。如果句子中一個詞可以取代另一詞而不會使整個句子意義改變,那這兩個詞就是同義詞。儘管詞與詞之間在一定程度上都存在著許多這類的同義關係,而且本書中有許多對專業的術語也是這樣稱謂的。但是應該指出,許多令人信服的論證表明,沒有哪兩個詞或短語可真正被認爲是同義詞,可以用一個詞取代另一個詞而沒有絲毫語義上的曲解"。(阿瑟·S.雷伯 1996:856)

以上三個定義在確定同義詞時,雖然具體說法不同,實際都在使用替代這種方法。定義(4)告訴我們,真正的、完全的同義詞非常少;定義(5)強調替代是在某些語境裏實現的;定義(6)最後一句話告訴我們,替代法並不要求替代前後的兩個句子意思完全相同。這些對於我們確定同義詞都有指導意義。

替代這種方法的基礎並不是對個別詞詞義的準確把握,而是使用某種語言的人們對句子的語感。比如當我們用替代的方法來確定"挑選""選擇"是否同義時,可以暫時先不考慮這兩個詞的詞義是否相同或相近,而是造兩個句子,如:

我挑選了三個大的蘋果。

我選擇了三個大的蘋果。

根據我們自己的語感,只要覺得上面這兩個句子的意思基本相同,就可以確定"挑選"和"選擇"是一對同義詞,至於這兩個詞的詞義如何認識,那是以後再研究的結果。

上述這兩種確定同義詞的方法,反映了兩種不同的思想方法。前一類方法是先瞭解個別詞的詞義,而後再確定同義詞,也就是說先有個別詞義,而後確定關係。後一類方法是先有同義詞關係,而後對同義詞加以辨析,再在此基礎上分析認識詞的詞義。關於替代法,還有以下兩種不同的表述:

(7)"同義詞是一些能夠在同一個原句或意義相近的上下裏,可以彼此代替,表達同一對象,而感覺不到有什麼意義上的差別的。"(孫常敘 2006:228)

(8)"同義詞是'兩個或更多的詞語可以有相同的 sense,如果它們在言辭中互相替換而不改變言辭的描述義'。"(符淮青 2004:205)

孫先生(7)裏說,在替代之後,並不是考察句子的意義,而主要是考察互相替代的詞,它們可以表達同一對象,而感覺不到意義上的差別。符先生在(8)中引的是萊昂斯(J.Lyons)的話,他認爲詞語替換後,只要言辭意義沒有變化,那麼詞語就有相同的 sense。

2. 上古漢語的同義詞

上古漢語跟現代漢語不同。現代漢語是日常語言,人們仍在使用,可以造句,並對造出的句子有可靠的語感。上古漢語是文獻語言,人們不再在口頭使用,不宜再造句,很難談對新造出的句子的語感。在這種情況下,在上古漢語中確定同義詞時,最常見的方法是使用訓詁學的成果。比如以下兩種觀點。

(9)同義詞指"與某詞語音相異、有一個或幾個概念意義相同相近的詞。通常屬同一詞類,……詞義完全相同的,或稱等義詞。……判斷依據爲古書及古注中的互訓、同義同訓、同義互文、同義遞訓、異文,及統言、渾言、析言等"。(馬文熙等 1996)

(10)"語言詞彙中意義相同或相近的一組詞叫同義詞。""一般地說,屬下列情況之一的,都可以看作是古漢語中的同義詞。"這些情況有:(一)同義相訓,主要方式有:1.以今語釋古語,2.以通語釋方言,3.互訓,4.同義遞訓,5.同義集訓,6.同訓,7.同義連用。(二)互文。(三)異文。(張靄堂等 2004)

(9)(10)給同義詞下的定義跟前面定義(1)(2)所說的大體相同,此外還指出了判斷同義詞的依據,這種依據主要存在於訓詁學之中。

互訓、同訓、遞訓,異文等都是訓詁學中重要的訓釋方式,在確定同義詞時,這些方式都有重要作用。但由於訓詁學跟詞彙學是兩種不同的學術體系,這裏舉出的各種訓詁關係並不等同於同義關係。所以具有這些訓詁關係之一的詞,並不一定就都是同義詞(相關的具體情況,請參看後面的討論);而同時具有以上所開列出的各種訓詁關係的詞,數量極少,不可能等同於同義詞。於是,我們又回到前面提到的那個問題,如何來確定詞義的相同或相近。

　　確定上古同義詞時,我們傾向於也使用替代法,但由於上古漢語是文獻語言,我們不能造句,這就要在替代法的基礎上做出相應的調整。爲了調整出適合確定上古同義詞的方法,我們再來瞭解一下替代法。

　　在確定同義詞時,替代法實際是在語感的基礎上作出了兩個判斷。其一,可以置換,即兩個詞可以出現在同一個句法位置上,並能跟同樣的詞語組合後成句。其二,語義相同,即替換後的兩個句子的語義基本相同。比如前舉的兩個例句:我挑選了三個大的蘋果/我選擇了三個大的蘋果。我們的語感實際要針對句子回答以下兩點。第一,在"挑選"充當述語的位置上,有哪些詞可以置換它。比如這裏既可以用"選擇"來置換,也可以用"吃掉"等動詞來置換;如果不是用"選擇""吃掉"之類的詞,而是使用"地板""漂亮"之類的詞,那就肯定不能置換。如果不能置換,也就不存在下一個判斷。在可以置換的情況下,就要考察下一個判斷。第二,下一個判斷是說,"我挑選了三個大的蘋果"跟"我選擇了三個大的蘋果"這兩個句子的意思基本相同,所以"挑選"和"選擇"是同義詞。而"我吃掉了三個大的蘋果"跟"我挑選了三個大的蘋果"這兩個句子的意思基本不同,所以"吃掉"跟"挑選"就不是同義詞。

　　對於上古漢語,我們不能直接使用這種替代法,但是可以在替代法的基礎上適當調整,來做出跟替代法相應的兩個判斷。這種調整是在訓詁學、詞彙學、語法學的基礎上來實現的。判斷兩個詞是否可以置換跟語法學的的關係最多,判斷置換後語義相同與否跟訓詁學的關係最多,而歸結出同義詞跟詞彙學的關係最多。

　　上古同義詞的確定建立在兩種不同的關係的基礎上,它們是:共現關係和訓釋方式。這二者體現了前面介紹過的替代法:共現關係主要回答可否置換,訓釋方式主要回答語義相同與否。以下先分別介紹這兩種不同的關係,而後再談同義詞的確定。

二　共現關係

1. 同現和共現的構成

　　同現和共現是詞語在具體的句法結構中所表現的組合和聚合關係。共現關係是確定同義詞的基礎之一,爲說明共現,先要介紹同現。

　　在某個具體的句子或短語中,互爲對方直接成分的個別詞語,它們之間的關係是同現。同現可以是實詞與實詞的關係,也可以是實詞與短語,或短語與短語之間的關係;但如果相互不是直接成分,則不構成同現。如:

　　　　(1)〔吾[(救)主)於車]〕。(《左傳·哀公二年》)
　　　　(2)[(五帝)之外][無(傳人)]。(《荀子·非相》)

在例(1)中,"救"和"主"構成述賓關係,互爲對方的直接成分,它們是同現,這是實詞跟實詞的同現;然後"救主"跟"於車"構成述補關係,它們也是同現,是短語跟短語同現;最後是"吾"跟"救主於車"構成主謂關係,這是詞跟短語的同現。例(1)中"五"和"帝"、"傳"和"人"、"五帝"和"之外"都是定中關係,"無"和"傳人"是述賓關係,最後"五帝之外"和"無傳人"是主謂關係,它們都是同現。同現並不等於詞語的前後相連,只要不構成直接成分,就不屬於同現。比如:例(1)中的"吾"和"救",例(2)中的"外"和"無"等都不構成同現。

同現是組合關係,共現是在同現的基礎上形成的聚合關係。兩個或兩個以上的詞語,如果它們跟同樣的詞語同現,那麼它們之間便是共現。如:

(1) 在上治民,足以尊君。(《晏子·內篇問下》)
(2) 成求而不違,四方諸侯其何以事君?(《左傳·哀公七年》)
(3) 繼文之業,而信宣於諸侯。(《左傳·僖公二十五年》)
(4) 主以不賄聞於諸侯。(《左傳·昭公二十八年》)

例(1)(2)中的"尊"和"事"都可以跟"君"同現,所以它們共現;例(3)(4)的"宣""聞"都帶"於諸侯"作補語,它們也共現。

詞跟詞,詞跟短語,短語跟短語都可以共現。如:

(1) 善人,國之主也。(《左傳·襄公三十年》)
(2) 甘茂,賢人也。(《戰國策·秦策二》)
(3) 萬物得其宜,事變得其應。(《荀子·儒效》)
(4) 九竅寥寥,曲失其宜。(《呂氏春秋·情欲》)
(5) 楚人伐鄭,取成而還。(《左傳·宣公六年》)
(6) 楚師伐鄭,次於魚陵。(《左傳·襄公十八年》)

例(1)(2)中的"善""賢"跟"人"這個詞共現,例(3)(4)中的"得""失"跟定中短語"其宜"共現,例(5)(6)中的定中短語"楚人""楚師"跟述賓短語"伐鄭"共現。

共現的詞語可以只出現在同一個層次句法結構中,以上我們介紹的常屬於這種情況。有時,包含有共現關係的詞語可以出現在不止一個層次的句法結構之中;這樣的共現,至少有一方是短語,可以稱爲複合共現。如:

(1) 君爲萬乘之君也,而以匹夫從仇!(《莊子·則陽》)
(2) 君獨爲萬乘之主,以苦一國之民。(《莊子·徐無鬼》)
(3) 王若重幣卑辭以請糴於吳,則食可得也。(《呂氏春秋·長攻》)
(4) 南梁之難,韓氏請救於齊。(《戰國策·齊策一》)

例(1)(2)中的"君""主",先跟"萬乘之"構成定中短語的共現,而後這個定中短語再跟"爲"構成述賓短語的共現。例(3)(4)中的"糴"和"救"的共現也出現在兩個不同的句法層次之中。

同現和共現的基礎是句法關係,如果詞語之間具有不同的句法關係,它們應視爲兩種不同的同現。此時即使跟相同的詞語構成直接成分的關係,也不構成共現關係。如:

(1) 義之大者,莫大於利人。(《吕氏春秋·尊師》)
(2) 今行父雖未獲一吉人,去一凶矣。(《左傳·文公十八年》)
(3) 内有大亂,外安能支强秦、魏之兵。(《戰國策·魏策三》)
(4) 莊王鼓之,晉師大敗。(《公羊傳·文公十二年》)

例(1)中的"利人"是述賓短語,例(2)的"吉人"是定中短語,它們雖然都跟"人"同現,但由於句法結構不同,它們是兩種不同的同現,"利人"和"吉人"便沒有共現關係。例(3)(4)中的"大亂"是定中短語,"大敗"是狀中短語,它們也不共現。

2. 共現中的幾種特殊情況

對於共現,一般要求同現時的詞語是相同的。但在以下四種情況中,同現的詞語可以適當調整。這四種情況是:專有名詞、數詞、比較複雜的動詞後加成分、聯合短語。

共現中的另一方是專有名詞時,只要人名、國名、地名這樣一些小的類別相同,通常即可視爲共現,而相關的詞語不必完全相同。如:

(1) 白公問於孔子曰:"人可與微言乎?"(《吕氏春秋·精諭》)
(2) 司士賁告於子游曰:"請襲於床。"(《禮記·檀弓上》)
(3) 夫魏之攻趙也,恐楚之攻其後。(《戰國策·楚策一》)
(4) 伍舉奔鄭。(《左傳·襄公二十六年》)

例(1)(2)中的"孔子""子游"這兩個詞並不完全相同,但都是人名,所以"問""告"也歸入共現;例(3)(4)中的"攻""奔"與之類似。

共現中的另一方是數詞或計數短語時,即使數詞所表示的數量並不相同,也可以視爲共現。如:

(1) 三城未下,而燕昭王死。(《戰國策·燕策二》)
(2) 七國同役而不同心。(《左傳·昭公二十三年》)
(3) 地方五千里,帶甲百萬。(《戰國策·楚策一》)
(4) 是以十九年,而刀刃若新發於硎。(《莊子·養生主》)

例(1)(2)中的"三""七"並不完全相同,但它們都是數詞,"城""國"可歸入共現;例(3)(4)中的"五千""十九"也不完全相同,但它們都是計數短語,"里""年"也可歸入共現。

共現的另一方是複雜的動詞後加成分時,共現的要求可適度放寬。複雜的動詞後加成分主要有複雜賓語、雙賓語、述賓補語。

主謂性賓語、之字性賓語、動詞性短語、引語賓語等都是比較複雜的賓語。對於這樣的賓語,不要求相關詞語完全相同,只要結構中詞語的基本類別相同即可。如:

(1) 景公知晏子賢,乃任以國政。(《晏子·內篇雜上》)
(2) 子産歸,未至,聞子皮卒。(《左傳·昭公十三年》)
(3) 楚人亦懼王之入晉軍也,遂出陳。(《左傳·宣公十二年》)

(4) 吾恐齊之攻我也,可救乎?(《墨子·魯問》)

例(1)(2)是主謂短語"晏子賢""子皮卒"作賓語,這個賓語是人名加性狀動詞構成,可以認爲這兩個主謂結構中的詞語的基本類别相同,所以"知""聞"歸入共現。例(3)(4)中"王之入晉軍"和"齊之攻我"這兩個之字性賓語中詞語的基本類别相同,所以"懼""恐"共現。又如:

(1) 齊桓公與管仲謀伐莒。(《呂氏春秋·重言》)

(2) 秦欲攻周。(《戰國策·西周》)

(3) 子曰:"惠人也。"(《論語·憲問》)

(4) 子云:"貧而好樂,富而好禮。"(《禮記·坊記》)

例(1)(2)中的"伐莒"和"攻周"這兩個述賓短語中詞語的基本類别相同,"謀""欲"共現,例(3)(4)"曰""云"都帶引語作賓語,它們也共現。

對於雙賓語、述賓補語來説,如果動詞後的賓語相同,那麼對另一個賓語或補語的要求也可以適度放寬。如:

(1) 君若賜之爵,則越席再拜稽首受。(《禮記·玉藻》)

(2) 使與之琴,操南音。(《左傳·成公九年》)

(3) 修之以孝養,紀之以義。(《禮記·文王世子》)

(4) 明恕而行,要之以禮。(《左傳·隱公三年》)

例(1)(2)的"賜""與"用"之"作近賓語,遠賓語"爵""琴"都是無生名詞,"賜""與"這兩個動詞共現。例(3)(4)"紀之""要之"後面的"以義""以禮"中,"義""禮"都是無生名詞,"紀""要"共現。

聯合短語構成共現時有兩種不同的情況。一種跟普通的共現並無不同,只是共現的結構是聯合短語。如:

(1) 今王疾甚,旦暮且崩。(《戰國策·楚策四》)

(2) 於是舍之上舍,令長子禦,朝暮進食。(《呂氏春秋·知士》)

(3) 不事驕行而尚同,其民安樂而尚親。(《晏子·內篇問上》)

(4) 功名大成,黔首安寧。(《呂氏春秋·古樂》)

例(1)(2)的"旦暮""朝暮"都是聯合短語,"朝"和"旦"共現。例(3)(4)中"樂"和"寧"共現。

另一種情況比較特殊,任何一個聯合短語,其中所包含的詞語都可以歸入共現。這樣的共現並不存在於兩個不同的句子中,而是只出現在同一個句子之中。如:

(1) 志意廣大。(《荀子·君道》)

(2) 夫長國者,唯知哀樂喜怒之節,是以導民。(《國語·晉語二》)

例(1)的"廣大"給"志意"作謂語,我們把出現在同一個句法位置的"廣"和"大"歸入共現。例(2)中"哀樂喜怒"是個聯合短語,它們加"之"後給"節"作定語,"哀""樂""喜""怒"共現。

三　訓釋方式

訓釋方式是訓詁學中的釋義關係，要確定同義詞，就要來考察這些方式。關於訓釋方式，我們圍繞同義詞的確定介紹兩個方面的內容：1. 常用訓釋方式，2. 數量、叠加。

1. 常用訓釋方式

在確定同義詞時，常涉及的訓釋方式有七種：直訓、互訓、同訓、遞訓、合訓、對訓，此外還有異文。這七種訓釋方式可以分為三組，以下分別介紹。

1) 直接釋義方式——直訓、互訓

直訓、互訓是兩種常見的直接釋義方式，也是確定同義詞的主要訓釋方式。

直訓是最基礎的釋義方式，在種方式中，只有被訓釋詞和訓釋詞這樣兩個詞，而且這兩個詞是有序的：被訓釋詞在前，訓釋詞在後。直訓一般采用判斷句的形式。如果用 X、P 分別表示被訓釋詞和訓釋詞，直訓可以記為 X—P；在 P 後通常要加"也"，少數可以在 X 後再加"者"，或"者""也"都不用。如：

(1)《廣雅·釋詁四》："財，貨也。"
(2)《周禮·天官·外府》："外府掌邦布之入出，以共百物。"賈公彥疏："邦者，國也。"
(3)《呂氏春秋·執一》："王者執一，而為萬物正。"高誘注："正，主。"

例(1)是典型的直訓形式，例(2)加"者"，例(3)"者""也"都不用。有的直訓在 P 之前加"即""亦"。如：

(1)《韓非子·說難》："與之論細人，則以為賣重。"王先慎集解："重，即權也。"
(2)《論語·雍也》："務民之義，敬鬼神而遠之。"朱熹集注："民，亦人也。"

有直訓關係的詞，較常構成同義詞，但並非必定構成同義詞。

互訓由兩個直訓構成，這兩個直訓之間具有逆向關係，就是說既有 X—P 的形式，又有 P—X 的形式。雖然有兩個直訓，但跟直訓一樣，在互訓中同樣只包含被訓釋詞和訓釋詞這樣兩個詞，只是這兩個詞既是被訓釋詞，又是訓釋詞。互訓可以記為：X—P，P—X。比如"戮"和"殺"、"駭"和"驚"都互訓：

(1)《說文·殺部》："殺，戮也。"
(2)《呂氏春秋·季秋》："菊有黃華，豺則祭獸戮禽。"高誘注："戮，殺也。"
(3)《呂氏春秋·重言》："是鳥雖無飛，飛將沖天；雖無鳴，鳴將駭人。"高誘注："駭，驚也。"
(4)《楚辭·招魂》："宮庭震驚，發激楚些。"王逸注："驚，駭也。"

由於互訓比直訓增加了一次釋義關係，所以在多數情況下，具有互訓關係的詞，比具有直訓關係的詞的意義更緊密些,也就更常構成同義詞,但也並不必定構成同義詞。

2) 間接釋義方式——同訓、遞訓

同訓、遞訓是兩種常見的間接釋義方式。在這兩種方式中,被訓釋詞和訓釋詞之間沒有直接釋義關係,它們通過跟其他詞的直訓關係形成釋義關係。在同訓、遞訓中至少要有三個詞、兩次直訓關係。

假定有兩個直訓 X—P、Y—Q,在訓釋詞 P、Q 同一的情況下,兩個被訓釋詞 X、Y 便構成同訓。如:

(1)《廣雅·釋詁一》:"都,大也。"
(2)《詩經·小雅·采芑》:"方叔元老,克壯其猶。"毛傳:"元,大也。"
(3)《國語·晉語九》:"夫以回鬻國之中,與絕親以買直。"韋昭注:"中,平也。"
(4)《儀禮·少牢饋食禮》:"心皆安下切上,午割勿沒。"鄭玄注:"安,平也。"

例(1)(2)中的"都""元"都用"大"來釋義,它們構成同訓關係;例(3)(4)的"中""安"也有同訓關係。

假定有兩個直訓 X—P 和 Y—Q,在被訓釋詞 Y 等同於訓釋詞 P 的情況下,X 和 Q 便構成遞訓。如:

(1)《禮記·檀弓上》:"苟亡矣,斂首足形,還葬。"鄭玄注:"形,體也。"
(2)《呂氏春秋·情欲》:"萬物之形雖異,其情一體也。"高誘注:"體,性也。"
(3)《禮記·曾子問》:"今之祭者,不首其義。"鄭玄注:"首,本也。"
(4)《論語·學而》:"君子務本,本立而道生。"何晏集解:"本,基也。"

例(1)的"形"被"體"訓釋,(2)中的"體"被"性"訓釋,"形"和"性"通過"體"構成遞訓關係;例(3)(4)的"首"和"基"與之類似。

直訓、互訓都是直接釋義方式,同訓、遞訓都是間接釋義方式。從詞義關係來看,後兩種釋義方式之間的詞義關係要比前兩種鬆散,構成同義詞的可能性小。

3) 其他釋義方式——合訓、對訓,異文

前面介紹過的四種釋義方式都是以詞訓詞,合訓、對訓這兩種訓釋方式主要是以語訓詞,它們遠不及前四者常見,但在確定同義詞時也有重要作用。

合訓是說,被訓釋詞是單個的詞 X,而訓釋詞是個聯合短語(或由聯合方式構成的複音詞)PQ,可以記爲 X—PQ。如:

(1)《玉篇·支部》:"變,變化也。"
(2)《左傳·定公五年》:"及寧,王欲殺之。"杜預注:"寧,安定也。"

例(1)(2)中的"變""寧",分別用"變化""安定"來訓釋,都是合訓。

對訓是說,被訓釋詞是兩個語義上有某種聯繫的詞 X、Y,訓釋的詞語對這兩個詞做一種比較性的闡釋,可以記爲 X、Y—PQ、RS。如:

(1)《禮記·曲禮上一》:"效犬者左牽之。"孔穎達疏:"通而言之,狗、犬通名;若分而言之,則大者爲犬,小者名狗。"

(2)《周禮·地官·廩人》:"凡邦有會同、師役之事,則治其糧與其食。"鄭玄注:"行道曰糧,謂糒也;止居曰食,謂米也。"

例(1)是對"狗""犬"對訓,例(2)是對"糧""食"對訓。

異文是說,古籍中某一句話中的某一個字,在不同的文獻中寫作兩個不同的字,最常用"作"來表示。異文之間的關係大多是文字關係,其中只有少數跟同義詞的確定有關。如:

(1)《管子·形勢解》:"天下叛之。"戴望校正:"宋本叛作畔。"

(2)《詩經·邶風·靜女》:"彤管有煒,說懌女美。"陸德明《經典釋文》:"說,本又作悅。"

(3)《晏子·內篇諫上》:"據四十裏之民。"孫星衍音義:"之民,一本作氓。"

例(1)的"叛""畔"是通假字,例(2)的"說""悅"是古今字,這二例都跟同義詞的確定無關,例(3)的"民""氓"是同義詞。

2. 數量、疊加

在常用訓釋方式中,有兩個特點跟同義詞的確定密切相關,它們是數量、疊加。①

1) 數量

在直接釋義中,某一個被訓釋詞,它的訓釋詞通常不止一個,有的少些,有的多些。比如"野"有兩個訓釋詞——"鄙""外";"變"有九個訓釋詞——"易""化""動""更""改""亂""毀""通""奇";而"作"則有近二十個訓釋詞,比如"起""爲""始""使""動""行""興",等等。

幾個不同的訓釋詞在訓釋同一個被訓釋詞時,它們在常見訓詁資料中出現的次數時常不相同,有的出現得多些,有的少些。比如在"作"的近二十個訓釋詞中,出現次數最多的是"起",有數十例。如:

(1)《詩經·秦風·無衣》:"修我矛戟,與子偕作。"毛傳:"作,起也。"

(2)《周禮·夏官·大司馬》:"群吏作旗,車徒皆作。"鄭玄注:"作,起也。"

(3)《國語·越語下》:"天時不作,弗爲人客。"韋昭注:"作,起也。"

(4)《孟子·公孫丑上》:"由湯至於武丁,賢聖之君六七作。"朱熹集注:"作,起也。"

除了"起",訓釋詞"爲"出現的次數也有數十例。在"作"的訓釋詞中,出現次數較多的還有"始""使"十幾例,"動""行""興"五六例。如:

(1)《廣雅·釋詁一》:"作,始也。"

(2)《易·繫辭下》:"作結繩而爲罔罟。"焦循章句:"作,始也。"

(3)《漢書·元帝紀》:"宣帝作色。"顏師古注:"作,動也。"

(4)《周禮·地官·小司徒》:"唯田與追胥竭作。"賈公彥疏:"作,行也。"

以上的訓釋詞出現的次數都比較多,另外有的訓釋詞出現的次數要少得多,比如"役""長""成""變"都只有一例:

(1)《廣韻·鐸韻》:"作,役也。"

(2)《老子·五十五章》:"未知牝牡之合而全作,精之至也。"王弼注:"作,長也。"

(3)《易·離·象傳》:"明兩作,離。"李鼎祚《周易集解》引虞翻曰:"作,成也。"

(4)《荀子·正名》:"必將有循於舊名,有作於新名。"王先謙集解:"作,變也。"

訓釋詞在次數上的這種差別,對於確定詞義關係是有影響的。訓釋次數很少的,意義之間的關係大多相對疏遠;如"作"跟"長""變"等。而訓釋次數多的,意義之間的關係大多相對緊密,如"作"跟"起""爲"等。我們把在訓詁資料中所見訓釋次數只有一二次的稱爲個別訓釋,出現次數超過三次的稱爲常見訓釋。

在釋義時,直訓是單向的,訓釋次數只有一種,也就是只有一個數量結果。例如"變"的訓釋詞中,"改""毀"都是直訓,它們的訓釋次數只有一個結果:分別是7次和1次。互訓跟直訓不同,它包含有兩個直訓,可以統計出兩種不同的訓釋次數。例如"變"的訓釋詞中,"更""化"都是互訓詞。"變"受"更"訓釋有9次,這是一個數量;反之,"更"還受"變"的訓釋,有2次,這是又一個數量。又如"變"受"化"訓釋3次,"化"受"變"訓釋11次。對於這種有兩種訓釋次數的互訓,我們規定,在互訓的兩個直訓中,有兩個或只有一個是常見的,就認爲是常見的。比如"食"和"飯"、"穀"和"祿"都是常見互訓:

(1)《周禮·天官·膳夫》:"膳夫掌王之食飲膳羞,以養王及後、世子。"鄭玄注:"食,飯也。"

(2)《呂氏春秋·本味》:"飯之美者,玄山之禾,不周之粟。"高誘注:"飯,食也。"

(3)《詩經·小雅·天保》:"天保定爾,俾爾戩穀。"毛傳:"穀,祿也。"

(4)《禮記·王制》:"王者之制祿爵,公侯伯子男,凡五等。"孔穎達疏:"祿:穀也。"

在"食"和"飯"這對互訓中,飯訓釋"食"有13次,食訓釋"飯"有8次,這兩個數量都是常見的,這個互訓是常見的。在"穀"和"祿"這對互訓中,祿訓釋"穀"有14次,穀訓釋"祿"有2次,前一個數量是常見的,這對互訓也屬於常見的。

如果互訓中的兩個直訓都是個別性的,這個互訓就是個別性的。如:

(1)《廣雅·釋詁四》:"議,言也。"

(2)《戰國策·秦策五》:"今王破宜陽,殘三川,而使天下之士不敢言。"高誘注:"言,議。"

在"議"和"言"這對互訓中,"言"訓釋"議",在訓詁資料中我們只見一次;"議"訓釋"言"也只見一次,這對互訓是個別的。

2) 叠加

直訓、互訓是確定同義詞的兩種基礎訓釋方式,它們跟其他訓釋方式之間的關係,存在有叠加和單一這樣兩種不同的類型。

叠加性直訓或互訓是說，具有直訓或互訓關係的詞，同時還至少兼有同訓、遞訓、合訓、對訓、異文等其他訓釋方式中的一種。叠加性訓釋的詞，詞義關係密切，最常構成同義詞。

直訓與同訓的叠加是說：存在有一個直訓 X—P，此外還有一個訓釋詞 Q，它既可以訓釋 X，又可以訓釋 P。比如"封"和"疆"有直訓、同訓的叠加關係：

(1)《左傳·襄公三十年》："田有封洫，廬井有伍。"杜預注："封，疆也。"

(2)《小爾雅·廣詁》："封，界也。"

(3)《禮記·曲禮下》："士私行出疆，必請。"孔穎達疏："疆，界也。"

例(1)中的"封""疆"是直訓，例(2)(3)又都可用"界"來訓釋，它們有直訓、同訓叠加關係。

直訓與遞訓的叠加是說：存在有一個直訓 X—P，如果另有一個 Q，它既是 X 的訓釋詞，同時也是 P 的被訓釋詞。比如"尊"和"敬"有直訓、遞訓的關係：

(1)《廣雅·釋詁一》："尊，敬也。"

(2)《大戴禮記·曾子疾病》："君子尊其所聞，則高明矣。"王聘珍解詁："尊，崇也。"

(3)《廣韻·東韻》："崇，敬也。"

例(1)中的"尊""敬"是直訓，在例(2)(3)中，它們通過"崇"構成遞訓。

直訓還可以跟合訓、對訓、異文叠加，跟叠加同訓、遞訓比，這三種叠加比較少見。直訓跟合訓叠加是說：存在有一個直訓 X—P，還有一個合訓是 X—PX。直訓跟對訓叠加是說：存在有一個直訓 X—P，還有一個對訓 X，P—QR、ST。直訓跟異文叠加是說，有直訓關係的詞同時又有異文。如：

(1)《易·中孚》"我有好爵，吾與爾靡之。"李鼎祚集解引虞注："爵，位也。"

(2)《集韻·藥韻》："爵，爵位也。"

(3)《禮記·曲禮上一》："摳衣趨隅。"孔穎達疏："衣，裳也。"

(4)《說文句讀·衣部》："析言之則分衣、裳，渾言之則曰衣。"

(5)《經義述聞·周易上》："田有禽。"王引之按："禽，獸也。"

(6)《說文解字義證·內部》："《周禮·大司馬》'小禽私之'，《詩·七月》傳引作'小獸私之'。"

例(1)的"爵""位"是直訓，例(2)的"爵位"是合訓，二者叠加。例(3)(4)中的"衣""裳"是直訓跟對訓叠加。例(5)(6)中的"禽""獸"是直訓跟異文叠加。

互訓是兩個逆向的直訓 X—P、P—X，它本身就是兩個直訓的叠加。它比直訓的詞義關係要密切，更容易跟同訓、遞訓、合訓、對訓、異文構成叠加關係。比如"始"和"初"是互訓和同訓叠加：

(1)《呂氏春秋·本生》："始生之者，天也。"高誘注："始，初也。"

(2)《詩經·大雅·生民》："厥初生民，時維姜嫄。"鄭玄箋："初，始也。"

(3)《莊子·天下》:"接萬物以別宥爲始。"成玄英疏:"始,本也。"

(4)《莊子·田子方》:"吾游心於物之初。"成玄英疏:"初,本也。"

例(1)(2)"始""初"是互訓,例(3)(4)"始""初"是同訓。"境"和"界"是互訓、遞訓叠加:

(1)《吕氏春秋·贊能》:"至齊境,桓公使人以朝車迎之。"高誘注:"境,界也。"

(2)《戰國策·齊策三》:"故三國欲與秦壤界。"鮑彪注:"界,境也。"

(3)《說文新附》:"境,疆也。"

(4)《國語·周語上》:"修其疆畔,日服其鎛。"韋昭注:"疆,界也。"

例(1)(2)是互訓,例(3)(4)是遞訓。"靈"和"神"是互訓、合訓叠加:

(1)《尚書·泰誓上》:"惟人,萬物之靈。"孔安國傳:"靈,神也。"

(2)《廣韻·真韻》:"神,靈也。"

(3)《玉篇·巫部》:"靈,神靈也。"

例(1)(2)是互訓,例(3)是合訓。"宫"和"室"是互訓、對訓叠加:

(1)《國語·晉語八》:"昔欒武子無一卒之田,其宫不備其宗器。"韋昭注:"宫,室也。"

(2)《國語·晉語八》:"趙文子爲室。"韋昭注:"室,宫也。"

(3)《說文解字注·宫部》:"宫,言其外之圍繞;室,言其内。析言則殊,統言不别也。"

例(1)(2)是互訓,例(3)是對訓。"輿"和"車"是互訓、異文叠加:

(1)《史記·樂書》:"所謂大路者,天子之輿也。"張守節正義:"輿,車也。"

(2)《周禮·考工記·輿人》:"輪崇車廣衡長參如一。"鄭玄注:"車,輿也。"

(3)《論語·微子》:"夫執輿者爲誰?"劉寶楠正義:"輿作車。"

例(1)(2)是互訓,例(3)是異文。

直訓、互訓的叠加關係可以不止一種。關於這方面的例證,我們在下一節中再介紹。

單一性直訓或互訓是說,具有直訓或互訓關係的詞,只有直訓或互訓這樣一種釋義方式,不具有其他的訓釋關係。單一性直訓比較常見,比如"首"和"陰"、"人"和"妖"都構成單一性直訓:

(1)《禮記·禮運》"故死者北首,生者南鄉,皆從其初。"鄭玄注:"首,陰也。"

(2)《吕氏春秋·明理》:"有狼入於國,有人自天降。"高誘注:"人,妖也。"

以上2例的直訓都是單一性的。

有叠加訓釋關係的詞比單一性的,詞義要近些。由於互訓的詞詞義關係接近,所以單一性互訓比單一性直訓少見。"前"和"進"、"變"和"動"都是單一性互訓:

(1)《廣雅·釋詁二》:"前,進也。"

(2)《詩經·大雅·常武》:"進厥虎臣,闞如虓虎。"鄭玄箋:"進,前也。"

（3）《禮記·檀弓上》："夫子之病革矣,不可以變。"鄭玄注："變,動也。"

（4）《呂氏春秋·知士》："宣王太息,動於顏色。"高誘注："動,變也。"

以上4例是兩組單一性互訓。

四 同義詞的確定

關於同義詞的確定,我們討論兩個問題:1.同義詞、近義詞、連義詞的確定,2.同義詞與訓釋方式。

1. 同義詞、近義詞、連義詞的確定

確定上古同義詞的主要依據是前面介紹過的共現和訓釋這兩種關係。根據在共現時表現出的不同特點,具有訓釋關係的詞可以分爲三類:同義詞、近義詞、連義詞。在確定同義詞時,也常可以確定近義詞、連義詞。我們在這裏對這三類詞的確定一起來介紹。

同義詞是詞義基本相同的詞,它們可以共現,在共現後,與之相關的句子或短語的意義基本相同。近義詞是詞義比較接近的詞,它們也可以共現,在共現後,與之相關的句子或短語的意義比較接近。

在訓釋方式中,同義詞、近義詞跟直訓、互訓這兩種直接釋義關係最爲密切,這是因爲:共現之後,有直接釋義關係的詞,與之相關的句子或短語的意義,一般才有基本相同或比較接近的可能。

除了同義詞、近義詞之外,有直接釋義關係的詞中,還有另一類詞,我們稱之爲連義詞。連義詞是詞義有連通之處的詞,它們或沒有共現關係,或雖可以共現,可是共現後與之相關的句子或短語的意義明顯有別。

要指出的是,我們這裏所說的"基本相同""比較接近""明顯有別"這三者之間並沒有分明的界限。它們是根據我們根據對文獻資料的理解所做出的一種比較的結果。在這種比較中,"相同"跟"有別"的區分是明顯的;而"接近"則介於相同、有別之間,時常表現出過渡的特點。

同義詞、近義詞是詞彙學中已有的語義關係,連義詞則是我們在訓詁學的基礎上提出的一種詞與詞之間的語義關係,它對於認識上古的詞義和詞義系統同樣有價值。

以下舉"畏""幣""貧"這3個詞爲例,來具體說明同義詞、近義詞、連義詞的確定。

"畏"的直接釋義詞有8個:"懼""恐""忌""敬""惡""驚""難""罪"。根據這8個詞在共現上表現出的不同特點,可以分爲3類:"懼""恐""忌"是同義詞,"敬""惡""驚"是近義詞,"難""罪"是連義詞。

3個同義詞"懼""恐""忌"跟"畏"的意義關係最密切,是"畏"的互訓詞,如:

（1）《廣雅·釋詁二》："畏,懼也。"

(2)《一切經音義》卷七:懼,"《字書》云:畏也"。
(3)《廣雅·釋詁四》:"畏,恐也。"
(4)《大戴禮記·曾子立事》:"懼之而不恐,說之而不聽。"王聘珍解詁:"恐,畏也。"
(5)《玉篇·甶部》:"畏,忌也。"
(6)《左傳·昭公十一年》:"國不恤喪,不忌君也。"杜預注:"忌,畏也。"

以上6個例句,每兩個都構成互訓。"懼""恐""忌"都可以跟"畏"共現,共現後相關的短語或句子的意義基本相同,如:

(1) 有重罰者必有惡名,故民畏。(《韓非子·八經》)
(2) 民懼,中立而不知所由。(《韓非子·外儲說右下》)
(3) 兵革大強,諸侯畏懼。(《戰國策·秦策一》)
(4) 齊王聞之,君臣恐懼。(《戰國策·齊策四》)
(5) 民畏其威,而懷其德。(《國語·晉語八》)
(6) 晏子立,諸侯忌其威。(《晏子春秋·外篇第七》)

例(1)(2)中的"畏""懼"都跟"民"共現,構成分句,"民畏"和"民懼"的意義基本相同。例(3)(4)的"畏""恐"都跟"懼"構成聯合短語,這裏"畏懼"和"恐懼"的意義基本相同;例(5)(6)"畏""忌"都跟"其威"共現,"畏其威"和"忌其威"的意義基本相同。

在3個近義詞中,"敬"是"畏"的互訓詞,"惡""驚"是"畏"的直訓詞,如:

(1)《大戴禮記·曾子立事》:"居喪而不哀,祭祀而不畏。"王聘珍解詁:"畏,敬也。"
(2)《大戴禮記·千乘》:"作起不敬,以欺惑憧愚。"王聘珍解詁:"敬,畏也。"
(3)《廣雅·釋詁三》:"畏,惡也。"
(4)《玉篇·甶部》:"畏,驚也。"

例(1)(2)是互訓,例(3)(4)是直訓。"敬""惡""驚"跟"畏"共現後,意義比較接近,如:

(1) 下親上則上安,下畏上則上危。(《荀子·正論》)
(2) 用下敬上,謂之貴貴。(《孟子·萬章下》)
(3) 懷諸侯則天下畏之。(《禮記·中庸》)
(4) 秦攻西周,天下惡之。(《戰國策·韓策一》)
(5) 兵革大強,諸侯畏懼。(《戰國策·秦策一》)
(6) 且夫勝狄,諸侯驚懼。(《國語·晉語一》)

我們認爲這幾個例句中相關部分意義接近,是跟前面三個同義詞共現的例句相比而言;也就是說這兩組例句意義的相同和相近是比較的結果。例(1)(2)的"畏上"與"敬上"只能說是意義比較接近,所以"畏"和"敬"是近義詞。例(3)(4)的"天下畏之"和"天下惡之",例(5)(6)的"諸侯畏懼"和"諸侯驚懼"也是意義接近。

兩個連義詞"難""罪"是"畏"的直訓詞:

(1)《廣雅·釋詁三》:"畏,難也。"
(2)《廣雅·釋詁三》:"畏,罪也。"

"難"是形容詞,"罪"是名詞,它們跟"畏"都不共現;但"難""罪"跟"畏"在意義上又確有連通之處,所以古人用它們訓釋"畏"。(本文主要介紹同義詞的確定,關於連義詞意義上的連通之處,應在同義詞詞義辨析中討論,這裏不討論。)

"幣"有五個直接釋義詞:"帛""貨""財""錢""餘";其中"帛""錢"是同義詞,"貨""財"是近義詞,"餘"是連義詞。

"帛""貨""財""錢""餘"都是"幣"的直訓詞,如:

(1)《孟子·梁惠王下》:"事之以皮幣,不得免焉。"朱熹注:"幣,帛也。"
(2)《戰國策·秦策二》:"王其爲臣約車并幣,臣請試之。"高誘注:"幣,貨。"
(3)《集韻·祭韻》:"幣,財也。"
(4)《史記·吳王濞列傳》:"誘受天下亡命罪人,亂天下幣。"裴駰集解引如淳曰:"幣,錢也。"
(5)《經義述聞·周官上·職幣》:"職幣,主餘財之官也。職,主也。幣,餘也。"

"幣""帛"都可以先跟"皮"構成聯合短語,而後再給"以"作賓語後,可以複合共現;共現後的短語表示基本相同的意思。如:

(1)昔者大王居邠,狄人侵之。事之以皮幣,不得免焉;事之以犬馬,不得免焉。(《孟子·梁惠王下》)
(2)大王亶父居邠,狄人攻之。事之以皮帛而不受,事之以犬馬而不受。(《莊子·讓王》)

以上二例中的"事之以皮幣"和"事之以皮帛"的意思基本相同。"幣""錢"在先秦極少共現,在漢代可以見到共現,相關的短語意義基本相同。如:

(1)劫人作奸,掘冢鑄幣。(《史記·貨殖列傳》)
(2)鑄錢掘冢,固不可勝數。(《史記·游俠列傳》)

以上二例中的"鑄幣"與"鑄錢"的意思基本相同。

近義詞"財""貨"跟"幣"也可以共現,共現後意義接近,如:

(1)爲叔孫故,申豐以貨如晉。(《左傳·昭公二十三年》)
(2)冬,晉人使以幣如鄭。(《左傳·昭公十九年》)
(3)司徒期聘於越,公攻而奪之幣。(《左傳·哀公二十六年》)
(4)今之世而不然:厚刀布之斂,以奪之財。(《荀子·富國》)

例(1)(2)中"以貨"和"以幣"的意思接近,例(3)(4)中"奪之幣"和"奪之財"的意思接近。

"餘"跟"幣"沒有共現關係,它們是連義詞。

"貧"有三個直接釋義詞:"窮""乏""少";"窮""乏"是同義詞,"少"是連義詞。

"貧"跟"窮""乏"都是互訓:

(1)《續一切經音義》卷九:貧,"《字書》:窮也,乏也"。
(2)《廣雅·釋詁四》:"窮,貧也。"
(3)《廣韻·真韻》:"貧,乏也,少也。"
(4)《續一切經音義》卷九:乏,"《說文》:貧也"。

"窮""乏"跟"貧"共現時意義基本相同,"窮"是一般的共現,"乏"是聯合共現。如:

(1) 堯曰:"吾不敖無告,不廢窮民。(《莊子·天道》)
(2) 貨略不至,陂池之魚,以利貧民。(《晏子春秋·外篇第七》)
(3) 齊人有馮諼者,貧乏不能自存。(《戰國策·齊策四》)

例(1)(2)的"窮民""貧民"都表示貧窮困苦的百姓,它們的意思基本相同,例(3)"貧乏"中的"貧""乏"意思基本相同。

"貧""少"是直訓:

(1)《廣韻·真韻》:"貧,乏也,少也。"

共現時意義有明顯區別:

(1) 不知節用裕民則民貧。(《荀子·富國》)
(2) 男女失時,故民少。(《墨子·辭過》)

例(1)"民貧"表示百姓貧窮,例(2)"民少"表示百姓人少。

2. 同義詞和訓釋方式

爲確定同義詞,我們再來介紹一下同義詞跟訓釋方式相關聯的特點。

同義詞是詞彙學系統中的語義關係,訓釋方式是訓詁學中的語義關係。這二者並不存在直接的對應關係,我們不能只根據直訓、互訓等來直接確定同義詞,但它們之間又存在有某種關聯,我們又常可以根據這種關聯來大致推斷同義詞。這種關聯主要存在於詞義關係的遠近之中。總的來說,同義詞的詞義關係最近,連義詞的詞義關係最遠,近義詞則介於它們之間。在訓釋方式中,具有叠加、常見訓釋關係的詞,詞義關係最接近;有單一、個別訓釋關係的詞,詞義關係常疏遠。由於存在這樣的關係,同義詞跟訓釋方式關聯上的基本特點是:1)同義詞最常由叠加訓釋構成,很少由單一訓釋構成;在叠加訓釋構成的同義詞中,常見訓釋又最多。2)在叠加訓釋中,有互訓關係的最常構成同義詞,有直訓關係的也較常見。

我們隨機統計了 200 組同義詞,其中叠加訓釋有 182 組,占同義詞總數的 91%,單一訓釋有 18 組,占同義詞總數的 9%。

以下從叠加性互訓、叠加性直訓和單一性訓釋構這三個方面具體介紹同義詞和訓釋方式之間的關聯。

1) 叠加性互訓

在叠加性訓釋中,叠加性互訓最常構成同義詞,有 109 組,約占同義詞總數的 54.5%。

這就是說，一半以上的同義詞有疊加互訓關係。互訓最常跟同訓、遞訓、合訓這三種訓釋關係疊加，此外也跟對訓、異文疊加。

比如同義詞"喜"和"悅"、"豘"和"豕"、"困"和"窮"都是互訓、同訓疊加，"斬"和"殺"、"境"和"界"、"晨"和"早"都是互訓、遞訓疊加，"伐"和"征"、"靈"和"神"、"步"和"行"都是互訓、合訓疊加。

有的同義詞的互訓跟不止一種訓釋關係疊加，前面介紹過的"畏"，它的 3 個同義詞"懼""恐""忌"，都跟"畏"有不止一種的疊加關係。"畏"跟"懼"是互訓、同訓、合訓疊加，"畏"跟"恐"是互訓、同訓、遞訓、異文疊加，"畏"跟"忌"是互訓、同訓、遞訓疊加。又如同義詞"告"和"語"就是互訓跟同訓、遞訓疊加。以下是互訓：

(1)《戰國策·秦策二》："犀首告臣。"高誘注："告，語也。"
(2)《論語·八佾》："子語魯大師樂。"朱熹集注："語，告也。"

它們都可以用"言"來訓釋，是同訓，又通過"教"構成遞訓：

(1)《荀子·君子》："天子無妻，告人無匹也。"楊倞注："告，言也。"
(2)《戰國策·秦策二》："樂羊反而語功。"高誘注："語，言也。"
(3)《墨子·經說下》："以爲不知學之無益也，故告之也。"孫詒讓閒詁引張云："告，教也。"
(4)《廣雅·釋詁一》："教，語也。"

又比如"本"和"根"是一對有互訓、合訓、異文疊加關係的同義詞。以下是互訓：

(1)《呂氏春秋·先己》："是故百仞之松，本傷於下而末槁於上。"高誘注："本，根也。"
(2)《孟子·盡心上》："君子所性，仁義禮智根於心。"朱熹集注："根，本也。"

以下是"本""根"合訓、異文：

(1)《禮記·禮運》："故聖人作則，必以天地爲本。"孔穎達疏："本，根本也。"
(2)《諸子平議·老子》卷八："輕則失本。"俞樾按："《永樂大典》作'輕則失根'。"

2) 疊加性直訓

疊加性直訓構成同義詞也較常見，有 73 組，占同義詞總數的 36.5%。直訓最常跟同訓、遞訓疊加，比如同義詞"授"和"予"、"云"和"曰"、"元"和"首"都是直訓、同訓疊加，"疆"和"垂"、"尊"和"敬"、"寡"和"少"都是直訓、遞訓疊加。

疊加性直訓同樣有不止一種的，比如"誅"和"殺"是一對有直訓、同訓、遞訓疊加關係的同義詞。如：

(1)《戰國策·秦策五》："乃可複使姚賈而誅韓非。"高誘注："誅，殺也。"
(2)《戰國策·齊策一》："戰而不死，曲撓而誅。"高誘注："誅，戮。"
(3)《說文·殺部》："殺，戮也。"

(4)《戰國策·秦策一》:"誅周主之罪,侵楚、魏之地。"鮑彪注:"誅,討也。"
　　(5)《集韻·晧韻》:"討,殺也。"

例(1)是"誅"和"殺"直訓,例(2)(3)是由"戮"構成的同訓,例(4)(5)是"討"構成遞訓。

又如"狗"和"犬"是直訓、合訓、對訓、異文疊加的同義詞:

　　(1)《禮記·曲禮上一》:"毋投與狗骨。"孔穎達疏:"狗,犬也。"
　　(2)《廣韻·厚韻》:"狗,狗犬。"
　　(3)《禮記·曲禮上一》:"效犬者左牽之。"孔穎達疏:"通而言之,狗、犬通名。若分而言之,則大者爲犬,小者名狗。"
　　(4)《經籍籑詁·有韻補遺》:"《孟子·公孫丑上》'雞鳴狗吠相聞',《文選注》作'犬吠'。"

例(1)是"狗"和"犬"直訓,例(2)(3)(4)分別是合訓、對訓、異文。

3) 單一性訓釋

除了疊加的訓釋關係,單一的訓釋關係也可以構成同義詞,只是數量少。在單一訓釋中,單一性直訓和單一性互訓構成同義詞的數量相當,分別有9組和8組,各占同義詞總數的4.5%和4%。例如"祿"和"俸"、"戍"和"守"都是單一直訓:

　　(1)《國語·楚語下》:"成王每出子文之祿。"韋昭注:"祿,俸也。"
　　(2)《詩經·王風·揚之水》:"彼其之子,不與我戍申。"毛傳:"戍,守也。"

共現後,"祿"和"俸"、"戍"和"守"所在短語的意義基本相同,如:

　　(1) 諭貴賤之等,辨疏親之義,又況於以尊位厚祿乎?(《呂氏春秋·異用》)
　　(2) 皆欲行貨財事富貴、爲私善立名譽以取尊官厚俸。(《韓非子·奸劫弑臣》)
　　(3) 齊侯使連稱、管至父戍葵丘。(《左傳·莊公八年》)
　　(4) 蘇子收其餘兵,以守陽城。(《戰國策·燕策二》)

例(1)(2)中"厚祿"和"厚俸"意思基本相同,例(3)(4)中"戍葵丘"和"守陽城(葵丘)"意思基本相同。

"進"和"前"、"變"和"動",都是單一性互訓:

　　(1)《詩經·大雅·常武》:"進厥虎臣,闞如虓虎。"鄭玄箋:"進,前也。"
　　(2)《廣雅·釋詁二》:"前,進也。"
　　(3)《禮記·檀弓上》:"夫子之病革矣,不可以變。"鄭玄注:"變,動也。"
　　(4)《呂氏春秋·知士》:"宣王太息,動於顏色。"高誘注:"動,變也。"

共現後,"進"和"前"、"變"和"動"所在短語的意義基本相同,如:

　　(1) 鮑叔奉杯而進曰:"使公毋忘出奔在於莒也。"(《呂氏春秋·直諫》)
　　(2) 荀息牽馬操璧而前曰:"璧則猶是也,而馬齒加長矣。"(《穀梁傳·僖公二年》)
　　(3) 公怒,色變。(《晏子·內篇諫上》)

(4)二主色動而意變,必背君。(《戰國策·趙策一》)

以上四例中"進曰"和"前曰"、"色變"和"色動"意思基本相同。

由單一性同訓構成的同義詞數量最少,只有一組,占同義詞總數的0.5%,而且是有條件的。這個條件就是,使它們成爲同訓的詞,同時又是它們的同義詞。"卒""薨"是有同訓關係的同義詞,這兩個詞都是"死"的同義詞,又都由"死"構成同訓。

"卒"和"死"是直訓、遞訓叠加:

(1)《爾雅·釋詁下》:"卒,死也。"
(2)《詩經·邶風·日月》:"父兮母兮,畜我不卒。"鄭玄箋:"卒,終也。"
(3)《莊子·大宗師》:"不忘其所始,不求其所終。"成玄英疏:"終,死也。"

例(1)是直訓,例(2)(3)是通過"終"構成遞訓。"卒""死"共現後,句子的意思基本相同。如:

(1) 莊公死。(《公羊傳·閔公元年》)
(2) 昭公卒。(《左傳·文公十四年》)

"薨""死"是直訓、同訓叠加:

(1)《爾雅·釋詁下》:"薨,死也。"
(2)《廣雅·釋言》:"薨,亡也。"
(3)《孟子·告子下》:"然後知生於憂患而死於安樂也。"趙岐注:"死,亡也。"

例(1)是直訓,例(2)(3)由"亡"構成同訓。共現後,"薨""死"所在句子的意思基本相同:

(1) 君薨,百官總己以聽於冢宰三年。(《論語·憲問》)
(2) 君死,遂以東周叛,分爲兩國。(《韓非子·內儲說下六微》)

"卒""薨"都可以用"死"來訓釋,是同訓;共現後,所在的句子意思基本相同。如:

(1) 莊王卒。(《左傳·成公二年》)
(2) 荆王薨。(《呂覽·上德》)

五 結 論

1. 上古漢語同義詞的確定要建立在共現和訓釋這兩種不同關係的基礎上。

2. 同現和共現是詞語在具體的句法結構中所表現的組合和聚合關係,共現的基礎是同現。

3. 在確定同義詞時,常涉及的訓釋方式有七種:直訓、互訓、同訓、遞訓、合訓、對訓,此外還有異文。直接釋義方式——直訓、互訓是確定同義詞的主要訓釋方式。直訓、互訓跟其他訓釋方式之間的關係,存在有叠加和單一這樣兩種不同的類型。

4. 根據在共現時表現出的不同特點,具有訓釋關係的詞可以分爲三類:同義詞、近義詞、連義詞。

5. 同義詞跟訓釋方式關聯上的基本特點是:1)同義詞最常由叠加訓釋構成,很少由單一訓釋構成;在由叠加訓釋構成的同義詞中,常見訓釋又最多。2)在叠加訓釋中,有互訓關係的最常構成同義詞,有直訓關係的也較常見。

附　注

① 本文在討論與訓釋有關的數量、叠加時,主要依據是阮元等《經籍籑詁》和宗福邦等《故訓匯纂》。

參考文獻

阿瑟·S.雷伯　1996　《心理學詞典》(李伯黍等譯),上海:上海譯文出版社。
戴維·克裏斯特爾　2000　《現代語言學詞典》(沈家煊譯),北京:商務印書館。
符淮青　2004　《詞彙學詞典學語文學文集》,北京:商務印書館。
高更生等　1995　《現代漢語知識大詞典》,濟南:山東教育出版社。
哈特曼等　1981　《語言與語言學詞典》(黃長著等譯),上海:上海辭書出版社。
洪成玉、張桂珍　1987　《古漢語同義詞辨析》,浙江:浙江教育出版社。
蔣紹愚　1989　《古漢語詞彙綱要》,北京:北京大學出版社。
陸宗達、王寧　1983　《訓詁方法論》,北京:中國社會科學出版社。
馬文熙等　1996　《古漢語知識詳解辭典》,北京:中華書局。
戚雨村等　1993　《語言學百科詞典》,上海:上海辭書出版社。
齊佩瑢　1984　《訓詁學概論》,北京:中華書局。
阮元等　1982　《經籍籑詁》,北京:中華書局。
孫常敘　2006　《漢語詞彙》,北京:商務印書館。
王　力　1982　《同源字典》,北京:商務印書館。
王　寧　1996　《訓詁學原理》,北京:中國國際廣播出版社。
夏征農　1999　《辭海》,上海:上海辭書出版社。
張鬺堂等　2004　《簡明古漢語同義詞詞典》,武漢:湖北教育出版社。
趙振鐸　1987　《訓詁學綱要》,西安:陝西人民出版社。
宗福邦等　2003　《故訓匯纂》,北京:商務印書館。

The Determination of Synonyms in Ancient Chinese

LI Zuofeng

Abstract: The determination of synonyms in ancient Chinese is based on the relations of co-occurrence and the way of explanation. Co-occurrence and synchronic occurrence represent the syntagmatic and paradigmatic relationship that are exhibited by certain words in the specific syntactic structure. Direct explanation and mutual explanation are the main way of explanation in determining synonyms. Synonyms are the words sharing same meanings, and they can occur synchronically, related to which the meaning of a sentence or phrase is basically the same. As the synonyms is determined, near-synonyms, even the words with continuous meanings can be distinguished. Synonyms are often composed of superimposed explanations, of which the common explanation occupies most.

Key words: co-occurrence, synchronic occurrence, the way of explanation, superimposed explanations, synonyms, near-synonyms, the words with continuous meanings

(李佐豐　中國傳媒大學文學院　100024)

每一種語序都蘊涵着自己的反面

——試論上古漢語語序的綜合性

姚振武

提　要　任何語序,它只有傾向性,甚或強烈的傾向性,但沒有規定性。不存在只表達某一範疇的唯一語序,任何語序都蘊涵着自己的反面。

關鍵詞　語序　綜合性　古漢語語法

一　引　言

關于漢語語序,學界的見解一般是,漢語由于缺乏形態,往往依靠語序來表達語法範疇,正如《馬氏文通》所言:"蓋句讀所集之字,各有定位,不可易也。"①

我們認爲,強調語序對于漢語的重要性,一般來說並沒有錯,但強調到"各有定位,不可易也"的程度,則有重大缺陷。因爲這個看法忽視了漢語語序的另一個重要性質,即綜合性(或者說不確定性、模糊性、兼容性等。下面一律稱爲"綜合性")。

季羨林多年前就曾指出:

"綜合的東西往往具有一些模糊性,中國語言也不能例外。在過去,人們往往認爲,模糊不是什麽好東西。而到了今天,世界上一些先知先覺者已經發現,世界上很少有百分之百絕對清晰的東西,而模糊性倒是一些事物的本質。

……

特別是對漢語的模糊性特色要多加注意,多加探求。我在上面曾說到,中國語言的探求期才只有20年的歷史。下一個世紀的前20年,甚至在更長的時期內,都是我們探求的時期。我們必然能够找到'中國的特色'。只要先'擒'這個'王',我們語言學的前途,正未可限量。只要能擺脫西方理論的影響,充分發揚我們自己的語言和理論,我們必然能够一反現在無聲的情況,在世界語言學界發出我們的聲音,而且是宏亮的聲音。在21世紀100年中,同現在這100年相比,我們必然能取得更輝煌的成果。我認爲,這就是我們中國語言學界未來的任務,這就是我們探求的方向。"②

漢語語序所表達的語法範疇是非常廣泛而複雜的。本文僅就相同語義關係下的不同語序爲例，探討上古漢語語序的綜合性問題。

人類語言產生於指稱與陳述的瞬間分化，其直接後果就是名詞與動詞的形成。③這就意味着人類對客觀世界的理解方式（本體—屬性）、表達方式（指稱—陳述，其語法形式即"名詞—動詞"）、邏輯形式（主詞—謂詞）最初本是三位一體的。正如黑格爾所說："思維形式首先表現和記載在人的語言裏。""重要得多的，是思維規定在一種語言裏表現爲名詞和動詞，因而打上了客觀形式的標記。"④

名詞和動詞的結合（也許還要加上語氣）可以表達一切語法範疇。關於這一點，呂叔湘說："動詞和賓語的關係確實是說不完的。"⑤朱德熙則說得更爲直白："這種包羅萬象的賓語有什麽共同的語法意義呢？通常說，賓語是受動作支配、影響的對象，那末把'洗涼水、曬太陽、飛北京'裏的賓語'涼水、太陽、北京'解釋爲受'洗、曬、飛'等動作支配的對象，這樣的概括算不算牽强呢？我們所以碰到這種麻煩，是因爲主語和謂語、賓語和述語之間意義上的關係十分複雜。要對這種複雜的關係進行概括是很困難的。說得太具體了必然缺乏普遍性；要有普遍性，就不免顯得抽象、空洞。這本來是無可奈何的事。"⑥

漢語動賓關係（實際是動詞與受其支配成分的關係，包括所謂主語）的"說不完"和"包羅萬象"，從消極的意義上說是"無可奈何"，然而從積極的意義上看，它正是人類語言的本質特徵，是我們思考人類語言的基礎。正是這個基礎，決定了其他"形式"類的東西，諸如虛詞、語序等，是可有可無（虛詞）或可此可彼的（語序）。正如薩丕爾所說："沒有一種語言完全忽略名詞和動詞的區別，雖然在某些特殊情況下，這種區別的性質不容易捉摸。別的詞類就不同了，沒有一類是語言非有它就活不了的。"⑦

實際情況是，漢語用某種語序表達某種語法範疇，只有傾向性，甚或强烈的傾向性，但沒有規定性。這是一個非常普遍的事實。而"綜合性"則始終與傾向性相伴而生，並常常引起語序的傾向性發生變化。所以，漢語語序問題應從分析性（亦即區別性）與綜合性的統一來認識，不可偏廢。

二　上古漢語相同語義關係下的語序多樣性

語序的綜合性是建立在語序的多樣性的基礎上的。或者說語序的多樣性極易引發語序的綜合性。下面先談談動詞與受其支配成分的語序多樣性問題，主要以殷商甲骨文爲例。

1. 受事成分

（1）丁未卜，賓貞：侑于丁宰用？（《合集》339）

（2）丙辰卜，侑祖丁厹用宰？（《合集》19863）

（3）丁亥，貞：今夕亡震師？（《合集》34718）

(4) 甲戌,貞:今夕師亡震?(《合集》34715)

例(1)、(2)的受事成分"宰",或前置或後置。例(3)、(4)的受事成分"師"同樣如此。

2. 施事成分

施事成分一般在動詞前,有時也可在動詞後。

(1) 貞:王伐舌方,受有祐?(《合集》6224)

(2) 于癸未有雀師? 于甲申有至雀師?(《合集》40864)

例(2)就是"雀師有至"的意思。⑧施事成分後置。

3. 與事成分

朱德熙說:"施事、受事以外的另一方,可以稱爲'與事'。"⑨與事一般表現爲間接賓語。殷商時期與事成分一般處于動詞之後,也可以處于動詞之前。例如:

(1) 戊申卜,爭貞:帝其降我熯?(《合集》10171)

(2) 貞:岳禱年?(《合集》10071)

以上的與事成分,例(1)置于動詞之後,例(2)的置于動詞之前。

4. 爲動成分

爲動成分不是動作的受事,而是動作爲之而發的對象或原因。

(1) 庚申卜,今來甲子酒王,不遘雨?(《合集》34533)

(2) 侑子族?(《合集》14924)

(3) 先高祖燎酒?(《合集》32308)

(4) 啟不其禦?(《合集》10936 反)⑩

例(1)、例(2)爲動成分後置。例(1)"酒王"就是爲時王進行酒祭;例(2)"侑子族"就是爲子族進行侑祭。例(3)例(4)爲動成分前置。例(3)是問是否先進行爲了對"高祖"進行燎祭而進行的酒祭? 例(4)是問,不爲天晴(啟)舉行禦祭嗎?

廣義上,爲動成分也可以歸入與事成分,只是因爲這種用法在古漢語中比較突出,所以單列之。

5. 方式、工具成分

這種成分表示行爲動作所依憑的方式、工具,一般在動詞之後,但有時也可在動詞之前。例如:

(1) 禱大甲卅牛?(《合集》1436)

(2) 酒六牢?(《合集》15783)

(3) 戊寅卜:九犬帝于西? 二月。(《合集》21089)

以上方式、工具成分,例(1)(2)置于動詞後,例(3)置于動詞前。

6. 處所成分

這種成分表示行爲動作的處所。

(1) 丙戌卜,殷貞:翌丁亥我狩寧?
　　　　　貞:翌丁亥勿狩寧?(《合集》11006)
(2) 癸丑卜,宗歲,又爸?
　　　　　弜又爸?(《合集》30336)

以上處所成分,例(1)的置于動詞後,例(2)的置于動詞前。

7. 時間成分

這種成分表示行爲動作的時間。

(1) 今日酒父乙?(《合集》2216)
(2) 癸丑卜:王步乙卯?
　　　丙辰卜:王步丁巳于春?(《合集》32727)

以上時間成分,例(1)的置于動詞前,例(2)的置于動詞後。

相同語義關係下的不同語序,是一個十分廣泛的現象。這種現象不僅發生在動詞與受其支配成分之間,定中結構、狀中結構、數量結構等等也都有類似現象。不僅限于殷商時期,漢語的其他時期也都廣泛存在類似現象。只是在殷商時期表現得比較集中,比較典型,便于我們看清問題的實質。因此如果抱着"語序崇拜"觀念來看待上古漢語,就會遇到難以解決的麻煩。例如說主語位于謂語前面,就立刻會有"後置主語"[11]出來"搗亂";說賓語位于動詞的後面,就立刻會就有"前置賓語"出來"搗亂";說定語在中心語前面,立刻就會有"後置定語"出來"搗亂"。說狀語位于動詞前面,立刻就會有"後置狀語"出來"搗亂"。[12]凡此種種,不一而足。似乎可以說,凡是建立在一定語序基礎上的語法範疇,其語序很少沒有"例外"的。既然例外普遍存在,這個事實本身就不能只當作例外來看待了。一段時間的多數,後來可能變爲少數;相應,一段時間的少數,後來可能變爲多數。這在漢語發展史上是十分常見的現象。

多年來語法學家們從"分析"的角度對語序的多樣性現象做過許多研究,基本的觀點是,不同的語序表達不同的語法意義,具有不同的價值。這些研究在某種程度上是正確的。但語法學家們又常常忽視一點,即,語序的多樣性極易引發語序的綜合性。也就是說,這不同的語序,在某些情況下又具有完全相同的意義和價值,當此之時,語序的不同完全無足輕重,並由此引起語法結構的改變。下面舉例談談這方面的問題。

三　漢語語序的綜合性

3.1　現代漢語語序的綜合性舉例

爲彰顯語序的綜合性,我們特地選取現代漢語中研究得最多,語序義最爲明顯的"把"字句來說明問題。事實表明,即便是"把"字句,也有模糊的時刻。

呂叔湘說:"'把茶拿來'跟'拿茶來'也還是有分別:說前一句的時候知道有茶預備在那裏的,說後一句的時候是不存這種假定的。"[13] 這實際上指的是,把字句和普通主動句中,動詞的賓語存在着有定、無定的區別。

我們承認這種觀察某種程度上是正確的。但是,它並不能概括全部事實。有時候,把字句和普通主動句,其意義、價值竟完全相等,形式的區別根本無足輕重。例如,經常坐北京公交車的人大概都會遇到這樣的場景,售票員職業性地、泛泛地、交替地說兩句話:

　　上車的同志請刷一下卡。∽上車的同志請把卡刷一下。

這樣的話是"規定動作",雖然形式不同,但意思只有一個。我們能說其中的賓語存在有定、無定的區別嗎?顯然不能。兩句話的意義、價值是完全相等的。形式的區別已被忽視了。這就是我們所說的語序的綜合性。正如薩丕爾所說:"形式比它的概念內容要活得長。二者都在不停地改變,但是總的說來,形式留戀不舍的時候,精神已經跑掉了或變樣了。"[14]

如果有一位語法學家心有不甘,固執地向售票員發問:"你這兩句話形式都不一樣,怎麼會意思相同呢?"我相信即便不是全部,也至少是絕大多數的回答是:"就是一樣呀,把卡刷一下不就是刷一下卡嗎?"[15]

是的,語法學家應該放棄固執的脾氣,謙虛對待廣大的"售票員",因為畢竟是他們掌握語言,使用語言,改變語言。語法學家只能解釋他們的語言,而不能越俎代庖,規定他們的語言。以我們對漢語發展史的觀察,正是形形色色的"售票員"們對語言形式的這種模糊態度,往往成為了語言形式發生改變的契機。

3.2　上古漢語語序的綜合性舉例

下面僅就數量結構舉例考察。

在殷商時期,漢語天然個體的計數主要是靠名詞和數詞的直接結合來完成的。其方式主要有兩大類,一是"名+數"(及其衍生形式),一是"數+名"(及其衍生形式)。例如:

數+名:

(1) 二千六百五十六人(《合集》7771)

(2) 五十犬、五十羊、五十豚(《合集》29537)

(3) 十又五羌(《合集》32067)

名+數:

(4) 鹿五十又六(《合集》10308)

(5) 允隻(獲)虎二、兕一、鹿十二、豕二、貔(麑)百二十七、兔二十三、雉七(《合集》10197)

基本語義相同基礎上的不同語序有沒有差別?當然會有一定差別。就上古漢語數量結構而言,"數"或"數+量"如果出現在名詞後,多數情況下實際計量的意味較重;出現在名詞前,則多數情況下描寫的意味較重,這是事實。呂叔湘早就指出,"名+數"格式"計算味更重一些"。⑯不過事情還有另一面。這種差別僅僅是傾向性的,不具有强制性。在殷商時期,以上兩種基本的計數方式又常常可以混用不別。例如(下加著重號):

(6) 貞[叀]年于王亥,圂犬一,羊一,豭一,叀三小宰,卯九牛,三青,三羌。(《合集》00378 正)

(7) 癸酉卜,又米于六雲五豭卯五羊。(《合集》33273)

(8) 癸酉卜,又叀于六雲六豭卯羊六。(《合集》33273)

例(6)是同一條卜辭中"數+名"和"名+數"混用不別。例(7)(8)是同版的兩條選貞之辭,一條用"數+名"格式,一條用"名+數"格式。

丁邦新爲强調"名+數"與"數+名"的不同,認爲:"甲骨文'獻牛一羊一',不一定非要解釋爲'獻一牛一羊'不可。也許可以分析爲'獻牛,一;羊,一'。數目字是數詞,可以用爲述語。"⑰這樣的認識有點牽强。核諸以上各例,"名+數"與"數+名"混用特徵明顯,其"數"與"名"之間都是不宜有停頓的,否則無法讀下來。

沈培說:"'名數'和'數名'格式在祭祀卜辭中混用的情況,究竟是任意的,還是有一定意義的,我們還不清楚。"⑱其實在我們看來,這種現象可以理解。就漢語,尤其是古漢語而言,兩個不同的語序,在語義相同或者相通的條件下,往往可以不加分別彼此通用,這就是語序的綜合性。這是一條重要規律。這種綜合性同樣表現在後來的"名+數+量"和"數+量+名"的關係上。例如:

(9) 大(太)子駱三鞏(乘)迮(路)車。(《曾侯乙墓竹簡釋文與考釋》)⑲

(10) 遬(旅)鴋(陽)公之迮(路)車三鞏(乘),屯麗。(《曾侯乙墓竹簡釋文與考釋》)

(11) 一輡正車 一輡羊車 甬車一輡(《包山二號楚墓簡牘釋文·遣策》)⑳

(12) 十斗粲,毇(穀)米六斗大半斗。麥十斗,爲𪍑三斗。(《睡虎地秦墓竹簡·秦律十八種·倉律》)㉑

(13) 右方四牒竹器。(《長沙馬王堆漢軑侯辛追墓出土隨葬遣策考釋·簡二八二》)㉒

(14) 右方七牒瓦器錫(錫)(塗)。(同上·簡二二一)

(15) 右方𡒍(漆)畫木器八牒。(同上·簡二一八)

(16) 右方苴(菹)五牒、資(瓷)五。(同上·簡一五五)

(17) 右方土金錢馬牛羊鳥廿牒。(同上·簡三一一)

(18) 今佐丁盜粟一斗,直(值)三錢,柳下季爲魯君治之,論完丁爲倡,奏魯君。君曰:盜一錢到廿錢罰金一兩,今佐丁盜一斗粟,直(值)三錢,完爲倡,不已重呼(乎)?(《張家山漢墓竹簡[二四七號墓]·奏讞書》)㉓

(19) □□馬日匹二斗粟、一斗萴(?)。傳馬、使馬、都廄馬日匹萴(?)一斗半斗。(《張家山漢墓竹簡[二四七號墓]·金布律》)㉔

(20) 入粟糜黍十八斛,其二十柰斛粟,五十一斛糜。(《敦煌漢簡·311》)㉕

以上各例出自遣策、賬單或法律文書,是純粹的計數計量,但語序的使用却相當隨意。例(9)—(11)顯示,曾侯乙墓竹簡中既有"三簦(乘)迻(路)車"這樣的"數+量+名",又有"迻(路)車三簦(乘)"這樣的"名+數+量";包山楚簡中也有相類情况。例(12),同一句話,前面說"十斗粢"(數+量+名),後面說"麥十斗"(名+數+量);例(13)—(17)中,同一個量詞"牒",或采用"數+量+名"的形式(例(13)(14)),或采用"名+數+量"的形式(例(15)—(17));例(18),同一件事,前面說"今佐丁盜粟一斗"(名+數+量),後面說"今佐丁盜一斗粟"(數+量+名);例(19),前面說"馬日匹二斗粟、一斗尌"(數+量+名),後面說"馬日匹尌一斗半斗"(名+數+量);例(20),同一段話,前面是"粟糜黍十八斛"(名+數+量),後面則是"二十柰斛粟""五十一斛糜"(數+量+名)。再看下例:

(21) 夕毋食,旦取豐(蜂)卵一,漬美醯一桮(杯),以飲之。(《馬王堆漢墓帛書(肆)·五十二病方》)㉖

(22) 取黃蜂駘廿,置一桮(杯)醴中,□□日中飲之(《馬王堆漢墓帛書(肆)·養生方》)

(23) 炙蠶卵,令篡篡黃,冶之,三指最(撮)至節,入半音(杯)酒中飲之。(《馬王堆漢墓帛書(肆)·五十二病方》)

以上例(21)—(23)出自馬王堆漢墓帛書,同爲計數計量要求十分精確的藥方,或用"名+數+量"(例(21)),或用"數+量+名"(例(22)(23)),不存在任何"計量性""描寫性"的區別。原因在于,"名+數+量"也就意味着"數+量+名",同樣,"數+量+名"也就意味着"名+數+量"。

上面列舉的是這兩種語序在"實際計量"方面的混用不別。下面再看它們在"描寫性"方面的混用不別。最能說明問題的大概是如下一例:

(24) 衣食之欲,恣所好美矣。故曰陸地牧馬二百蹄,牛蹄角千,千足羊,澤中千足彘,水居千石魚陂,山居千章之材。安邑千樹棗;燕、秦千樹栗;蜀、漢、江陵千樹橘;淮北、常山巳南,河濟之閒千樹萩;陳、夏千畝漆;齊、魯千畝桑麻;渭川千畝竹;及名國萬家之城,帶郭千畝畝鍾之田,若千畝卮茜,千畦薑韭;此其人皆與千户侯等。……通邑大都,酤一歲千釀,醯醬千瓨,漿千甔,屠牛羊彘千皮,販穀糶千鍾,薪稾千車,船長千丈,木千章,竹竿萬個,其軺車百乘,牛車千兩,木器髤者千枚,銅器千鈞,素木鐵器若卮茜千石,馬蹄躈千,牛千足,羊彘千雙,僮手指千,筋角丹沙千斤,其帛絮細布千鈞,文采千匹,榻布皮革千石,漆千斗,蘗麴鹽豉千苔,鮐鮆千斤,鯫千石,鮑千鈞,棗栗千石者三之,狐貂裘千皮,羔羊裘千石,旃席千具,佗果菜千鍾,子貸金錢千貫,節駔會,貪賈三之,廉賈五之,此亦比千乘之家,其大率也。(《史記·貨殖列傳》)

此例中省略號兩端是《史記·貨殖列傳》中相鄰的兩段話。都是形容財、貨、物的豐饒,是描寫性的。其中前一段主要采用"數＋量＋名"語序，如"千足羊""千樹栗""千畝漆"之類，有時也混用"名＋數＋量"語序，如"牧馬二百蹄"；後一段則盡用"名＋數＋量"語序，如"牛千足""漿千甔""木千章""牛車千兩"等。兩種語序，除了可能存在的"變文避複"的效果外，沒有任何其他差別。

3.3 語序的綜合性與語法結構的改變："數＋量＋名"結構的產生

語序的綜合性常常會引發語法結構的變化。實際上，上述數量結構的綜合性就是引發"數＋量＋名"結構產生的主要因素。㉗

漢語包括個體量詞在內的名量結構由"名＋數＋量"爲主發展爲"數＋量＋名"爲主，經歷了一個漫長的過程。整個上古時期一直是"名＋數＋量"占絶對優勢地位。"數＋量＋名"的出現，過去學界或是認爲"此種格式秦漢以後才逐漸發展，在魏晉六朝始占優勢，先秦時代還不多見，所遇到的僅限于表度量衡單位或表容量的量詞"。㉘或是認爲"這些最早的量詞必定在名詞後的位置，即樣式七（姚按：即"數＋量＋名"，其"量"爲個體量詞）在漢代仍未出現。幾個采用'匹'或'兩'的樣式七例句，我們看作是例外：它們只出現在歷史文獻的可能是在後世加進的段落中，在漢簡裏一例也沒有。"㉙然而據我們的考察，"數＋量＋名"，尤其是個體量詞的"數＋量＋名"的出現，比學界原先認定的時期要早得多。

請看下例：

(1) 癸卯卜，貞：彈邑百牛百口。(《合集》13523 正)

(2) □亥，貞：王又百邑百牛。(《合集》32044)

(3) 丁酉卜，貞：王賓文武丁伐三十人，卯六牢，邑六卣，亡尤？(《合集》35355)

例(1)(2)代表個體量詞產生以前漢語兩種相對待的、基本的計數方式，"名＋數"（邑百牛百）和"數＋名"（百邑百牛）都可以說，二者甚至常常可以混用不別（例又見 3.2 節例(6)(7)(8)）。這種彼此的認同當然使相互之間有了巨大的制約力。然而這個系統是不平衡的。"名＋數"有自己的變體"名＋數＋名（量）"——"車二丙""邑六卣"等，而"數＋名"却沒有與之相應的格式，于是形成以下不平衡的局面（箭頭所示爲可以混用不別的、具有綜合性的雙方）：㉚

數＋名（百邑、百牛）←→名＋數（邑百、牛百）

↑↓　　　　　　　　↑↓

？　　←→名＋數＋量（車二丙、邑六卣）

這就必然要求"數＋名"也作出相應的反應，于是，在"名＋數＋名（量）"格式中產生並逐步成熟的量詞，比照它在"名＋數＋量"格式中"數"後的位置，逐步由類推而進入"數＋名"格式中的"數"之後的位置，形成"數＋量＋名"格式，以達到新的平衡。這也就是說，"數＋量＋名"格式的產生，是在相關語序的綜合性的作用之下，語言系統自平衡要求的產物。

考"數＋量＋名"格式的產生，在甲骨文中就有某種迹象。事實上，"百邑"的存在告訴我們,"百卣鬯"這樣的"數+量+名"已呼之欲出了。因爲液體的計量,是不能没有量詞的。"百鬯"至少應該看着隱含着一個量詞"卣"。以後名量結構的實際發展,也證實了這一點。黄載君指出:"甲文'鬯'可以不用量詞,而在金文'鬯'如表示數量,非有量詞'卣'不可。"㉛這是必然的。事實說明,漢語"數+量+名"結構的出現,最初很可能是通過隱含的方式,從容量詞開始的。而且本質上還是"非有量詞'卣'不可"。

到了西周時期,"數+量+名"就比較明顯了,量詞範圍也擴大了。例如:

(4) 昔(禮)百生(姓)豚(豚)采商(賞)卣鬯貝。(士上盉)西周早期

(5) 賢從,公命事賄(賄)賢百畮䉤(糧)。(賢簋)西周中期

(6) 我既賣(贖)女(汝)五[夫][效]父,用匹馬束絲。(曶鼎)西周中期

(7) 王賜(賜)乘馬。(虢季子白盤)西周晚期

"卣鬯"即"一卣鬯","百畮䉤(糧)"即"百畮䉤(糧)","畮"即"畝"。"匹馬束絲"即"一匹馬,一束絲","乘馬"即"一乘馬"(四匹馬)。古漢語量詞前的數詞爲"一"時,數詞照例是可以省去的。

例(4)—(7)是我們所見的最早的"數+量+名",㉜其量詞爲度量衡量詞(畝)、容器量詞(卣)、集體量詞(乘、束)、個體量詞(匹),已大致包含了漢語名量詞的各個種類。

進入東周以後,"數+量+名"逐步增多,形式也更加完整。這裏僅舉兩例:

(8) 鄢君黹一䡩(乘)逄(路)車,輨(禖)。鳩(陽)城君三逄(路)車,鄢君一䡩(乘),遊(旅)公三䡩(乘)逄(路)車。(《曾侯乙墓竹簡釋文與考釋》)

(9) 三匹駟。(《曾侯乙墓竹簡釋文與考釋》)

個體量詞的"數+量+名"在戰國初期曾侯乙墓的遣策中已多見,其個體量詞有"真""匹""乘"等。曾侯乙墓下葬年代爲公元前433年或稍後,比孔子辭世(前479)僅晚幾十年。上例(8)"數+名"(三逄(路)車)與"數+量+名"(三䡩(乘)逄(路)車)同現,這說明當時個體量詞的使用還比較隨意,同時也證明"數+名"與"數+量+名"的天然聯繫,後者是前者加上量詞造成的。

四 結語:任何語序都蘊涵着自己的反面

關于語序的解釋,人們常見的有所謂"思維定式理論"。對此的評論,陳國華有一段介紹,值得參考。其文曰:

這種理論認爲,人的大腦有某種先天的認知結構,人類識別人、物、行動、事件之類的大範疇以及以什麽方式把這些範疇結合起來,都受認知結構的制約,從而形成某些思維定式,語言建立在人的認知結構基礎之上,由于人的思維定式中有"行事者先"和"行爲受事者毗連"這兩條,所以世界上絶大多數語言的基本語序不是"主謂賓"就是"主賓

謂"。一種語言采用哪一種語序,當然取决于說這一語言的人頭腦裏有什麽樣的語序原則。可是僅憑"馬先車後"這樣的實驗,很難説這類原則體現了人類先天的思維定式,因爲任何一個物種的先天性行爲,都不應該在物種內部有變異,例如嬰兒的哭是一種先天行爲,没有哪個正常嬰兒生下來不會哭;而"有生命者先"或"行事者先"之類的語序原則,並不爲人類全體成員遵守。

基于目前的綫索,我們無法給原始語的詞序和語序下結論,只能推測最初的詞序可能很不固定。③

洪堡特在談到漢語特性時曾指出:"没有屈折形式或相應的輔助手段,在運用詞序規則時往往會缺乏一個穩固的立足點。我們當然有把握説,主語出現在動詞之前,賓語跟在動詞之後;但是,詞序本身不能提供認識動詞的任何手段,而動詞恰恰是連結起其他要素的重要環節。由于在這種情况下,語法規則不够充分,便不得不求助于詞的意義和上下文的意思。"④

人類語言最初只有名詞和動詞兩種成分,它們只能先後出現,于是形成所謂語序。語序有兩種排列的可能:AB 或 BA。二者都是合理的。實際呈現哪種,從本質上説是任意的、偶然的。這就使得某種語序傾向一旦形成,另一相反的語序並不消失,而是隱蔽起來,並時時作爲"例外"出現,且永遠有演變爲主要語序的可能性,人類語言的語序于是也就有了無限發展的可能性。

這就是語序問題的本質和根源。語序的這種本質,從哲學上看,用黑格爾的話説就是:"作爲最初的真理,是一次便永遠奠定了的,並且構成了一切後來東西的環節。"⑤黑格爾還反復强調説:"科學的整體本身是一個圓圈,在這個圓圈中,最初的也將是最後的東西,最後的也將是最初的東西。""前進就是回溯到根據,回溯到原始的和真正的東西。""離開端而前進,應當看作只不過是開端的進一步規定。"⑥

任何語序,它只有傾向性,甚或强烈的傾向性,但没有規定性。不存在只表達某一範疇的唯一語序,任何語序都藴涵着自己的反面。

附　注

① 馬建忠《馬氏文通》,商務印書館,1998 年,30 頁。
② 季羨林《探求正未有窮期——序中國現代語言學叢書》,《世界漢語教學》,1996 年第 3 期。
③ 姚振武《人類語言的起源與古代漢語的語言學意義》,《語文研究》,2010 年第 1 期;《試論上古漢語語法的綜合性》,《古漢語研究》,2016 年第 1 期。
④ 黑格爾《邏輯學》(上),楊一之譯,商務印書館,1966 年,8 頁。
⑤ 吕叔湘《語文常談》,生活、讀書、新知三聯書店,1980 年,60 頁。
⑥ 朱德熙《語法答問》,商務印書館,1985 年,36 頁。

⑦ 〔美〕愛德華·薩丕爾(Edward Sapir)《語言論》,陸卓元譯,商務印書館,1985年,107頁。
⑧ 請參考沈培《殷墟甲骨卜辭語序研究》,文津出版社,1992年,12頁。
⑨ 朱德熙《語法講義》,見《朱德熙文集》第1卷,商務印書館,1999年,109頁。
⑩ 釋文據姚孝遂主編《殷墟甲骨刻辭類纂》,中華書局,1989年,790頁。
⑪ 請參考管燮初《殷虛甲骨刻辭的語法研究》,中國科學院出版,1953年;陳夢家《殷虛卜辭綜述》,中華書局,1988年;沈培《殷墟甲骨卜辭語序研究》,(臺灣)文津出版社,1992年。
⑫ 呂叔湘在《漢語語法分析問題》第86、87節談到過後置狀語問題。在古漢語中,我們也看到如下例句:

(1) 菽粟藏深而怨積于百姓。(《晏子春秋·內篇問上第七》)
(2) 非夫子者,寡人不知得罪于百姓深也。(《晏子春秋·內篇諫下第七》)
(3) 嬰之亡豈不宜哉!亦不知士甚矣。(《晏子春秋·內篇雜上第二十七》)
(4) 夫子何小寡人甚也。(《晏子春秋·外篇第七第十四》)
(5) 平公曰:"聞子大夫數矣,今乃得見。"(《晏子春秋·內篇問下第十五》)
(6) 景公蓋姣,有羽人視景公僭者。(《晏子春秋·外篇第八第十二》)

以上"深""甚""數""僭"都可看作後置狀語。再比較如下例句:

(7) 有梟昔者鳴,聲無不為也。吾惡之甚,是以不踊焉。(《晏子春秋·內篇雜下第四》)
(8) 翟王子羨之駕,寡人甚說之。(《晏子春秋·內篇諫上第九》)

例(7)的"惡之甚"和例(8)的"甚說之","甚"一前一後,但語法意義是一致的。

在狀態形容詞的用例裏,也有平行現象。例如:

(9) 晏子聞之,不待時而入見景公,公汗出惕然。(《晏子春秋·內篇雜上第九》)

"汗出惕然"就是"惕然汗出",與後者相類的例子多有所見,例如:

(10) 公忿然作色,不說。(《晏子春秋·內篇諫上第十八》)
(11) 公喟然太息曰:"悲乎哉!"(《晏子春秋·外篇第七第十一》)

⑬ 呂叔湘《把字用法的研究》,見《漢語語法論文集》(增訂本),商務印書館,1984年,180頁。
⑭ 〔美〕愛德華·薩丕爾(Edward Sapir)《語言論》,陸卓元譯,商務印書館,1985年,87頁。
⑮ 在特定情況下,如果發現某人有故意不刷卡的嫌疑,售票員就會特別針對該人發話,這時,無論用哪一句,其賓語"卡"都是有定的。當然,一般傾向於用把字句。
⑯ 呂叔湘《中國文法要略》,商務印書館,1982年,134頁;吳福祥、馮勝利、黃正德《漢語"數+量+名"格式的來源》,《中國語文》,2006年第5期。
⑰ 丁邦新《漢語詞序問題札記》,見丁邦新《中國語言學論文集》,中華書局,2008年,400頁。
⑱ 沈培《殷墟甲骨卜辭語序研究》,臺灣文津出版社,1992年,201頁。
⑲ 裘錫圭、李家浩《曾侯乙墓竹簡釋文與考釋》,見湖北省博物館編《曾侯乙墓》,文物出版社,1989年。
⑳ 劉彬徽、彭浩、胡雅麗、劉祖信《包山二號楚墓簡牘釋文》,見湖北省荊沙鐵路考古隊編《包山楚簡》,文物出版社,1991年。
㉑ 《睡虎地秦墓竹簡》,睡虎地秦墓竹簡整理小組編,文物出版社,1990年。
㉒ 唐蘭《長沙馬王堆漢軑侯辛追墓出土隨葬遣策考釋》,見《文史》第十輯,中華書局,1980年。
㉓ 《張家漢墓竹簡[二四七號墓]》,文物出版社,2001年。
㉔ 原注:"尗"字不清,疑從"叔",即菽、豆。
㉕ 甘肅省文物考古研究所編《敦煌漢簡》(上)(下),中華書局,1991年。
㉖ 馬王堆漢墓帛書整理小組編《馬王堆漢墓帛書》(肆),文物出版社,1985年。

㉗ 請參考姚振武《上古漢語個體量詞和"數＋量＋名"結構的發展以及相關問題》,見《中國語言學》第二輯,山東教育出版社,2009年;又見《何樂士紀念文集》,語文出版社,2009年。《上古漢語語法史》第三章,上海古籍出版社,2015年。

㉘ 黃載君《從甲文、金文量詞的應用,考察漢語量詞的起源與發展》,《中國語文》,1964年第6期。

㉙ 貝羅貝《上古、中古漢語量詞的歷史發展》,見《語言學論叢》第21輯,商務印書館,1998年。

㉚ 張延俊也注意到這種不平衡的現象,但他關于"數＋量＋名"產生的解釋與我們完全不同。請參考張延俊《也論漢語"數·量·名"形式的產生》,《古漢語研究》,2002年第2期。

㉛ 黃載君《從甲文、金文量詞的應用,考察漢語量詞的起源與發展》,《中國語文》,1964年第6期。

㉜ 沈培引郭沫若《殷契粹編》"庚午貞:秋大雋于帝五丰臣"一例,郭氏等人認爲"丰"即個體量詞"个"。沈培指出,這個"丰"歷來各家意見不同,在沒有弄清"丰"字到底是個什麽字的情況下,不能據此遽然判定卜辭中有"數量名"格式。我們同意沈培的意見。請參考沈培《殷墟甲骨卜辭語序研究》,臺灣文津出版社,1992年,204頁。

㉝ 陳國華導讀《言語的萌發:語言的起源與進化》(Jean Aitchison 主編),外語教學與研究出版社,2002年,F35—F36。

㉞ 洪堡特《論語法形式的通性以及漢語的特性》,見姚小平編譯《洪堡特語言哲學文集》,湖南教育出版社,2001年,148頁。

㉟ 黑格爾《邏輯學》(上),楊一之譯,商務印書館,1966年,73頁。

㊱ 黑格爾《邏輯學》(上),楊一之譯,商務印書館,1966年,56頁。

Any Word Order Contains the Opposite Word Order
—Try to Talk about the Synthetic of the Ancient Chinese Word Order

YAO Zhenwu

Abstract:Any word order, It is merely a tendency, even a strong tendency, but it is not a rule. There is no such a word order, it is only the expression of a specific grammatical category. Any word order contains the opposite word order.

Key word:word order, synthetic, ancient Chinese grammar

(姚振武　中國社會科學院語言研究所　100732)

體標記、選擇標記與測度標記

——先秦兩漢虛詞"將"析論

盧烈紅

提　要　先秦兩漢時期,"將"有四種重要用法:意願義助動詞、將來時體標記、選擇連詞、測度語氣副詞。其源流孳生關係是:殷商時代,"將"由意願義助動詞用法發展出將來時體標記用法;春秋末年,從將來時用法出發,"將"用於選擇問句,至戰國後期,發展成爲成熟的選擇連詞;東漢初年,"將"由選擇連詞發展爲表測度的語氣副詞。未然性、推測性是四種用法相通的心理、認知基礎,觸發了四者之間的轉化孳生。

關鍵詞　"將"虛詞用法　源流孳生關係　認知基礎　未然性　推測性

引　言

上古漢語中,"將"有三種很值得注意的用法:一是作爲體標記,表示將來時間,人們通常把這種用法的"將"稱爲時間副詞;一是作爲選擇標記用於選擇問句,人們通常把這種用法的"將"稱爲選擇連詞;一是作爲測度標記表示推測,人們通常把這種用法的"將"稱爲語氣副詞。按古漢語學界流行的觀點,這三種用法都屬虛詞範疇。漢語的虛詞不少都是由實詞虛化而來的。本文梳理這三種用法各自出現的時間,探討三者之間的關係,考求三種虛詞用法來源於何種實詞用法。

一　"將"的意願義助動詞用法

"助動詞是能夠用在一般動詞、形容詞前邊表示意願和可能、必要等的動詞"(黃伯榮、廖序東,1988:339),典型的助動詞可別爲三小類:表示意願的助動詞、表示可能的助動詞、表示必要的助動詞。

"將"有意願義助動詞用法。《廣雅·釋詁一》:"將,欲也。"楊樹達《詞詮》"將"字條第一項用法標爲"助動詞",楊氏在引述《廣雅·釋詁》"將,欲也"之後說:"按即今語之'打算'。此種用法,含有意志作用。"《詞詮》"將"字條的第二、三、四項用法也標的是"助動詞"。不過,第三項助動詞用法楊氏表述爲"表示動作之時間,故或以爲時間副詞",這種用法今天的語法學界確實均以時間副詞目之,不再歸入助動詞。第二項助動詞用法楊氏表述爲:"此條將字,則表屬於人事自然之結果,不由意志決定者。可以今語'會'字譯之。"第四項助動詞用法楊氏表述爲:"當也。"據《詞詮》,"將"可認定的助動詞用法有三種,第一種義爲"欲、打算"的即"將"的意願義助動詞用法。

"將"的意願義助動詞用法先秦早期即已出現。《今文尚書》"將"字用爲意願義助動詞2次,見於可靠的商代文獻《盤庚》:

(1)古我先王,將多於前功,適於山。(《尚書·盤庚下》)

(2)肆上帝將復我高祖之德,亂越我家。(《尚書·盤庚下》)

例(1)孔穎達疏曰:"言古者我之先王,欲將多大於前人之功,是故徙都而適於山險之處。"這一例述說的是古代先王的事情,是早已成爲事實的情況,且"多"是形容詞,意爲"更多、更大",不是將要採取的動作行爲,而是想要達到的狀態,故"將"不表將來,是"欲"的意思,爲意願義助動詞。孔穎達以"欲將"對譯"將",亦可證。例(2)"肆"是"今"的意思,"亂"是"治理"的意思,"越"即"於"。這一例雖說的是"今"的事情,但主語是"上帝"。在我國古代人的心目中,"上帝"還有"天"都是有意志的,都是人間萬事的主宰,在句子中作主語屬於有生主語。因此,這一句應該不是強調上帝將做什麽,而應是強調上帝的意志、意願,故"將"也應是意願義助動詞。

此後的先秦文獻中,"將"表"欲"義多見。特別值得注意的是,"將"可與"欲"連用。成書於戰國時代的《老子》"將欲"連用5例,①戰國後期秦刻石《詛楚文》中亦有"將欲"1例。例如:

(3)天之將喪斯文也,後死者不得與於斯文也;天之未喪斯文也,匡人其如予何?(《論語·子罕》)

(4)初,鄭伯將以高渠彌爲卿,昭公惡之,固諫不聽。(《左傳·桓公十七年》)

(5)梓匠輪輿,其志將以求食也;君子之爲道也,其志亦將以求食與?(《孟子·滕文公下》)

(6)將欲取天下而爲之,吾見其不得已。天下神器,不可爲也,爲者敗之,執者失之。(《老子》第二十九章)

(7)將欲復其凶跡。(《詛楚文》)

例(3),《集解》云:"孔曰:文王既沒,故孔子自謂後死。言天將喪此文者,本不當使我知之;今使我知之,未欲喪也。"孔子掌握"斯文",這是已經存在的事實,所以"天之將喪"說的不是上天將要採取的行動,而是說上天如果有此意願,"將"是"欲"。孔安國"今使我知之,未欲喪也"之注,可啓發我們,"天之將喪"宜理解爲"天之欲喪"。朱熹《四書集注》所引"馬氏曰"則在串講這段話時用了三個"欲",直接用"欲"對譯"將":"言天若欲喪此文,則必不使我得與於此文;今我既得與於此文,則是天未欲喪此文也;天既未欲喪此文,則匡人其奈我何?"例

(4)是追敘,是說鄭伯當初想任命高渠彌爲卿,"將"表"欲"義。例(5)述說的是工匠、君子之"志",不涉及時間因素,故兩個"將"字都表意願。例(6),老子主張無爲而治,反對有爲,這段話是說要想君臨天下而靠"有爲"治理,那是不能成功的。河上公於"將欲取天下"之下注曰:"欲爲天下主也。"於"而爲之"之下注曰:"欲以有爲治民。"宋代葛長庚《道德寶章》於"將欲取天下而爲之"之下注曰:"欲行此道。"兩家皆以"欲"對應"將欲",未析出"將"作解,"將欲"應是同義連用。

漢代以後,"將"仍可表意願義。例如:

(8)惟漢十世,將郊上玄,定泰時,雍神休,尊明號,同符三皇,録功五帝,恤胤錫羡,拓跡開統,於是乃命群僚,歷吉日,協靈辰……(《文選·揚雄〈甘泉賦〉》)

(9)故將得道,莫若守樸。(《老子》三十二章"樸雖小,天下莫能臣也"王弼注)

(10)然周公之爲此舉,蓋將使四方莫敢不一於正而後已。(《詩經·豳風·破斧》朱熹注)

例(8)李善注:"《廣雅》曰:將,欲也。""將"領起的從"郊上玄"到"拓跡開統"8個短語述說的是目的,緊承的"於是"之後述說的是相應採取的舉動,故"將"表意願義。例(9)強調"樸"對"得道"來說非常重要,述說的是一般道理,根本不涉及時間因素,故例中"將"顯然是"欲"的意思。例(10)強調的是周公"爲此舉"的目的,"將"表意願亦比較明顯。

"將"有"欲"義還有不少異文可爲證,裴學海《古書虛字集釋》卷八曰:

《國語·晉語四》:"野人舉塊以與之,公子怒,將鞭之。"《左傳》僖二十三年"將"作"欲"。

《管子·小匡》篇:"施伯謂魯侯曰:'勿予,非戮之也,將用其政也。'"《國語·齊語》"將"作"欲"。

《左傳》僖二十四年:"身將隱,焉用文之?"《史記·晉世家》"將"作"欲"。

《韓非子·說林》篇:"靖郭君將城薛。"《新序·雜事》篇"將"作"欲"。

總之,"將"在很長時期內都具有意願義助動詞用法。

二 從意願義助動詞用法到將來時體標記

據張玉金《甲骨文虛詞詞典》,"將"表將來時間的體標記用法不見於甲骨刻辭。《今文尚書》"將"用爲將來時標記3次,2次見於商代文獻《盤庚》,1次見於西周初期文獻《金縢》。《今文尚書》之後,"將"的將來時標記用法頗流行。下面是先秦幾部文獻"將"字使用情況表:②

"將"字使用情況表

文獻	今文尚書	詩經	論語	孟子	老子	周易
使用總次數	14	75	18	82	23	5
助動詞("欲"、"會"、"當")	3(欲2)		4(欲1)	30(欲11)	18(欲6)	1(欲1)
將來時標記	3	12	10	40	3	4
選擇問句連詞(萌芽、發育)				2		
一般動詞	6	33	2	5		
形容詞("大"、"壯")	2	6	1			
程度副詞("差不多")				1		
頻率副詞("又")		8				
方式副詞("互相")		1				
肯定語氣副詞("必")				2		
意外語氣副詞("乃")				1		
與連詞"則"同義連用			1			
名詞("側邊")		1				
構詞成分		14		1	2	

"將"的將來時標記用法很顯然是由意願義助動詞用法發展而來的。"將"的"欲"義相當於今語的"打算""想要",關涉的是尚未實現的行爲、意願,將來時體標記表達的是"未然"狀態,二者在表"未然"方面高度一致。正因爲如此,一些具體用例中的"將"既可理解爲"欲",又可理解爲將來時體標記。例如:

(11) 季氏將伐顓臾。(《論語·季氏》)

(12) 孔子曰:"諾,吾將仕矣。"(《論語·陽貨》)

例(11)理解爲"欲"和將來時均可。例(12)一般理解爲將來時,可楊樹達《詞詮》卻歸在"欲"("打算")義下。

胡敕瑞(2016)指出:"近、現代漢語的'要',中古漢語的'欲',同樣是由意願動詞發展爲將來時標記的典型例子。"他還轉引了其他一些語言"由意願動詞演化爲將來時的實例"。"要""欲"可稱爲"意願動詞",也可稱爲意願義助動詞,這只是稱呼不同。"將"由意願義助動詞發展出將來時體標記用法,這與"要""欲"及其他一些語言的意願動詞從意願動詞(或稱"意願義助動詞")發展出將來時標記用法是平行現象,體現了跨語言的共有發展規律。

上古漢語中的"將"由意願義助動詞發展出將來時體標記用法,這應該是沒有疑問的。至於將來時在現有文獻中最早見於《尚書·盤庚》,與意願義助動詞用法同時並存,未見時間先後,這是歷時演變疊積於共時層面的結果。虛詞由實詞語法化而來是語言發展的一般規律。

"將"發展出將來時標記用法的典型表現是其所在句子的主語是無生主語。例如：

(13) 子曰："女奚不曰：其爲人也，發憤忘食，樂以忘憂，不知老之將至云爾。"(《論語·述而》)

(14) 舟之僑曰："無德而祿，殃也。殃將至矣。"遂奔晉。(《左傳·閔公二年》)

(15) 儼兮其若容，渙兮若冰之將釋。(《老子》第十五章)

(16) 既辱且危，死期將至，妻其可得見耶？(《周易·繫辭下》)

這4例主語分別是"老""殃""冰""死期"，都是無生命的事物，"將"顯然不表意願義，是將來時標記。

"將"發展出將來時標記用法的另一典型表現是句子充當謂語的是非自主動詞、負面形容詞。例如：

(17) 鳥之將死，其鳴也哀；人之將死，其言也善。(《論語·泰伯》)

(18) 鄭良佐如陳涖盟，辛巳，及陳侯盟，亦知陳之將亂也。(《左傳·隱公七年》)

(19) 公室將卑，其宗族枝葉先落，則公從之。(《左傳·昭公三年》)

(20) 幽王二年，西周三川皆震。伯陽父曰："周將亡矣！……"(《國語·周語上》)

例(17)有兩個"將"，其主語分別是"鳥"和"人"，有生命，但由於謂語"死"是非自主動詞，不是生命體的主動行爲，所以"將"不可能表意願，只表將來時。例(18)以下3例，"亂""卑"是負面形容詞，"亡"是非自主動詞，"將"也都無疑是將來時標記。

其實，即使主語有生，謂語是自主動詞，一些語境也能顯示"將"是將來時標記。例如：

(21) 今予將試以汝遷，安定厥邦。(《尚書·盤庚中》)

(22) 孟之反不伐，奔而殿，將入門，策其馬，曰："非敢後也，馬不進也。"(《論語·雍也》)

(23) 孔文子之將攻大叔也，訪於仲尼。(《左傳·哀公十一年》)

(24) 所以謂人皆有不忍人之心者，今人乍見孺子將入於井，皆有怵惕惻隱之心。(《孟子·公孫丑上》)

(25) 一人雖聽之，一心以爲有鴻鵠將至，思援弓繳而射之，雖與之俱學，弗若之矣。(《孟子·告子上》)

《盤庚》述盤庚遷都事，分上、中、下3篇，3篇實際代表遷都事的三個時段。上篇按楊樹達的說法是"定計決遷"，"實爲未遷"；中篇是將遷；下篇篇首稱"盤庚既遷"。這樣看來，例(21)是盤庚臨近遷都時對臣民的訓誡之詞。在這將遷之際，盤庚應該不再強調"定計決遷"，而是強調行動即將開始，"將"以理解爲將來時爲宜。例(22)"將入門"顯然是強調時間，例(23)"將"更用在表時間分句中，這兩例"將"都應是體標記。例(24)(25)據語境"將"不表意願甚明。

"將"的將來時體標記用法商周以後不斷發展，其結果，一方面，在内部，將來時體標記用法逐漸成爲"將"字各種用法中最主要的用法;另一方面,在外部,"將"不斷戰勝其他將來時體標記,最終成爲佔壓倒優勢的將來時體標記。

三 從將來時體標記到選擇標記

《今文尚書》《周易》《詩經》《論語》《國語》《老子》中未見"將"用於選擇問句。《左傳》(含《春秋經》)中"將"選擇問句2例,見於春秋末年的"昭公""哀公"部分,這是我們目前調查先秦文獻所見最早用例。由此看來,"將"大概在春秋末年發展出用於選擇問句的用法。

不過,用於選擇問句還不等於"將"已完全虛化爲選擇連詞。請看以下幾個用例:

(26) 不知天將以爲虐乎,使翦喪吳國,而封大異姓乎?其抑亦將卒以祚吳乎?其終不遠矣。(《左傳·昭公三十年》)

(27) 文子使王孫齊私於皋如,曰:"子將大滅衛乎?抑納君而已乎?"皋如曰:"寡君之命無他,納衛君而已。"(《左傳·哀公二十六年》)

(28) 子墨子曰:"子之義將匿邪?意將以告人乎?"巫馬子曰:"我何故匿我義?吾將以告人。"(《墨子·耕柱》)

(29) 子以爲有王者作,將比今之諸侯而誅之乎?其教之不改而後誅之乎?(《孟子·萬章下》)

(30) 子能順杞柳之性而以爲桮棬乎?將戕賊杞柳而後以爲桮棬也?(《孟子·告子上》)

這5例,"將"無疑用於選擇問句。但是,例(26)後一"將"字之前有"其""抑亦"兩個選擇連詞,可知"將"本身還不是連詞。例(27)後一分句用了連詞"抑",前一分句的"將"是否是連詞也還不能斷然確認。例(28)後一分句"將"前有連詞"意",後面巫馬子的答語是"吾將以告人",可見兩"將"字還是以表將來時爲主。例(29)選擇後項有連詞"其"引導,前項的"將"理解爲將來時亦可。例(30)的"將"雖然吳昌瑩《經詞衍釋》、楊樹達《詞詮》已引爲選擇連詞之用例,但也還是能理解爲將來時。根據這5例的情況,我們認爲,戰國中期以前,"將"作爲選擇連詞還處於萌芽、發育狀態。

大概到戰國後期,③"將"完成虛化,成爲成熟的選擇連詞。例如:

(31) 莊子之楚,見空髑髏,髐然有形。撽以馬捶,因而問之,曰:"夫子貪生失理而爲此乎?將子有亡國之事,斧鉞之誅,而爲此乎?將子有不善之行,愧遺父母妻子之醜,而爲此乎?將子有凍餒之患,而爲此乎?將子之春秋故及此乎?"於是語卒,援髑髏,枕而臥。(《莊子·至樂》)

這一例選擇問有5個分句,4個分句由"將"引導,"將"均居主語之前,句子内容是追問既往的行爲狀態,"將"與將來時無涉,是典型的選擇連詞。

漢代以後,這種典型的選擇連詞用法就比較多見了。例如:

(32) 堯無賢人若華者之術乎?將洪水變大,不可以聲服除也?(《論衡·感虛》)

(33) 不知囚之精神著木人乎?將精神之氣動木囚也?(《論衡·亂龍》)

(34) 僂度四郡口數田地,率其用器食鹽,不足以并給二郡邪?將勢宜有餘,而吏不能也?(《漢書·終軍傳》)

(35) 郎有從東方來者,言民父子相棄。丞相、御史案事之吏匿不言邪?將從東方來者加增之也?(《漢書·于定國傳》)

"將"的選擇連詞用法是從將來時體標記用法發展出來的。這個問題,我們可以從以下三個角度認識。

其一,從語法意義上看,將來時表示的是將要發生的行爲或出現的狀態,帶有主觀推測性、或然性,這也就是《儀禮·士相見禮》"終辭其摯"鄭玄注"以將不親答也"賈公彥疏所言"事未至謂之將",亦如《論語·陽貨》"吾將仕矣"朱熹集注所言"將者,且然而未必之辭"。選擇問是提出兩種或兩種以上的可能,也帶有主觀推測性、或然性。正是這種主觀推測性、或然性構成了兩種用法相通的心理、認知基礎,觸發了從將來時到選擇標記的演化。

其二,從實際用例呈現的狀況看,"將"的將來時用法見於商代,選擇連詞用法萌芽於春秋末年,時間上有先後關係。而早期的選擇問句,如上面所列舉的例(26)—例(30),句中的"將"都或強或弱地帶有將來時意味。即使到了戰國中期屈原的作品中,④屬於學者們公認的選擇連詞"將",其實也仍含有將來的意味,例如:

(36) 吾寧悃悃款款樸以忠乎?將送往勞來斯無窮乎?寧誅鋤草茅以力耕乎?將游大人以成名乎?寧正言不諱以危身乎?將從俗富貴以媮生乎?寧超然高舉以保真乎?將哫訾栗斯喔咿儒兒以事婦人乎?寧廉潔正直以自清乎?將突梯滑稽如脂如韋以潔楹乎?寧昂昂若千里之駒乎?將氾氾若水中之鳧乎,與波上下,偷以全吾軀乎?寧與騏驥亢軛乎?將隨駑馬之跡乎?寧與黃鵠比翼乎?將與雞鶩爭食乎?(《楚辭·卜居》)

這8組選擇問句,皆"寧""將"配合表示選擇,"將"所在的後一句述說的都是今後採取的做法、態度,"將"還隱含將來時元素。這些情況表明,"將"的選擇連詞用法源自將來時體標記用法。

其三,從漢語平行現象看,"且""其"都同時具有將來時體標記用法和選擇連詞用法,胡敕瑞(2016)對此有很好的論證。這裏再舉一些例子:

"且"之例:

(37) 會且歸矣,無庶予子憎。(《詩經·齊風·雞鳴》)

(38) 且出門,非出門也,止且出門,止出門也。(《墨子·小取》)

(39) "釋帝,則天下愛齊乎?且愛秦乎?"王曰:"愛齊而憎秦。"(《戰國策·齊策四》)

（40）抉鑰者已抉啟之乃爲抉，且未啟亦爲抉？（睡虎地秦墓竹簡）⑤

前2例"且"表將來時，後2例"且"是選擇連詞。

"其"之例：

（41）今予其敷心腹腎腸，歷告爾百姓于朕志。（《尚書·盤庚下》）

（42）其始播百穀。（《詩經·豳風·七月》）

（43）天之蒼蒼，其正色邪？其遠而無所至極邪？（《莊子·逍遙遊》）

（44）子以秦爲將救韓乎？其不乎？（《戰國策·韓策二》）

前2例"其"表將來時，後2例"其"是選擇連詞。

我們想強調的是，"且""其"也應該是先有將來時用法，然後發展出選擇連詞用法。漢語由將來時體標記發展出選擇連詞帶有一定的普遍性，"且""其""將"可相互印證。

四　從選擇標記到測度標記

"將"的測度標記用法指的是用作測度語氣副詞，表示"恐怕""大概"之義。先秦"將"是否有測度語氣副詞用法呢？我們窮盡調查了《今文尚書》《周易》《詩經》《論語》《左傳》《國語》《墨子》《孟子》《老子》《莊子》《荀子》《韓非子》《戰國策》《楚辭》《呂氏春秋》15部典籍中的"將"，未見可靠的測度語氣副詞用例。

有些學者認爲先秦"將"有測度語氣副詞用法，所認定的用例有：

（45）對曰："臣嘗問焉。昔穆王欲肆其心，周行天下，將皆必有車轍馬跡焉。祭公謀父作《祈招》之詩，以止王心，王是以獲沒於祗宮。臣問其詩而不知也。若問遠焉，其焉能知之？"（《左傳·昭公十二年》）

（46）襄仲如齊，拜穀之盟。復曰："臣聞齊人將食魯之麥。以臣觀之，將不能。齊君之語偷。臧文仲有言曰：'民主偷必死。'"（《左傳·文公十七年》）

（47）秋，赤狄伐晉，圍懷及邢丘。晉侯欲伐之。中行桓子曰："使疾其民，以盈其貫，將可殪也。……"（《左傳·宣公六年》）

例（45）吳昌瑩《經詞衍釋》引爲"將，'殆'也"的唯一書證。例（46）（47）兩例，陳克炯（2004:417）列在"測度副詞"義項下，指出："表示推測。相當於'大概'、'或許'。"於例（46）引楊伯峻注："將，殆也。"

例（45）子革就楚王稱讚倚相是"良史"而提出反駁意見，舉證說倚相不知周穆王時的《祈招》之詩，算不上良史。這裏說到周穆王欲周遊天下，因接受了祭公謀父的勸諫而停止，故得壽終正寢。天下"皆"有其"車轍馬跡"只是其意願、計劃，並沒有完成，所以子革不會作"皆"的推測，且"將"句中有"必"，因此"將"不應表測度，應表"欲"。例（46）襄仲回魯國後所說的這段話中有兩個"將"。第1個"將"應是"欲"，是說齊人打算攻打魯國。第2個"將"理解爲將來時或表肯定的"乃"爲妥,因爲襄仲後面說到爲民之主如果說話苟且、不嚴肅,"必死",而事實上,齊懿公在第二年夏天的五月,真的被身邊人殺死,襄仲是在說有把握的話,不是做推測。例(47),宋林堯叟釋曰:"民疾其君,習俗既滿,則衆莫爲用,一舉擊之,將可盡殪。"(《左傳杜林合注》卷十八)王引之《經傳釋詞》認爲句中的"將""猶'乃'也"。二人皆不以"將"爲"殆"。根據上下文,中行桓子這一段話是說:讓赤狄頻繁征戰,引起百姓痛恨,導致惡貫滿盈,就可以將其殲滅了。"將"宜理解爲"乃"。

除這3例外,朱熹《四書集注》於《論語·子罕》"固天縱之將聖"下曰"將,殆也",蔣驥《山帶閣注楚辭》於《楚辭·九歌·東皇太一》"穆將愉兮上皇"、《楚辭·九歌·東君》"長太息兮將上"下皆曰"將,殆也"。朱、蔣二氏之說明顯不可從。《論語·子罕》例孔注、邢昺疏、劉寶楠正義皆以"大"釋"將",當從。《楚辭》兩例,王逸分別釋以"言己將修祭祀……以宴樂天神也"和"言日將去扶桑,上而升天",可見"將"表將來時甚明。

另外,先秦"其"可表測度,那麽,先秦"其"以測度語氣副詞身份組合的"其將",其中的"將"會不會表測度呢?請看以下用例:

(48)臧孫紇有言曰:"聖人有明德者,若不當世,其後必有達人。"今其將在孔丘乎?(《左傳·昭公七年》)

(49)單子會韓宣子于戚,視下言徐,叔向曰:"單子其將死乎!……"(《左傳·昭公十一年》)

(50)公曰:"姜、嬴其孰興?"對曰:"夫國大而有德者近興。秦仲、齊侯,姜、嬴之雋也,且大,其將興乎?"(《國語·鄭語》)

例(48)說孔子的祖先"有明德",後代"必有達人"出現,現在這個"達人"恐怕會落在孔子身上。"其"表測度,而"將"應理解爲"會"。例(49)(50)兩例的"將"明顯表將來時。由此看來,先秦"其"以測度語氣副詞身份組合的"其將",其中的"將"不是測度語氣副詞。

還有,先秦還有一些"將恐"的用例,裏面的"將"會不會相當於"恐怕"表推測呢?請看以下用例:

(51)扁鵲見蔡桓公,立有間,扁鵲曰:"君有疾在腠理,不治將恐深。"……居十日,扁鵲復見曰:"君之病在肌膚,不治將益深。"……居十日,扁鵲復見曰:"君之病在腸胃,不治將益深。"(《韓非子·喻老》)

(52)臣今見王獨立於廟朝矣!且臣將恐後世之有秦國者,非王之子孫也。(《戰國策·秦策三》)

例(51)後有兩句"不治將益深",其中的"將"顯然表將來時,依此類推,"不治將恐深"之"將"也是將來時標記。例(52)《史記·范雎列傳》作:"見王獨立於朝,臣竊爲王恐,萬世之後,有秦國者非王子孫也。""恐"明顯是句中主要動詞,"擔憂"之意,"將"宜理解爲"乃"。由此可見,先秦"將恐"中的"將"也不是測度語氣副詞。

總而言之,先秦"將"還沒有測度語氣副詞用法。

兩漢的《淮南子》《史記》《論衡》《漢書》中未見"將"的測度語氣副詞用法。據《後漢書》中的皇帝詔令可知,"將"的測度語氣副詞用法大約出現在東漢初。例如:

(53)五月丙子,詔曰:"久旱傷麥,秋種未下,朕甚憂之。將殘吏未勝,獄多冤結,元元愁恨,感動天氣乎?……"(《後漢書·光武帝紀第一上》)

(54)災異屢見,咎在朕躬,憂懼遑遑,未知其方。將有司陳事多所隱諱,使君上壅蔽,下有不暢乎?(《後漢書·明帝紀》)

(55)漢安元年,順帝特下詔告河南尹曰:"故長陵令張楷行慕原憲,操擬夷、齊,輕貴樂賤,竄跡幽藪,高志確然,獨拔群俗。前此征命,盤桓未至。將主者翫習於常,優賢不足,使其難進歟?郡時以禮發遣。"(《後漢書·張霸傳附張楷傳》)

(56)須菩提白佛言:"般若波羅蜜少有曉者,將未狎習故?"佛語須菩提:"如是如是,般若波羅蜜少有曉者,用未狎習之所致。何以故?……"(《道行般若經·清淨品》)

以上4例,前3例都是東漢皇帝詔令中語。《後漢書》的作者是南朝宋范曄,因此該書的敘述語言不能代表東漢漢語,甚至連對話也未必是東漢時的原貌,但皇帝詔令不可能被改動,一定是可靠的。例(53)"勝"謂遏制,"元元"指老百姓。光武帝就"久旱傷麥,秋種未下"推測原因:大概是因爲酷吏的惡行未得到遏制,冤案甚多,老百姓愁悶怨恨,感動了上天之氣吧?例(54)漢明帝就日食等"災異屢見"推測原因:大概是因爲有關部門的官員陳報情況多有隱瞞,致使皇帝受到蒙蔽,下情不能順暢地上達吧?例(55)漢順帝就張楷未應召來京城推測原因:大概是主事之人習慣於常規,優待賢士做得不夠,使他難於應召赴京得到進用吧?這3例都是皇帝就已存在的事實推測原因,"將"都不可能表"將來","將"所在的句子都是測度問句,因此,"將"義爲"大概",是表測度的語氣副詞。例(53)中的光武帝劉秀是東漢第一位皇帝,由此例可見,至遲在東漢初年,"將"已發展出測度語氣副詞用法。例(56)是東漢末年漢譯佛經《道行般若經》中須菩提和釋迦牟尼的對話。"般若波羅蜜少有曉者"是說很少有人通曉般若波羅蜜,這是一個已存在的客觀現象,因此"將"不表將來;須菩提是就這一客觀現象提出推測:恐怕是未熟習的緣故吧?釋迦牟尼就推測作出了肯定的回答。據盧烈紅(2012)可知,東漢以後,迄南北朝,漢譯佛經中大量使用"將""將非""將無""將不"等"將"系測度語氣副詞,中土文獻使用"將"系測度語氣副詞也不少,使得漢魏六朝成爲測度語氣副詞方面以"將"系爲標誌的時代。

"將"的測度語氣副詞用法應該是從選擇連詞用法發展出來的。選擇連詞用法是先自己推測,提出幾種可能,然後讓受衆去推定;測度副詞是就一種可能提出自己初步的推定,然後期待受衆的確認。兩者的共同點是推測性,只不過前者是讓別人推定,後者是自己做出了初步的判斷;在表現形式上前者似乎有客觀分析的意味,後者則自己已做出了基本選擇,有更強的主觀性。因此從漢語史上兩種用法產生的時間先後和主觀化進程中主觀性強弱差別兩個角度看,是"將"的選擇連詞用法孕育了它的測度語氣副詞用法。

五 結論

綜上所述,虛詞"將"在先秦兩漢時期不斷發展,可別爲三個階段:殷商時代,"將"由意願義助動詞用法發展出將來時體標記用法;春秋末年,從將來時用法出發,"將"用於選擇問句,至戰國後期,發展成爲成熟的選擇連詞;東漢初年,"將"由選擇連詞發展爲表測度的語氣副詞。"將"的意願義助動詞用法的"未然"特徵推動它發展成爲將來時體標記,將來時體標記、選擇連詞、測度語氣副詞都具有主觀推測性,未然性、推測性是四種用法相通的心理、認知基礎,觸發了四者之間的轉化孳生。

在選擇問句方面,東漢以後"爲"字選擇問句("爲"字句、"爲是"句、"爲當"句、"爲復"句)比較流行;在測度語氣副詞方面,唐宋時期"莫"系語氣副詞("莫""莫是""莫不""莫成""莫不是""莫非")佔據主要地位。受這些因素的影響,"將"的選擇連詞、測度語氣副詞用法後來逐漸衰微,只有將來時體標記用法不斷發展,成爲現代漢語中佔絕對優勢的將來時標記。

附 注

① 王力主編《古代漢語》(1999:374)指出,《老子》一書成書於戰國時代。

② 表中文獻按用例所屬大致年代排定先後次序。《老子》一書成書於戰國時代。《周易》一書的5例,全見於"易傳":《繫辭》4例,《說卦》1例。楊伯峻(1984:13—14)認爲,《繫辭》"至遲當爲戰國晚期的作品",《說卦》《序卦》《雜卦》這三篇"或許在漢初,或許晚到漢宣帝"。

"構詞成分"包括在"偏將軍"等名詞中作語素,在象聲詞"將將"、形容詞"將將"("嚴正貌")中作成分。

③ 《至樂》屬《莊子》外篇。《莊子》外、雜篇的完成時間大體上不晚於戰國末年。參看劉笑敢(1993:57)、王葆玹(1999)。

④ 《楚辭》中的《卜居》,其作者及創作時間學界意見頗不一致。趙逵夫(2009)認爲,《卜居》爲屈原所作,創作時間在楚懷王二十七年(前302年)前後。

⑤ 例(40)轉引自馮春田(2000:695)。

參考文獻

陳克炯　2004　《左傳詳解詞典》,鄭州:中州古籍出版社。
馮春田　2000　《近代漢語語法研究》,濟南:山東教育出版社。
胡敕瑞　2016　《將然、選擇與意願——上古漢語將來時與選擇問標記的來源》,《古漢語研究》第2期。
黃伯榮、廖序東　1988　《現代漢語(修訂本)》,蘭州:甘肅人民出版社。
劉笑敢　1993　《莊子哲學及其演變》,北京:中國社會科學出版社。
龍國富　2010　《動詞的時間範疇化演變:以動詞"當"和"將"爲例》,《古漢語研究》第4期。

盧烈紅　2012　《漢魏六朝漢譯佛經中帶語氣副詞的測度問句》,《海南師範大學學報》第 3 期。
盧烈紅　2011　《禪宗語錄中帶語氣副詞的測度問句》,《長江學術》第 3 期。
盧烈紅　2011　《漢譯佛經中的"爲"字選擇問句》,《漢文佛典語言學——第三屆漢文佛典語言學國際研討會論文集》,臺北:臺灣法鼓文化事業股份有限公司。
盧烈紅　2013　《禪宗語錄中選擇問句的發展》,《東亞文獻研究》(韓國)第 11 輯。
任　遠　2002　《選擇連詞"其"》,《浙江師範大學學報》第 6 期。
石毓智、白解紅　2007　《將來時標記向認識情態功能的衍生》,《解放軍外國語學院學報》第 1 期。
王葆玹　1999　《試論郭店楚簡的抄寫時間與莊子的撰寫時代》,《哲學研究》第 4 期。
王力主編　1999　《古代漢語(校訂重排本)》,北京:中華書局。
楊伯峻　1984　《經書淺談·周易》,北京:中華書局。
姚振武　2015　《上古漢語語法史》,上海:上海古籍出版社。
張玉金　1994　《甲骨文虛詞詞典》,北京:中華書局。
趙逵夫　2009　《屈原的名、字與〈漁父〉〈卜居〉的作者、作時、作地問題》,《蘭州大學學報》第 1 期。

Tense Marker、Selection Marker and Speculation Mark
—The Analysis of the Function Word *Jiang*(將) in the Pre-Qin and Han Dynasties

LU Liehong

Abstract: In the pre-Qin and Han Dynasties, there were four important usages of *jiang*(將): intention auxiliary verb、future tense marker、selective conjunction、speculation modal adverb. *Jiang*(將) developed into future tense marker from intention auxiliary verb in the Shang Dynasty. *Jiang*(將) was used in alternative question basing on future tense marker in the late Chun and Qiu Dynasties. *Jiang*(將) developed into mature selective conjunction in the late Warring States Dynasties. *Jiang*(將) developed into speculation modal adverb from selective conjunction in the early Eastern Han Dynasty. Unrealized and speculative nature were the psychological and cognitive basis of the four usages. Unrealized and speculative nature caused the transformation between the four usages.

Key words: *jiang*(將), the usages of function words, the relationships of origin and breeding, cognitive basis, unrealized, speculative

(盧烈紅　武漢大學文學院,湖北語言與智能信息處理研究基地　430072)

"絕不要"和"一定要"

——先秦古書疑難詞句考釋二題

楊逢彬

提 要 "絕不要"是指在考證先秦古籍中古今仁者見仁智者見智的疑難詞句時,絕不要以語言系統外的證據作爲主要證據甚至唯一證據。"一定要"是指一定要有較多相關書證。前者使得考證者不致誤入歧途,後者使得考證者有可能求得正確結論。

關鍵詞 絕不要 一定要 語言系統 書證

筆者(2016)在《論語新注新譯·導言》的第十一部分《我們的具體做法》中說:"這是筆者在實踐過程中摸索出的若干經驗,總結出的若干心得。不敢稱之爲'原則',但筆者在後來的實踐中是將其視同'原則'的。"這些經驗,或稱"原則",最終歸納爲"一個'絕不要',一個'一定要',以及兩個'要注意'"。我們這篇小文,就是論述那個"絕不要"和那個"一定要"的,這是本文命名爲"二題"的由來。

"絕不要"是指在考證先秦古籍中古今仁者見仁智者見智的疑難詞句時,"絕不要以語言系統外的證據作爲主要證據甚至唯一證據"。"一定要"是指"一定要有較多相關書證"。並指出"前者使得考證者不致誤入歧途,後者使得考證者有可能求得正確結論"。

王力先生(2000:518)說:"假定這種研究方法不改變,我們試把十位學者隔離起來,分頭研究同一篇比較難懂的古典文章,可能得到十種不同的結果。可能這十種意見都是新穎可喜的,但是不可能全是正確的。其中可能有一種解釋是正確的,因爲它是從語言出發去研究的;但是也可能十種解釋全是錯誤的,因爲都是先假設了一種新穎可喜的解釋,然後再乞靈於'一聲之轉'之類的'證據',那麼,這些假設只能成爲空中樓閣了。就一般情況說,這些新穎可喜的解釋往往得不到普遍承認,聚訟紛紜,誰也說服不了誰。有時候,也有相反的情況,由於某一位語言學者的聲望較高,他的新說得到了學術界多數人的同意,差不多成爲定論了,但是這種情況並不一定是好事。我們追求的是真理,而不是簡單地要求學術界對某一問題趕快作出結論。如果訓詁學上沒有充分的科學根據,所謂定論也是建築在沙灘上的。"

理論上說,對某一詞句問題予以考釋,正確的結論只有一種,錯誤的結論卻是無窮多。如果用某種方法來研究詞句問題,"十位學者隔離起來",卻"得到十種不同的結果",那麽

100位學者隔離起來,完全有可能得出100種不同結果。這與上述"錯誤的結論卻是無窮多"不幾乎是一回事嗎？反之,如果用某一方法,十人也好,百人也罷,隔離起來研究,卻得出近乎一致的結論,這與上述"正確的結論只有一種"難道只是巧合嗎？我們這裏所說的"絕不要"就是要避免出現"十位學者隔離起來",卻"得到十種不同的結果"的結局；而"一定要"就是探究如何做到多人隔離研究而能得出近乎一致的結論。

爲什麼會出現"十位學者隔離起來",卻"得到十種不同的結果"呢？我以爲,至少有兩方面的原因。

一方面,通過形訓、聲訓、義訓、版本、目錄、校勘等方法、途徑,去求得結論,如不輔以下文將要談到的"審句例",頂多只是提供了一種可能性,卻不能證明必然如此。而可能性是無窮多的；這樣做,必然導致紛繁歧出。例如《論語·鄉黨》"狐貉之厚以居",皇侃《義疏》說："此謂在家接待賓客之裘也。"也即,在家接待賓客穿著厚狐貉之裘。但劉寶楠《論語正義》(1990:397)引鳳韶說,卻認爲"居"有"坐"義,"狐貉之厚以居"是以厚狐貉皮爲坐墊。問題是,劉寶楠或鳳韶都只是提供了"居"有"坐"義,卻沒有證明"狐貉之厚以居"的"居"恰恰就是"坐"的意思。遺憾的是,幾乎所有《論語》的今注本都從"坐墊"之說。①《禮記·服問》："公爲卿大夫,錫衰以居,出亦如之。"意謂國君爲卿大夫服喪,日常居處時服錫衰,外出時亦如此。"狐貉之厚以居"和"錫衰以居"句式完全相同。其他類似例句有許多,如："羔裘逍遙,狐裘以朝。"(《詩經·檜風·羔裘》)"晏子相景公,布衣鹿裘以朝。"(《晏子春秋·外篇上》)簡言之,"服飾＋以＋V"格式,都是"穿戴著……幹……"或"穿戴著……來……"的意思,服飾都是介詞"以"的前置賓語。可見,皇侃《義疏》所說是有道理的。

更有甚者,連從形訓、聲訓、義訓、版本、目錄、校勘等方面提供有某義可能性的研究都付之闕如,就直接得出結論,而這一結論居然爲諸多注家所接受,這就更不可信了。例如《論語·雍也》"如有復我者,則吾必在汶上矣"之"汶上",桂馥《札樸·汶上》云："《玉海》引曹氏曰：'汶在齊南魯北,言欲北如齊也。'水以陽爲北,凡言某水上者,皆謂水北。"桂說並無任何論證,就直接得出結論。而幾乎所有《論語》今注本,包括《論語譯注》(1980:58),皆從桂說,這就未免"太倉之粟陳陳相因"了。

另一方面,就是將"情理""思想"作爲重要甚至唯一證據,去考釋疑難詞句。

解讀先秦古籍疑難詞句,有一種常見的做法。這一做法的第一步,常常是指出現在通行的理解不合情理,不符合某人(例如孔子)的一貫思想,等等,因此這句話必須重新解讀。第二步,或者是改變句讀從而改變句子結構；或者是說對某詞某字應重新理解——通常是找出該詞該字的某個很偏的意義放入該句子；如果實在找不到該字作者期望找到的意義,就或是通過故訓、因聲求義等辦法,說某字和另一字相通假,應讀爲另一字；或是說因字形相近,乃另一字之誤；等等。然後說,只有如此,才符合情理,符合某人的一貫思想。正如王力先生(2000:517—518)所說："學者們往往注意追求新穎可喜的意見,大膽假設,然後以'雙聲疊韻''一聲之轉''聲近義通'之類的'證據'來助成其說。"用這種解讀古書的路數寫出的論文俯拾即是,這裏就不舉例了。

爲什麼依據情理來論證詞句會紛繁歧出呢？一方面,情理是多方面的,此亦一情理,彼亦一情理；另一方面,同一情理之下,得出的也不止一個,而是多個。例如,有人認爲孔子是孝子,因此不會說女人難養,因此對《陽貨篇》"唯女子與小人爲難養也"別作解釋:有釋"女子"爲"你兒子"的,有釋"你這位先生"的,有讀"與"爲"如"因而只是"只有像小人一樣的女子是難養的",等等,不一而足。依據思想來論證詞句,也會紛繁歧出。其道理與依據情理是一樣的。

論證學的原理告訴我們,證據與被證之間必須具有關聯性,關聯性越強,越有可證性。我們知道,語言是一個系統。系統學的基本原理是：任何系統,其内部各要素之間聯繫是較爲直接的、頻繁的、緊密的,而内部與外部(環境)之間的聯繫是間接的、稀少的、疏鬆的。也即,系統内部各要素之間的關聯性較強,系統内部與系統外部之間的關聯性較弱。根據關聯性越強,越有可證性的原理,求證系統内部的問題應當主要依賴該系統内部的證據。證據學的原理又認爲,間接證據不能單獨證明被證,必須組成各證據互相支持而非互相矛盾的證據鏈來證明被證,才有價值。而系統外部的證據無疑都是間接證據。這些,幾乎是一切自然科學和社會科學的常識。既然語言是一個系統,那麼,語言系統内部的證據與語言外部的證據便不能等量齊觀,它們所占的權重是相差巨大的。雖然語言系統的邊界仍有待厘清,但有些東西如思想、情理等不屬於語言系統則是無疑的。在訓詁實踐的證僞環節中,經常有人僅僅依靠諸如"不符合孔子思想""不合情理"等,即以之推翻舊說。這些做法是沒有多大說服力的。因此,我們認爲,語言内部的證據是主要的、自足的,而語言外部的證據是次要的、非自足的；因此,語言外部的證據不能作爲主要的證據,更不能作爲唯一的證據。

我們還可用更直接更有力的方法來證明依據思想、情理顛覆古人成說之不可行。

德·索緒爾指出,在語言系統中每個要素的位置主要是由它和其他要素之間的關係決定的。這種關係因而極大地限制了能進入某一位置的要素的數量。陸儉明先生(1993:17—18)說:"現代漢語中動詞做句子的謂語并不自由,要受到很大限制。有相當一部分動詞(約占50%)根本就不能單獨作句子的謂語。……另有約50%的動詞,如'喝、去、知道、抽、說'等,雖然可以單獨作句子的謂語,但也要受到語義上的限制。只有在表示意願、對比或祈使的句子中,這些動詞才能單獨作句子的謂語。"郭銳(2002:81)說:"語法位置對進入的詞語有選擇限制。"

上文所說的那種"常見做法"實際上就是進行"字詞置換"。字詞置換是指,第一步,認爲古籍中某句有誤。第二步,或換字,說句中某字應爲某字之誤,或應讀爲某字(例如說"民可使由之"應爲"民可使遊之");或不換字,但該字應理解爲另一意義,實際上是換詞(如讀"唯女子與小人爲難養也"的"女"爲表示第二人稱,讀作 rǔ)。"詞的不自由"是指,無論是現代漢語還是古代漢語,也無論是動詞還是其他詞類,由於上下文各語法成分的限制,進入某一語法位置都是不自由的,能進入該語法位置的詞往往是封閉的而非開放的。當原句經共時語言的全面考察而文從字順時,由於"詞的不自由"對進入研究者想要進行字詞置換的語法位置的詞的數量有著極大限制,這是一個低概率(即,原句文從字順,說明某一語法位置上研究者認為"錯了"的字詞恰恰屬於能夠進入該語法位置的少數詞之一,這種可能性是較低的);而研究者想要進行詞語置換的詞本身也受到極大限制(如須與被換字詞形近、音近等),這又是一個低概率;由於在原句文從字順情況下還要進行字詞置換的學者往往是從情理、思想入手來選擇置換詞的,勢必限制了他的選詞範圍,這又造成了一個低概率,而這三類字詞(能進入該語法位置的詞、與被換字詞形近或音近的字詞、符合研究者期待的字詞)由於數量少而勢必難以重疊,難以交叉,所以這種字詞置換是絕難成功的。也即,三個低概率相乘,其數值幾乎等於零。而當原句經共時語言的考察並非文從字順也即所謂"不詞"時(即,原句不文從字順,說明某一語法位置上研究者認為"錯了"的字詞確實錯了,它是不能進入該語法位置的),在進行詞語置換之後原句經共時語言的全面考察而滯礙頓消因而文從字順之後,同樣由於"詞的不自由"對字詞置換的語法位置的詞的數量有著極大限制,也同樣由於研究者進行詞語置換的詞由於必須形近或音近等也受到極大限制,因而可以證明置換之後的字詞就是這兩條線(該語法位置上可以出現的詞、與被置換字詞形近或音近的字詞)交叉點上的那一字詞,因而,a.大大壓縮了需要考察的範圍,從而大大減低了考察的難度。b.其正確性也由此更加得以確立。由此可以總結出以下兩點:a.能否成功進行字詞置換的關鍵,在於原句經共時語言的全面考察之後能否文從字順。b.置原句是否文從字順於不顧,僅僅根據是否合於某人思想、是否合於情理而認為原句有誤從而進行字詞置換的做法有欠穩妥。

如上所述,當原句經共時語言的全面考察而文從字順時,這時進行的字詞置換是絕難成功的,其正確概率幾乎為零。這一結論是可以通過實踐證明的。例如有人讀"唯女子與小人為難養也"的"女"為 rǔ,理解為,只有你兒子和小人是難養的。共時語言的全面檢驗證明,當時語言中的"女子"一詞和今日"女子"一詞相比,其內涵外延並無多大變化,絕無"你兒子"的用法。

總之,好的考證,情理因素基本上不起作用,或作用甚小(例如,王氏之釋"終風且暴",情理的作用在哪兒呢);大多數情況下,情理只能干擾正確結論的得出,造成混亂。這是否是說應當棄用情理呢?抑或說情理一點作用也沒有呢?當然不是!情理,可以引發對舊說的懷疑,可以引起對新說的思考。這是它的作用,不可謂不大。但是,引發懷疑,引起思考,這本身能否作為證據呢?或者說,能否成為重要證據甚至唯一證據呢?比如,某一慣偷9月份刑滿釋放回到了某社區家中,10月份該社區便連遭偷竊,我們當然可以懷疑該人;但僅憑懷疑是否可以確定是他作案呢?懷疑本身能否作為證據呢?或者,即使他曾經是慣偷這一點足以成為證據,但這一證據是這一連續遭竊事件的主要證據甚至唯一證據嗎?答案顯然是否定的。情理、思想等語言系統外因素也是如此。因此,不能僅僅依據情理,就以之作爲證據推翻舊說。

訓詁學的實踐證明,以情理、思想等作爲主要證據甚至唯一證據來論證詞句等語言問題,而忽視大量存在的書證,即使以最博、最精著稱的高郵王氏也往往會千慮一失。例如王引之解《論語·雍也》"雍也可使南面",受"身爲布衣,安得僭擬於人君"這一情理的干擾而忽視大量存在於先秦文獻中的"南面"表示天子、諸侯的書證,因而釋"南面"爲卿大夫,即爲一例(1975:735)。

上面談了"絕不要",即"絕不要以語言系統外的證據作爲主要證據甚至唯一證據"。下面再談"一定要",即"一定要有較多相關書證"。強調要有書證,前人也講得較多;我們這裏的"較多相關書證"是用來"審句例"的。

自古以來,考釋古書疑難詞句做得最好的,公認清代的王念孫、引之父子。王氏爲什麼能做得最好?用楊樹達先生(2007:618)的話來說,就是能"審句例":

> 前人於訓詁之學有一大病焉,則不審句例是也。大言之,一國之文字,必有一國之句例;小言之,一書之文字,必有一書之句例。然古人於此絕不留意,但隨本文加以訓詁,其於通例相合與否不之顧也。故往往郢書燕說,違失其真,至可惜也。王氏說經乃始注意及此,故往往據全書通例以說明一句之義,故往往泰山不移。

什麼叫"審句例"?就是"據全書通例以說明一句之義"。成功"審句例"的標準,用王引之的話說,就是"揆之本文而協,驗之他卷而通"(1984:3)。以王氏"審句例"最成功也最著名的作品爲例:

> 家大人曰:"《終風篇》:'終風且暴。'《毛詩》曰'終日風爲終風。'《韓詩》曰:'終風,西風也。'此皆緣詞生訓,非經文本義。'終'猶'既'也,言既風且暴也。……《燕燕》曰:'終溫且惠,淑慎其身。'《北門》曰:'終窶且貧,莫知我艱。'《小雅·伐木》曰:'神之聽之,終和且平。'(《商頌·那》曰:'既和且平')《甫田》曰:'禾易長畝,終善且有。'《正月》曰:'終其永懷,又窘陰雨。''終'字皆當訓爲'既'。"(《經義述聞》,第122—123頁)

王氏用《詩經》中"終溫且惠""終窶且貧""終和且平""終善且有"等句子,總結出"終~且~"的格式(句例),"終風且暴"既然同屬這一格式,句中的"終"當然也和其他句子中的"終"一樣,是類似"既"的意思,"終風且暴"大致就是"既風且暴"的意思。我們在《論語新注新譯·導言》一文中提到,"意義不同,分佈必不同";換言之,每一意義(包括詞的每一義位),都有與之相匹配的特定的分佈,即上下文。這是"審句例"之所以可行的理論基礎。在該《導言》中,我們將"審句例"的具體步驟歸納爲"書證歸納格式,格式凸顯意義",並以王引之釋"終風且暴"之歸納格式"終~且~"因而"終"的近似於"既"的意義得以凸顯爲例。

以上就是王氏的若干代表作得以成功的關鍵。楊樹達先生(2007:613)又從語法學的角度總結說:

其書雖未能成爲系統整然之文法學,而文法學材料之豐富與精當,固未有過之者也。蓋王氏父子文法觀念之深,確爲古人所未有,故其說多犁然有當於人心也。

楊樹達先生(1981:535)自己"審句例"的最著名例子則見於《漢書窺管》:

《漢書·金日磾傳》:"賞爲奉車,建駙馬都尉。"王念孫曰:"'車'下有'都尉'二字,而今本脫之。……"樹達按:此因下"都尉"二字省。《類聚》《御覽》有"都尉"二字,乃二書補足之耳。《儒林傳》云:"上於是出龔等補吏,龔爲弘農,歆河內,鳳九江太守。""弘農""河內"下各省"太守"二字。《王莽傳》云:"又置師友祭酒及侍中諫議六經祭酒各一人,凡九祭酒。琅琊左咸爲講《春秋》,潁川滿昌爲講《詩》,長安國由爲講《易》,平陽唐昌爲講《書》,沛郡陳咸爲講《禮》,崔發爲講《樂》祭酒。"講《春秋》、講《詩》、講《易》、講《書》、講《禮》下各當有"祭酒"二字,因下"講《樂》祭酒"字而省。又《翟方進傳》云:"其《左氏》則國師劉歆,音律則長安令田終術師也。""劉歆"下省"師"字,與此亦略同。《魏志·董卓傳》云:"以暹爲征東,才爲征西,樂爲征北將軍。""征東""征西"下各省"將軍"二字,亦襲此句法。

解決古書中的疑難詞句問題,爲什麼必須"審句例"? 得當的"審句例"如何"能得出近乎一致的結論"? 試從以下四個方面闡述之。

1. "審句例"是解決古書疑難問題諸多途徑中的最佳途徑。

理論上說,一句話,或者在一定上下文中的某一字、詞,只有一個正確的意義;而一個字或一個詞的不同意義,我們可以通過不同的上下文予以區分;換言之,字或詞的每一意義,都有不同的上下文;也即,每一種或一組上下文,匹配字、詞的每一意義(包括詞的每一義位)。特定上下文的字詞只有一個正確意義,以及每一意義匹配它特有的(即,一個或一組)上下文,絕非偶爾巧合。因此,字詞在特定上下文中的正確意義,就是它特有的上下文所限定的意義。因此,弄清楚了字詞的每一意義所匹配的上下文,該字詞在特定上下文中的正確意義也就清楚了。不但清楚了,而且具有唯一性。弄清楚字或詞的意義該出現在何種上下文中,此之謂"審句例"。下文將要談到的"賢賢易色",即爲一例。《論語》時代,"易"的交換義,只出現在"以……易……""易之以……"或"與……易……"句式中;而"易"的輕視義,則直接接賓語。因此,"易色"只能是"輕視美色"的意思。正因爲此,我們才說,"審句例"是解決古書疑難問題諸多途徑中的最佳途徑。

一句話,或者在一定上下文中的某一字、詞,有無數多的"錯誤的意義"(即莫須有的意義)。通過形訓、聲訓、義訓等途徑,採用版本、目錄、校勘等方法,如不輔以審句例,也可以用以探究疑難字詞的意義,但不具備唯一性;也即,通過上述途徑手段或方法,可以得出許許多多的結論(即上文所引王力先生所說,十個訓詁家分別研究一個問題,往往得出十個結論)。"無數多錯誤的意義",以及"許許多多的結論",也不會是偶然的巧合。也即,光憑以上途徑、手段或方法,難以達成唯一性,難免聚訟紛紜,莫衷一是,而陷於"公說公有理,婆說婆有理"

的無謂之爭。那麽,在通過上述途徑,採用上述方法解決疑難詞句問題的時候,如何能做得更好一些呢?這正是下一點所要探討的。

2.通過其他途徑解決古書疑難問題,"審句例"也不能缺位,它是一道檢驗大關。

"條條道路通羅馬",如上所述,解讀古書疑難詞句問題,還有其他途徑、手段或方法;但是,無論運用哪一方法,通過哪一途徑,都不具備唯一性。比如,採用聲訓,某字與某字音近義通,如何能證明某句中的某字一定就是與之音近義通的某字呢?又如,某字和某字形近,又如何能證明某字一定是形近的另一字之訛呢?彌補的方法,無非還是"審句例"。換言之,無論運用哪一方法,"審句例"都不能缺位;可以說,它是一道檢驗大關。運用以上方法時,能夠成功審句例的,考證便能成功;不審句例或審句例不成功的,則往往失敗。例如:

《老子‧三十一章》:"夫佳兵者不祥之器,物或惡之,故有道者不處。"《釋文》:"佳,善也。"河上云:"飾也。"念孫案,"善""飾"二訓皆於義未安。……今按"佳"當訓"隹",字之誤也。隹,古"唯"字也(唯,或作"惟",又作"維")。唯兵爲不祥之器,故有道者不處。上言"夫唯",下言"故",文義正相承也。八章云:"夫唯不爭,故無尤。"十五章云:"夫唯不可識,故強爲之容。"又云:"夫唯不盈,故能蔽不新成。"二十二章云:"夫唯不爭,故天下莫能與之爭。"皆其證也。古鐘鼎文"唯"字作"隹",石鼓文亦然。

這是王念孫(2000:1010)利用形訓解讀古書疑難詞句的爲學術界公認的成功範例。它的成功,很大程度上歸功於"審句例"的成功運用。從"上言'夫唯',下言'故'",到"皆其證也",都是在審句例。

再說一個因未審句例而失敗的例子。《爲政》:"子貢問君子。子曰:'先行其言而後從之。'"沈括《夢溪筆談》、郝敬《論語詳解》、黄式三《論語後案》均主張"先行"後斷開。因爲定州竹簡本作"先行其言從之","先行"後是應該斷開的。於是,許多學者認爲"如果一定要標點的話,也應該是'先行,其言而後從之'"。這是運用出土材料釋讀《論語》的方法,也是運用不同版本對勘的方法。當然,以上方法運用得當是卓有成效的,前提是必須輔以審句例。而這一例因爲沒有仔細審句例,所得結論並不可信。

《論語》時代,表示"然後"意義的"而後"這一詞語,總是處於"(S)V(O)而後 V(O)"(S代表主語,V代表謂語動詞,O代表賓語,括弧中的成分可以有,也可以無)這一結構中,未見例外。也即,"而後"的前與後,都是謂詞性結構。僅以《論語》爲例:"季文子三思而後行。"(《公冶長》)"仁者先難而後獲。"(《雍也》)"子與人歌而善,必使反之,而後和之。"(《述而》)"死而後已,不亦遠乎?"(《泰伯》)"色斯舉矣,翔而後集。"(《鄉黨》)"如有王者,必世而後仁。"(《子路》)"君子信而後勞其民,……信而後諫。"(《子張》)也就是說,"而後"必須緊接(S)V(O),"而後"和(S)V(O)之間不能再有別的成分。可見,"先行其言而後從之",可以不斷而一氣讀下,也可在"其言"後斷開,但決不能讀作"先行,其言而後從之"。因爲這樣,"而後"的前邊就成了體詞性結構。至於定州竹簡本之"先行其言從之",因爲句子結構不同,當然應讀作"先行,其言從之"。但這不能證明"先行其言而後從之"當讀爲"先行,其言而後從之"。這是兩碼事,不能以此例彼。

3.電腦時代的到來,使得"審句例"的操作變得不那麼困難,變得較爲可行。

古代要能成功審句例,需要像高郵王氏父子那樣博聞強記,藏書豐富,是以古人能精湛審句例者寥寥,宜楊樹達先生爲之浩歎也。如俞樾之《群經平議》《諸子平議》,雖卷帙浩繁,由於未能詳審句例,較之高郵王氏父子之《讀書雜誌》《經義述聞》,便大爲遜色。而其《古書疑義舉例》,篇幅雖小,由於能詳審句例,可信度便大大提高,而成爲不可不讀的名著;較之前二書,真正做到了"以少許勝許多"。到了七八十年前,如果懂得審句例的道理,則可利用哈佛燕京學社所編《引得》。電腦時代到來後,利用搜索軟件,例句轉瞬即到眼前。必須慎重的是,電子文本錯誤極多,引用之後,必須仔細核對原書。即便如此,今人如能運用此一便利,潛心研究,必將勝過古人。

4.有時限於條件,難以成功"審句例"時怎麼辦?

a.例如有的字詞,同一時代並無足夠多的句例可審,在此情況下如何"審句例"? 辦法是有的。例如,某詞的句例雖少,但與該詞屬於同一語法上的小類的其他詞,往往與該詞具有共同的語法特徵(當然這些特徵也是通過審句例綜合總結所得),如動詞"得"和"取""知""說"(悅)一樣,其肯定形式往往是"得之",而否定形式往往是"不得"。利用這一規律,我們就知道《孟子·萬章上》"得之不得曰有命"的"之"並不是"作'與'字用","得之"和"不得"是並列關係。這當然也是"審句例",只是不那麼直接罷了。b.我們通過審句例,得知漢人所說往往較之清人更爲可信。尤其當清人不從語言系統內部論證,僅僅根據思想、情理等語言外部因素,便企圖推翻漢儒成說時,往往歸於失敗。因此,在無句例可審的情況下,如清人未能從語言系統內部對漢儒成說進行有力反駁時,我們寧願暫從漢儒(王力 2000:530—531)。c.與上述做法類似,當無足夠句例可用時,某家解說某字詞用的是常義,而另一家用的是僻義,我們寧願相信用常義者(2002:523—524)。d.必須說明,當無足夠例句可審時,儘管可以採用上述辦法(舉例性質,當然不止這些辦法),但其效果,即可信度,當然遠不能和詳審句例的成果相比。c與d所貫徹的,即本文文首提及的"兩個要注意":要注意不能輕易推翻漢儒成說,要注意儘量使用常義而避免使用僻義。

某個詞在特定時期的上下文是客觀的,如能全面而非片面地審句例,其結果也將客觀而唯一的。以上文所舉對"易"的"審句例"來說,如果這一考證是全面而客觀的,那麼也將具有唯一性。也即,掌握了審句例的要領,"十位學者隔離起來",將會得出近乎一致的結論。誠如上文第2點所言,這近乎一致的結論,與"正確的結論只有一個"不會是巧合,它就是"該字詞在特定上下文中的正確意義"。

在文首,筆者提到的《論語新注新譯》一書,是由北京大學出版社2016年上半年出版的。書中對《論語》中古今仁智互見的疑難詞句160餘例做了考證;即,書中包含160餘篇或長或短的考釋論文。其中使用最爲頻繁的方法，就是"審句例"。即以上文提到過的"賢賢易色"和"汶上"爲例：

《學而》："賢賢易色"。"易"有兩解，一爲"交換"，一爲"輕視"，我們取後者。因爲，那一時代，表達"用……交換……"，大多用"以……易……"句式，例如："以亂易整，不武。"（《左傳》）"以羊易之！……以小易大，彼惡知之？"（《孟子》）偶爾也用"易之以……"或"與……易……"句式。例如："我非愛其財而易之以羊也。"（《孟子》）"逢丑父與公易位。"（《左傳》）可見，如果釋"易"爲"交換"，則當爲"以賢賢易色"。而"易"表"輕視"的句子，都是"易"直接接賓語。例如："貴貨易土，土可賈焉。""晉師敗績，易秦故也。"（均見《左傳》）"賢賢易色"句式正同"貴貨易土"，是兩個謂賓結構組成的聯合結構。

《雍也》："如有復我者，則吾必在汶上矣。"桂馥《札樸·汶上》云："《玉海》引曹氏曰：'汶在齊南魯北，言欲北如齊也。'水以陽爲北，凡言某水上者，皆謂水北。"桂說不確。周秦典籍中多見"江上""淮上""河上""漢上""沂上""汝上""泗上""涇上""濮上""濟上"以至於"川上""海上"等等，均指水邊；而且這"水邊"不一定僅僅指岸邊，距某水幾里十幾里也可叫做"某上"。如《左傳》僖公二十四年："己丑晦，公宫火，瑕甥、郤芮不獲公，乃如河上，秦伯誘而殺之。"沈玉成譯後兩句爲"於是就到了黃河邊上，秦伯把他們騙去殺掉。"成公十七年："楚公子申救鄭，師於汝上。"沈譯："楚國公子申救援鄭國，軍隊駐紮在汝水邊上。"襄公十九年："諸侯還自沂上，盟於督揚。"沈譯："諸侯從沂水邊上回來，在督揚結盟。"襄公十九年："遂次於泗上，疆我田。"沈譯："諸侯的軍隊就駐紮在泗水邊上，劃定我國的疆界。"《雍也》："子在川上，曰：'……'"楊伯峻先生譯爲："孔子在河邊，歎道：'……'"北宋范仲淹作《江上漁者》："江上往來人，但愛鱸魚美。"詩中"江上"仍指江邊，以至江兩岸的廣袤地區。直到現代，依然如此表達。歌曲《松花江上》："我的家在東北松花江上，那裏有森林煤礦，還有那滿山遍野的大豆高粱。"

附　注

① 楊伯峻先生對此六字未出注，譯爲"用狐貉皮的厚毛作坐墊"。見楊伯峻(1980:100)

引用文獻

〔清〕劉寶楠　《論語正義》，北京：中華書局，1990年版。
〔清〕王念孫　《讀書雜誌》，南京：江蘇古籍出版社，2000年版。
〔清〕王引之　《經傳釋詞》，長沙：嶽麓書社，1984年版。
〔清〕王引之　《經義述聞》，臺北：世界書局，1975年版。

參考文獻

郭　銳　2002　《現代漢語詞類研究》,北京:商務印書館。
陸儉明　1993　《八十年代中國語法研究》,北京:商務印書館。
王　力　2000　《王力語言學論文集》,北京:商務印書館。
楊伯峻　1980　《論語譯注》,北京:中華書局。
楊逢彬　2016　《論語新注新譯》,北京:北京大學出版社。
楊樹達　1981　《漢書窺管》,上海:上海古籍出版社。
楊樹達　2007　《積微居小學述林全編》,上海:上海古籍出版社。

The Never and the Must
—Two Topics on Textual Research of Difficult Words and Phrases Which in the Ancient Books of Pre-Qin Dynasty

YANG Fengbin

Abstract: The never refers to not taking the evidence which beyond the language system as the main evidence and even the only evidence when we researching the difficult words and phrases that have different annotations in the ancient books of pre-Qin Dynasty. The must means there must be more relevant documentary evidence. The former makes the researcher not go astray, and the latter makes it obtain a correct conclusion.

Key words: the never, the must, language system, documentary evidence

(楊逢彬　上海大學文學院　200444)

西周金文中的總括副詞"總"和"畢"*

石小力

提　要　近年來隨著新材料的不斷公佈,金文中疑難字考釋不斷獲得突破,西周金文中新的總括副詞也被揭示出來,本文討論了新考釋出的兩個總括副詞"總"和"畢"。

關鍵詞　西周金文　總括副詞　總　畢

　　西周時期是漢語發展的一個重要階段,目前所見西周時期古漢語語料主要是西周金文,這是研究上古漢語的重要語料。但由於西周金文文意難懂,加上文字釋讀存在分歧,造成了漢語史學者在利用西周金文研究漢語時的一些困難。

　　總括副詞屬於範圍副詞的一類,指的是總括全體的範圍副詞,是漢語中出現最早且數量最多的一類範圍副詞,如甲骨文中的範圍副詞基本上都是表示總括的(參黃天樹 2011)。關於總括類範圍副詞的判定,可以從語法關係和語義指向兩方面來考察。在語法關係上,一般修飾謂詞性成分;在語義指向上,表示與一定行爲動作相關的主體(如施事、受事等)範圍的總括性。

　　先簡單說一下西周金文範圍副詞的研究歷史。管燮初(1981)在"詞類"一節中列舉了西周金文中"唯、凡、對、率、庶、既、具、咸"8個範圍副詞,其中屬於總括副詞的是"凡、率、具、咸"4個。崔永東(1994)列舉了兩周金文中"具、咸、率、凡、一"5個總括虛詞的用法。武振玉(2006)深入探討了"咸、具、皆、率、並、凡、一"7個總括副詞,其中見於西周時期的是"咸、具、率、凡、一"5個。由此可見,對於西周金文中的總括副詞,各家的認識相差無幾,多認爲有"咸、具、率、凡、一"5個。近年來隨著新材料的不斷公佈,金文中疑難字考釋不斷獲得突破,西周金文中新的總括副詞也被揭示出來,其中較爲典型的就是"總"和"畢"。

一　總

　　西周中晚期冊命銘文中經常出現一個隸定作"翺"的字,常見的辭例是"翺司"。該字過

---

* 本文係國家社科基金青年項目"新出楚簡與金文疑難問題研究"(16CYY032)的階段性成果。

去衆説紛紜，字形的關鍵是其左半或左半的上面部分，這應該是此字的基本聲符。下面據此分爲三類列出一些字形：

（一）［字形］《集成》4285 諫簋　［字形］《集成》4277 師俞簋蓋　［字形］《集成》4318 三年師兌簋　［字形］《集成》2836 大克鼎

（二）［字形］《集成》4287 伊簋　［字形］《新收》663 宰獸簋　［字形］《集成》9899 盠方彝　［字形］《集成》4468 師克盨　［字形］《集成》4311 師毀簋

（三）［字形］《集成》2755 宂鼎　［字形］《集成》2841 毛公鼎　［字形］《集成》62 逆鐘

此字過去影響較大的有郭沫若(1957)釋讀作"攝"和高鴻縉釋"兼"兩説（參李孝定、周法高、張日昇，1977：1549—1551）。近年又有一些學者討論此字。如何琳儀、胡長春(2005)釋爲"攀"字初文，讀作"班"；陳劍(2006)認爲該字以"睫"字初文之簡體爲聲符，從而肯定高鴻縉讀"兼"之説，字在銘文中多表示總括義；劉桓(2010)則謂其聲符爲"摯"字初文，從而肯定郭沫若讀"攝"之説。

上引各家在字形解釋上皆未完滿，問題的解決是靠新出金文提供的綫索。2012年，山東沂水天上王城景區施工，發現一批春秋青銅器。其中一件盂，器主名作"江伯歔之孫敔君季鬷"，其中"鬷"字原形作：

［字形］《沂水紀王崮春秋墓出土文物集萃》第86頁

該字的左半無疑就是"𩰫"字左半所從部分，右半即見於金文等古文字材料的"恖"字。"鬷"字所從的"恖"旁，應該是爲了指明字的讀音，是聲符；"𩰫"從"辈"得聲，"辈"是該字的聲符。由"鬷"字，我們可以知道，"辈"及從"辈"聲的"𩰫"應該是與"恖"音同或相近的字。李學勤(2012)據此指出"鬷"字"辈""恖"皆聲，應該是一個雙聲符字，"𩰫"字當讀爲"總"，訓爲統領。在復旦大學出土文獻與古文字研究中心網站的論壇"學術討論"版，苦行僧（劉雲先生網名）亦據新出沂水盂銘"鬷"字指出"𩰫"字或可讀爲"總"，在銘文中表總括義，個別的或可讀爲"從"。劉先生帖子後，很多網友發表了意見，有人贊同，有人反對。按，"總"從"恖"得聲，"𩰫"從"辈"得聲，"恖""辈"音同或相近，雖然目前還不知道"𩰫"字左半部分爲何構件，[①]但該字與"恖"讀音相近這一點可以確定下來，又據此字在銘文中表示總括義（詳下），故讀作"總"甚爲允恰。"總"字在銘文中多用爲範圍副詞，出現最多的文例是"總司"，然後是"總胥"，如：

(1)昔先王既命汝，今余唯或申就乃命，䢭乃祖考事，總司康宮王家臣妾、奠庸，外内

毋敢無聞知。(宰獸簋,《新收》663、664,西周中期)

(2)王命總司公族、卿事、太史寮。(番生簋蓋,《集成》4326,西周中期)

(3)王冊命尹賜盠赤市、幽亢、攸勒,曰:用司六師王行參有司:司土、司馬、司工。王命盠曰:總司六師眔八師執。(盠方尊、彝,《集成》6013、9899,西周中期)

(4)遣仲命宵總司鄭田。(宵鼎,《集成》2755,西周中期)

(5)先王既命汝總司王家,汝無不有聞,毋敢不善。(諫簋,《集成》4285,西周中期)

(6)王若曰:呂,䯧乃考總司鄭師氏。(呂簋,《銘圖》5257,西周中期)

(7)王若曰:引,余既命汝疈乃祖總司齊師,余唯申命汝。(引簋,《銘圖》5299、5300,西周中期)

(8)王呼作冊內史冊命師俞:總司僕人。(師俞簋蓋,《集成》4277,西周中期)

(9)王呼命尹封冊命伊,總官司康宮王臣妾、百工。(伊簋,《集成》4287,西周晚期)

(10)昔余既命汝,今余唯申就乃命,命汝疈乃祖考,總司左右虎臣。(師克盨,《集成》4467、4468,西周晚期)

(11)余命汝尸我家,總司我西偏東偏僕馭、百工、牧、臣妾。(師毀簋,《集成》4311,西周晚期)

(12)余既命汝胥師龢父,司左右走馬,今余唯申就乃命,命汝總司走馬。(三年師兌簋,《集成》4318、4319,西周晚期)

(13)王命微緣總司九陂。(微緣鼎,《集成》2790,西周晚期)

(14)今余唯經乃先聖祖考,申就乃命,命汝胥榮兌,總司四方虞林,用宮御。(逑盤,《考古與文物》2003年3期10頁圖18,西周晚期)

(15)昔余既命汝胥榮兌,總司四方虞林,用宮御。(四十三年逑鼎,《新收》747,西周晚期)

(16)天子經朕先祖服,多賜逑休,命總司四方虞林。(逑鐘,《近出》106—108,西周晚期)

(17)命汝總司公族,與參有司:小子、師氏、虎臣,與朕褻事。(毛公鼎,《集成》2841,西周晚期)

上引銘文皆屬於西周金文中常見的冊命銘文,格式大致相同,皆爲王或天子命某人"總司"某項職事,"司"字的意思很明確,作動詞,意爲管理。"總"位於"司"之前,存在兩種可能:一是作動詞,與"司"構成一個并列結構,李學勤(2012)訓爲"統領",應該是持這種看法的;一是作副詞修飾"司",可翻譯爲"全面",上引苦行僧網友應該是持這種意見。那麼,"總"字在這些句子當中到底是動詞用法還是副詞用法呢?我們認爲是副詞的可能性比較大。因爲上引各例中的"總"皆位於動詞"司"之前,下文還有兩例用於動詞"胥"前,故"總"字極有可能已經虛化,由動詞統領義虛化作副詞總括義。"總司"即全面管理,在語義指向上,各例皆指向動作後的受事成分,表示"司"的對象是全部的受事者。如例(1)周王命令器主管理的對象有"康宫王家臣妾"和"奠庸"兩類,例(2)器主管理的對象有"公族""卿事""太史寮"。如果"總司"的賓語只有一項,則皆爲集合名詞,如(4)的"鄭田",(5)的"王家",(7)的"齊師",(8)的"僬人",(12)的"走馬",(13)的"九陂"等。

"總"字在金文中除了用於動詞"司"前之外,還用於"胥"等動詞之前,如:

(18)王呼作冊尹[冊賜]走,總胥益。(走簋,《集成》4244,西周中期)

(19)王若曰:蔡,昔先王既命汝作宰,司王家。今余唯申就乃命,命汝眔智總胥對各,死(？尸)司王家外内,毋敢有不聞。(蔡簋,《集成》4340,西周中期)

(18)"胥"爲輔佐義,"益"當爲人名,"總胥益"即全面輔佐益。(19)中的"對各",對照(18),疑爲人名,周王命令器主和智二人全面輔佐他們的上級"對各"。"總"的語義指向也是動詞後的受事成分。

《說文》:"總,聚束也。"段注:"謂聚而縛之也。"引申而有聚合、統括、統領之義,如用在動詞前則虛化爲副詞,表示統括。西周金文中的"總"字也有用作動詞的例子:

(20)王曰:酆,昔先王既命汝作邑,總五邑祝,今余唯申就乃命。(酆簋,《集成》4297、4296,西周晚期)

(21)用總于公室僕庸臣妾、小子室家,毋有不聞智。(逆鐘,《集成》62,西周晚期)

(20)的"五邑祝"即五個城邑的祝官,"總五邑祝"即統領五個城邑的祝官。(21)周王命令逆統領"公室僕庸臣妾"和"小子室家"兩類人員。"總"作動詞,後面的賓語或不止一項,或爲集合名詞,與"總"用作總括副詞時修飾的動詞所跟賓語一致。

二 畢

西周金文中有"畢"字,但皆用爲"畢公"之"畢",沒有一例用作"畢盡"之"畢"。而在與西周金文時代相近的《尚書》等文獻中,表示總括義的"畢"多有出現,如:

(22)惟戊午,王次于河朔,群后以師畢會。(《尚書·泰誓》)

(23)若有疾,惟民其畢棄咎。(《尚書·康誥》)

(24)惟新陟王,畢協賞罰,戡定厥功,用敷遺後人休。(《尚書·顧命》)

這樣看來,西周時代的漢語中肯定已經存在表示總括義之"畢",金文中是不是有表示這個詞的字呢？在西周早期的重器大盂鼎中,有如下銘文:

(25)賜汝邦司四伯,人鬲自馭至于庶人六百又五十又九夫,賜夷司王臣十又三伯,人鬲千又五十夫,逨(亟)A遷自厥土。(大盂鼎,《集成》2837,西周早期)

其中的 A 字作:

【图】《集成》2837

該字過去多不識,或隸定作"𡨄",李學勤(1985)曾讀作"畢",但未得到認同。② 現將李先生的觀點引用如下:

"千又五十夫"下,銘文還有六字,前人未有解釋。細查拓本,這六字應釋爲"亟𡧍遷自厥土"。前兩字,我們想可讀爲"亟畢","亟"是疾、速,"畢"是盡,句義是急速自其原居之地遷來。這裏說的是只指夷司王臣,還是包括邦司,尚難確定。

李先生讀"畢"可謂卓見,但字先隸定作"𡧍",可能是排版之誤;此文後又以《大盂鼎》爲名收入《青銅器與古代史》一書,則隸定爲"𡨄"(李學勤 2005:235)。筆者認爲李先生後一種隸定甚確,惜未有論證,故信從者寥寥,下試爲補證。

A 字上從"宀",下部右半從"或"形,較爲清晰。左半由於稍有殘泐,故不易辨識。李先生以爲是"又"形,但其實 A 字下部乃一正一倒二"或"相向之形,即《說文》"詩"字籀文"𢦔"字,如戰國文字中從"𢦔"之字作:

𩰱:【图】《侯馬盟書》156:23　【图】同上 156:20　【图】同上 156:21

灋:【图】《古璽彙編》3266

以上二字爲朱德熙、裘錫圭(1972)所釋。"𩰱"字見於《說文·角部》,作【图】形,隸變省作"觱"。"灋"字從"水"從"觱",見於《集韻》。"𢦔"字在早期甲骨文中本作二"戎"相向之形,如"【图】"(《合集》20596)、"【图】"(《合集》6347)、"【图】"(《合集》33143);在晚期卜辭中已見所從"戎"形演變作"戈"形之例,如"【图】"(《合集》24426)(參劉釗主編 2014:720)。在楚簡當中則類化作兩個上下重疊之正寫"或"形,又繁化作"𢦔",如:

【图】《包山楚簡》80

【图】上博九《成王爲城濮之行》甲 1

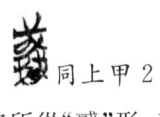

【图】同上甲 2

A 字所從"𢦔"形,正寫"或"形之"○"移至"戈"形之上,可參古璽"灋"字;倒寫"或"形可能省去"○"形,可參盟書"𩰱"字。故 A 字從"宀",從"𢦔",可隸定作"𡨄","𢦔"當是聲符。"𢦔"《說文》以爲"詩"字籀文,"詩"古音在並母物部,"畢"幫母質部,從"𢦔"得聲之"觱"爲幫母質部字,與"畢"聲韻皆同,"灋"字《集韻》或體作"潷","𢦔"聲字與"畢"聲字多通用(參高亨、董治安,1989:593),楚簡中從"𢦔"得聲之字多用爲"畢",如上博九《成王爲城濮之行甲》

1—2:"子玉受師出之殷,三日而甼(畢),斬三人。"清華叁《祭公之顧命》6—7:"克夾紹成康,用甼(畢)成大商。"

故"甼"字可讀作"畢",爲總括副詞,在銘文中修飾動詞"遷",總括"遷"的受事主語。逎,高田忠周讀爲"亟",訓爲快疾(參周法高主編,1974:979),爲時間副詞。"亟畢遷自厥土"即(將賞賜之"邦司"和"夷司王臣")趕快全部從其原居住之地遷來。

附　注

① 徐伯鴻先生認爲左上角是表示蔥韭一類植物的韭形(見苦行僧《山東近出青銅器銘文中的一個字》下回帖)。林澐(2014:17—18)也贊同左上角從"韭"形,並推測"甼"即"蔥"的本字,理由如下:蔥和韭是同一類植物,"韭"可以作爲"蔥"字義符,"至於韭形下加井形,應該是因爲大蔥定植後,進入生長旺期時需經常澆水,所以用圍圃中之井以強調之,也就像甲骨文黍字,用禾形之下加水形,以強調這種作物需水的特點","從[圖]形變成省略一部分義符而附加聲符的[圖],再到換一個一般類符'艸'造的形聲字[圖],恰如[圖]字省略一部分義符而附加聲符的[圖]、[圖],再到換一個一般性類符'金'造的形聲字[圖],是相同的演變模式",但釋"蔥",右邊的"人"形無法解釋,故林先生認爲釋"蔥"只能作爲一個設想。(林文蒙蔣玉斌先生提示,謹致謝忱。)

② 最近出版的一些古文字學著作,並未採納李先生讀"畢"之說。如黃德寬(2015:240)隸作"甼",指所賞賜之地;王輝(2006:71)隸作"甼",不識。

引用文獻

《合集》　郭沫若主編、胡厚宣總編輯《甲骨文合集》,北京:中華書局,1979—1982年。
《集成》　中國社會科學院考古研究所編《殷周金文集成》,北京:中華書局,1984—1994年。
《近出》　劉雨、盧岩《近出殷周金文集錄》,北京:中華書局,2002年。
《新收》　鍾柏生、陳昭容、黃銘崇、袁國華《新收殷周青銅器銘文暨器影彙編》,臺北:藝文印書館,2006年。
《銘圖》　吳鎮烽《商周青銅器銘文暨圖像集成》,上海:上海古籍出版社,2012年。

參考文獻

陳　劍　2006　《甲骨文舊釋"眢"和"䜅"的兩個字及金文"甼"字新釋》,《出土文獻與古文字研究》第一輯,上海:復旦大學出版社。
崔永東　1994　《兩周金文虛詞集釋》,北京:中華書局。
高亨、董治安　1989　《古字通假會典》,濟南:齊魯書社。
管燮初　1981　《西周金文語法研究》,北京:商務印書館。
郭沫若　1957　《盠器銘考釋》,《考古學報》第2期。
何琳儀、胡長春　2005　《釋攀》,《漢字研究》第一輯,北京:學苑出版社。

黄德寬　2015　《古文字學》,上海:上海古籍出版社。
黄天樹　2011　《甲骨文中的範圍副詞》,《文史》第3期。
李孝定、周法高、張日昇　1977　《金文詁林附錄》,香港:香港中文大學。
李學勤　1985　《大盂鼎新論》,《鄭州大學學報》第3期。
李學勤　2005　《青銅器與古代史》,臺北:聯經出版事業股份有限公司。
李學勤　2012　《由沂水新出盂銘釋金文"總"字》,《出土文獻》第三輯,上海:中西書局。
林　澐　2014　《華孟子鼎等兩器部分銘文重釋》,《吉林大學古籍研究所建所三十周年紀念論文集》,上海:上海古籍出版社。
劉　桓　2010　《重釋金文"攝"字》,《古文字研究》第二十八輯,北京:中華書局。
劉釗主編　2014　《新甲骨文編(增訂本)》,福州:福建人民出版社。
王　輝　2006　《商周金文》,北京:文物出版社。
武振玉　2006　《兩周金文詞類研究(虛詞篇)》,吉林大學博士學位論文。
周法高主編　1974　《金文詁林》,香港:香港中文大學。
朱德熙、裘錫圭　1972　《關於侯馬盟書的幾點補釋》,《文物》第8期。

The Study of Summary Adverbs of Zong(總) and Bi(畢) in Western Zhou Dynasty Bronze Inscriptions

SHI Xiaoli

Abstract: With the publishing of the new ancient writing materials, difficult characters constantly interpreted in bronze inscriptions, the summary adverbs in Western Zhou Dynasty bronze inscriptions also be revealed, this article discusses two summary adverbs zong(總) and bi(畢).

Key words: Western Zhou Dynasty bronze inscriptions, summary adverbs, zong(總), bi(畢)

(石小力　清華大學出土文獻研究與保護中心,
出土文獻與中國古代文明研究協同創新中心　100084)

近20年上古漢語專書詞彙研究綜述

武振玉　閆斯文

提　要　專書詞彙研究是斷代詞彙研究和詞彙史研究的基礎,上古專書詞彙研究更是漢語詞彙史研究不可或缺的一環,也是較早受到關注的領域。近20年來,上古專書詞彙研究更是取得了豐碩的成果。從成果形式看,既有學術專著和學位論文,也有單篇論文,其中學位論文數量明顯增多;從研究範圍看,有的是以專書中的全體詞彙爲研究對象,但更多的是以某方面詞彙爲研究對象,其中複音詞、合成詞、同義詞是研究的重點;從研究方法看,建立在窮盡性數量統計基礎上的描寫仍是主要方法,但現代語言學理論也已開始得到有效運用。

關鍵詞　上古漢語　專書詞彙　成果綜述

漢語詞彙史必須建立在斷代研究的基礎上,而斷代研究又須從專書研究開始。上古漢語專書詞彙研究,是漢語詞彙史研究的一個重要組成部分,其研究對象是上古文獻中的詞彙,但研究角度可以是多方面的。近20年來,[①]上古漢語專書詞彙研究成果不斷湧現,從研究對象看,這些成果可以大體歸納分下述五個方面。

一　以全體詞彙爲研究對象

從研究內容看,該類成果既有基本詞彙研究,也有一般詞彙研究;既有新詞新義研究,也有疑難詞語考釋;既有從音節角度切入的單音詞和複音詞研究,也有從詞義角度切入的同義詞、反義詞和同源詞研究;既有方言詞、典故詞等專題研究,也有經濟詞語、軍事詞語等專類詞語研究。其中複音詞和同義詞是關注的焦點,但亦有凸顯專書特點的專項詞研究。例如馬啟俊《〈莊子〉詞彙研究》(安徽大學2004博士論文)不僅涉及了《莊子》中的複音詞、同義詞、單義詞和多義詞,還對《莊子》中的疑難詞語和成語進行了考辨和整理分析,同時還以《莊子》中的記時詞語和顏色形容詞爲例做了專項研究,探討了這些專項詞語反映出的民俗、哲學等文化內涵。陳長書《〈國語〉詞彙研究》(山東大學2005博士論文)對基本詞彙進行了判

---

*　本文爲國家社科基金項目"上古漢語動詞詞義系統演變研究"(16BYY112)階段性成果。

定、分類和數量統計,對一般詞彙重點討論了方言詞和新詞,並且立足先秦漢語,說明《國語》中的基本詞彙已經初步成熟,而一般詞彙的發展剛剛起步,同時對複音詞作了多角度的分類,對複音詞造詞法和結構進行了細緻分析。郭慶林《〈晏子春秋〉詞彙研究》(安徽大學 2008 博士論文)不僅從音節和詞類方面對複音詞進行了統計,還從政治、經濟、軍事、外交等方面考察了複音詞的分佈,從"純詞彙角度"出發分析複合詞的結構、意義和詞性,以本義爲源頭,歸納出詞義引申的三種規律,並且還對多義詞、兼類詞、同義詞和反義詞的產生途徑進行了總結。王毅《〈周易〉詞彙研究》(山東大學 2013 博士論文)運用訓詁和現代語言學理論,確定了"三點、兩線、一背景"的詞義判定方法,同時吸收認知語言學的原型和範疇化理論,對義素分析法進行了改造,將義素分爲類屬義素、特徵義素等五種類型,最後形成義素分析公式並應用於同義詞、反義詞和同源詞的辨析,進而認爲是義素的顯現和懸置促成了詞義的發展變化。專著有張雙棣《呂氏春秋詞彙研究》(山東教育出版社 1989)、毛遠明《〈左傳〉詞彙研究》(西南師範大學出版社 1999)、車淑婭《〈韓非子〉詞彙研究》(巴蜀書社 2008)、杜麗榮《〈商君書〉實詞研究》(山東文藝出版社 2010)、錢宗武《今文〈尚書〉詞彙研究》(河南大學出版社 2012)。博士論文還有黃信愛《〈戰國策〉詞彙研究》(北京大學 2004)、魯六《〈荀子〉詞彙研究》(山東大學 2005)、柳賢雅《〈晏子春秋〉詞彙研究》(北京大學 2006)、姚堯《〈春秋公羊傳〉詞彙、語法專題研究》(復旦大學 2010)等。碩士論文有劉書玉《〈墨子〉詞彙研究》(廣州大學 2004)、高光新《〈今文尚書〉周公話語的詞彙研究》(山東大學 2005)、于國良《〈大戴禮記〉詞彙研究》(四川大學 2005)、孫瑋《〈孟子〉詞語研究》(蘭州大學 2007)、郭玲玲《〈新語〉詞彙研究》(華中科技大學 2008)、余莉《〈新書〉詞彙研究》(華中科技大學 2008)、張青《〈鹽鐵論〉詞彙與西漢文化研究》(山東師範大學 2013)等。單篇論文有張雙棣《〈呂氏春秋〉詞彙簡論》(《北京大學學報(哲學社會科學版)》1989 年 5 期)、蔣書紅《〈莊子〉詞彙的總體特徵和歷史意義》(《求索》2009 年 12 期)、武麗梅和韓其國《〈晏子春秋〉詞彙探微》(《語文學刊》2010 年 7 期)等。

二 以部分詞彙爲研究對象

(一) 從音節角度進行的研究

1.複音詞/雙音詞研究

該類成果在對複音詞展開研究之前,大都以詞義、語法、出現頻次等爲判定標準,確定複音詞的範圍。但由於複音詞判定存在著一定的主觀性,及各家判定標準的不同,故複音詞的判定結果呈現出一定的差異。這一點在針對同一部專書的複音詞判定結果上尤能體現出來,如張煥新《〈法言〉複音詞研究》(東北師範大學 2004 碩士論文)統計出複音詞 534 個,楊曉宇《〈法言〉複音詞研究》(蘭州大學 2007 碩士論文)統計出複音詞 735 個。任豔麗《〈墨子〉

複音詞研究》(蘭州大學 2007 碩士論文)統計出複音詞 233 個,李曉燕《〈墨子〉複音詞研究》(西南大學 2010 碩士論文)統計出複音詞 1150 個。該類研究一般將複音詞分爲單純詞和合成詞兩類加以研究。對單純複音詞的研究主要是從語音角度進行分類,對合成詞的研究主要是從詞義、詞性、組合功能和句法功能方面加以考察,其中構詞角度的研究較多。從研究結論看,雖然各專書複音詞有一定的差異,但總體呈現出較強的一致性,比如在構詞方面,聯合式和偏正式具有較高的能產性,"動+動"格式是雙音動詞主要的構成方式;從詞類看,複音詞主要限於實詞,虛詞很少。該類成果主要以碩士論文爲主,如臧彤《〈戰國策〉複音詞研究》(陝西師範大學 2011)以語法結構、詞彙意義、修辭特點、出現頻率爲標準,著重分析了合成詞的詞義、詞性和詞序,探討複音化的内因外因。同時統計上古、中古眾多文獻中單音詞和複音詞的使用數據,繪製複音詞發展趨勢表,通過單音詞和複音詞的分佈驗證《戰國策》複音詞的發展規律。張于《〈史記〉四字格詞語研究》(四川師範大學 2011)按結構分爲並列、偏正、述賓、主謂和連謂五類,從結構特點、句法功能和語義結構對各類四字格詞語進行分析,總結各類四字格詞語的特點。孫小燕《〈史記・本紀〉複音詞研究》(貴州民族大學 2015)根據詞的内部形式和本義關係,將合成詞分爲直指和喻指兩類;考慮專書複音詞的特殊性,在歸納複音詞義位時,涵蓋了複音詞的語境義和概括義;又通過與《莊子》複音詞的比較,說明《史記・本紀》複音詞是對《莊子》複音詞構成方式的繼承。此外碩士論文還有胡運飆《〈莊子〉中的複音詞》(西南師範大學 1987)、酈千明《〈晏子春秋〉複音詞簡論》(西南師範大學 1995)、沈紅《〈商君書〉複音詞研究》(西南師範大學 1996)、郭萍《〈孟子〉複音詞研究》(廈門大學 2002)、殷曉明《〈荀子〉複音詞研究》(南京大學 2003)、鐘海軍《〈國語〉複音詞研究》(西南師範大學 2003)、陶家駿《〈說苑〉複音詞研究》》(蘇州大學 2003)、李海燕《〈鹽鐵論〉複音詞研究》(安徽大學 2005)、單宏偉《〈楚辭〉雙音詞研究》(武漢大學 2005)、陶建芳《〈論語〉複音詞研究》(內蒙古大學 2007)、姚豔穎《〈新書〉複音詞研究》(陝西師範大學 2007)、于姍《〈新序〉複音詞研究》(東北師範大學 2007)、張岱松《〈韓非子〉複音詞研究》(中國人民大學 2008)、塗月愛《〈春秋繁露〉複音詞研究》(中山大學 2010)、魏啟峰《〈詩經〉複音詞研究》(蘭州大學 2011)、孟群《〈呂氏春秋〉複音詞研究》(西南民族大學 2011)、李玉紅《〈新語〉複音詞研究》(山東師範大學 2011)、岳潔《〈淮南子〉複音詞研究》(山東師範大學 2012)等。單篇論文也很多,如趙振興《〈周易〉的複音詞考察》(《古漢語研究》2001 年 4 期)、車淑婭《〈韓非子〉同素異序雙音詞研究》(《語言研究》2005 年 1 期)、郭書林《〈詩經〉複音詞探究》(《北華大學學報(社會科學版)》2008 年 5 期)、何毅《〈楚辭・離騷〉複音詞分析》(《語文學刊》2010 年 9 期)、寇鑫《〈論語〉複音詞綜考》(《語文學刊》2011 年 1 期)等。

2. 單音詞研究

該類研究成果較少,專著有管錫華《〈史記〉單音詞研究》(巴蜀書社 2000)。該書包括兩個專題:單音新詞新義和單音同義詞。前者探討了名詞、動詞、形容詞、量詞、副詞、代詞、介詞、助詞中的新詞和新義,分析了各類新詞新義產生的途徑;後者對 21 組同義詞進行了細緻辨析。碩士論文如唐文斌《〈史記〉單音節動詞研究》(新疆大學 2008)統計分析了單音動詞的義項情況和單音行爲動詞不帶賓語、帶賓語、帶雙賓語的情況。張宏磊《〈淮南子〉單音節動詞研究》(陝西師範大學 2011)從語法語義兩個角度對統計出的 964 個單音動詞進行研究,語法方面側重動詞帶賓語和充當句子成分的情況,語義方面分析了義項分佈情況。此外還有任苔蓉《〈鹽鐵論〉單音節詞典》(安徽大學 2006)。單篇論文如何舉春《〈老子〉單音動詞分析》(《兵團教育學院學報》2002 年 3 期)、鐘海軍《淺談〈老子〉單音動詞》(《四川師範學院學報(哲學社會科學版)》2002 年 5 期)、汪强《〈論語〉單音節形容詞研究》(《畢節學院學報》2007 年 2 期)等。該類研究以單音動詞爲研究對象的最多,研究方法主要是在統計動詞義項數量的基礎上以詞義爲綱對單音動詞進行分類探討,同時也關注單音詞的句法功能。

(二) 從結構角度進行的研究

1. 單純詞研究

專門以聯綿詞爲研究對象的學位論文比較有限,如張靖奇《〈楚辭〉聯綿詞計量研究》(黑龍江大學 2012 碩士論文)從詞源角度對《楚辭》聯綿詞進行了數量統計和語音詞性分類,說明《楚辭》聯綿詞有描繪形貌、描繪動作和摹擬聲音的用法,詞性以形容詞爲多。該類成果以單篇論文爲主,如錢宗武《〈尚書〉聯綿詞的類型兼論聯綿詞的構詞理據》(《漢語史學報》2003 年 1 期)總結了《今文尚書》聯綿詞在形、音、義方面的個性特點及成因,歸納出《今文尚書》聯綿詞的構詞理據是緣於音聲。賈愛媛《〈詩經〉〈楚辭〉聯綿詞考論》(《青海師範大學學報(哲學社會科學版)》2011 年 3 期)梳理了《詩經》《楚辭》聯綿詞形義之間的複雜關係,探討了聯綿詞演變的原因,同時還考察了這些聯綿詞在《現代漢語詞典》中的保留情況。此外還有黃守鴻《從〈詩經〉看古代聯綿詞的成因及特徵》(《河南師範大學學報(哲學社會科學版)》1999 年 6 期)、葉正渤《淺析〈莊子〉中的聯綿詞》(《鹽城師範學院學報(人文社會科學版)》2008 年 1 期)、高鋭霞《〈詩經〉聯綿詞特點探微》(《吉林省教育學院學報》2012 年 2 期)等。總體上看,聯綿詞研究仍是沿襲已有的研究思路和研究方法,没有新的突破。

涉及疊音詞/重言詞的研究大多以《詩經》《楚辭》等韻文爲語料,除了探討 AA 式等正格疊音詞外,也涉及含有附加成分的變格疊音詞。除了解說疊音詞的形義關係以及單音形式與重疊形式在表義上的差異外,還從現代漢語角度關照疊音詞的繼承和創新情況。此外,這些成果除了從語言内部探求疊音詞產生的原因外,還注重從文學、藝術等方面尋求解釋。如楊皎《〈詩經〉疊音詞及其句法功能研究》(寧夏大學 2005 碩士論文)將《詩經》疊音詞分爲正格和變格兩種,對正格疊音詞按構詞方式分類例示,對變格疊音詞則進行附加成分的性質判定。同時根據句法位置分析句式格式,重點討論了疊音詞的句法功能。張穎慧《〈詩經〉重言研究》(蘭州大學 2007 碩士論文)將重言分爲常式和變式兩類,在統計重言數量、頻次和義項的基礎上,解說各類重言的意義類別、詞性和語義。從音樂、詩歌、舞蹈三位一體的唱和形式、結構、擬聲和繪景方面探究《詩經》重言產生的原因;從形式、意義和形義關係歸納《詩經》重言的特點和作用。此外碩士論文還有于潔《〈詩經〉重言詞研究》(北京師範大學 2004)、陳曉紅《〈史記〉〈漢書〉重言詞研究》(武漢大學 2007)、章承董《〈爾雅〉疊音詞研究》(北京師範大學 2007)等。單篇論文有張慶凱《〈詩經〉迭音詞初探》(《河南大學學報(哲學社會科學版)》1985 年 5 期)、郭瓏《〈詩經〉疊音詞新探》(《廣西師範大學學報(哲學社會科學版)》2000 年 2 期)、廖揚敏《〈詩經〉和〈楚辭〉中重言的詞義演變淺談》(《詩經研究叢刊》2005 年 2 期)、胡良《〈楚辭〉疊音構詞探析》(《成都大學學報(社會科學版)》2010 年 4 期)等。

2.複合詞/合成詞研究

全面研究的如李智《〈孟子〉的雙音複合詞研究》(河北師範大學 2004 碩士論文)重點探討並列和偏正式複合詞。前者按照詞性不同,探討了詞素義之間、詞素義和詞義之間的關係;後者探討了偏詞素的語義功能、偏正詞素的語義類型及語義關係。同時,還與前後時期的專書雙音複合詞進行構詞方式比較,以此梳理《孟子》雙音複合詞的特點。嵇銀宏《今文〈尚書〉複合詞研究》(揚州大學 2009 碩士論文)一方面從結構類型角度分析了並列式、偏正式和其他結構複合詞,每個部分都從詞性和語義兩方面分析相應複合詞的結構類型,總結各類複合詞的特點;另一方面探索了複合詞的成因,認爲有語義抽象化、結構緊縮化、構詞無限化、表義精確化等方面的動因。其他還有錢宗武《論今文〈尚書〉複合詞的特點和成因》(《湖南師範大學社會科學學報》1996 年 5 期)、李元芝《〈晏子春秋〉合成詞簡論》(中山大學 2006 碩士論文)、張俊賓《〈詩經〉複合詞語義結構探析》(重慶師範大學 2008 碩士論文)、鐘力明《〈左傳〉複合詞形成的認知機制研究》(華中師範大學 2009 博士論文)、李素玲《〈荀子〉中複音合成詞的構成及特徵分析》(《前沿》2013 年 2 期)等。

專門研究並列式/聯合式複合詞的,如杜威《〈墨子〉並列式複合詞研究》(河北師範大學 2005 碩士論文)從語義和詞性兩方面梳理了《墨子》並列式複合詞的結構類型,總結了此類複合詞的特點,探討了成因,同時還考察了它們在現代漢語中的變化情況。其他還有李丹葵《〈戰國策〉中聯合式雙音詞探析》(《武漢科技大學學報(社會科學版)》2000 年 1 期)、連淑敏《〈呂氏春秋詞典〉雙音並列合成詞語素結合關係研究》(北京語言大學 2009 碩士論文)、魯六《〈荀子〉聯合式複音詞研究》(《鄭州大學學報(哲學社會科學版)》2006 年 5 期)、李智《〈孟子〉並列式雙音複合詞研究》(《樂山師範學院學報》2009 年 4 期)、周文德《〈孟子〉聯合式複音詞語義關係研究》(《西南民族大學學報(人文社科版)》2009 年 10 期)、周海霞《今文〈周書〉聯合式複音詞研究》(《語文學刊》2013 年 1 期)等。

專門研究偏正式複合詞的有殷曉明《〈荀子〉中的偏正式複音詞》(《佳木斯大學社會科學學報》2005 年 1 期)、符渝《論〈左傳〉分化型偏正雙音合成詞》(《三峽大學學報(人文社會科學版)》2005 年 3 期)、范玉《〈韓非子〉偏正式複音詞初探》(《語文學刊》2010 年 6 期)、周海霞《今文〈周書〉偏正式複音詞研究》(《現代語文》2013 年 2 期)等。

並列式和偏正式複合詞是漢語複合詞中最主要的兩種類型,因此以這兩種複合詞爲研究對象的成果較多。從詞義和詞性角度對複合詞進行分類是這些研究常用的方式,探討語素之間、語素與詞義之間的語義關係是研究的側重點。這些研究不僅著重考察語素的源頭義,而且重視闡釋語素的顯性意義和隱性意義在複合詞詞義構合中的作用。在對各詞義成分表層意義和深層意義深入分析的基礎上,運用格語法、構式語法、框架語義學等語言學理論,揭示詞義成分之間的語義關係,將複合詞詞義研究引向深入。而基於思維認知、文化背景對上古漢語複合詞形成原因進行的多方面闡釋,使得複合詞研究更加全面。

(三) 從詞義角度進行的研究

1.同義詞/近義詞研究

因上古漢語以單音詞爲主,故同義詞研究基本限於單音節同義詞,只是在題目上有的沒有明確標明。專著如池昌海《〈史記〉同義詞研究》(上海古籍出版社 2002)考察了《史記》同義詞的構成和來源,梳理了同義詞的區別特徵,分析了同義詞的修辭功能,並通過對《史記》同義詞的研究總結了古漢語同義詞研究的若干基本理論。附錄還比較詳盡地列舉了《史記》同義詞的構組分佈,進行了簡要辨析。周文德《〈孟子〉同義詞研究》(巴蜀書社 2002)重點對單音節實詞的同義關係進行了考察,辨析了一些同義詞,總結了同義詞的顯示格式,同時探討了同義詞的形成原理。趙學清《〈韓非子〉同義詞研究》(中國社會科學出版社 2004)對 72 組單音節名詞同義詞、167 組單音節動詞同義詞、41 組單音節形容詞同義詞進行了仔細辨析,總結了單音節同義詞的關係格式,探討了單音節同義詞的形成原因和途徑,以及同義詞辨析的相關理論。碩士論文如王宏劍《〈韓非子〉同義詞研究》(廈門大學 2001)考察了《韓非子》同義詞的形成途徑,對《韓非子》中的同義詞進行了語音、語義、語法三方面的分類,考察了同義詞的差異類型,最後還通過《韓非子》同義詞總結了戰國末期同義詞的特點。荊亞玲《〈詩經〉同義詞研究》(遼寧師範大學 2004)對《詩經》中的同義詞進行了具體考辨,並借此探討了上古漢語同義詞的判定標準問題。楊運庚《今文〈周書〉同義詞研究》(陝西師範大學 2008)對 48 組名詞同義詞、64 組動詞同義詞、18 組形容詞同義詞進行了考察辨析,探討了各類同義詞的區別因素和專書同義詞辨析的理論。孟華《〈晏子春秋〉同義詞研究》(河南大學 2008)對部分名詞、動詞、形容詞同義詞進行了考察辨析,總結了同義詞的顯示格式及形成原因,以及《晏子春秋》同義詞的一些特點。其他還有姜仁濤《〈爾雅〉同義詞研究》(中國文史出版社 2006)、王建莉《〈爾雅〉同義詞考論》(浙江大學 2004 博士論文)、趙翠陽《〈論語〉同義詞研究》(廈門大學 2003 碩士論文)、陸琳《〈墨子〉同義詞研究》(新疆師範大學 2006 碩士論文)、李紹玉《〈莊子‧内篇〉同義詞重點辨析》(廈門大學 2006 碩士論文)、吳藝文《〈說苑〉同義詞研究》(南昌大學 2007 碩士論文)、孫靜《〈鹽鐵論〉同義詞研究》(山東師範大學 2012 碩士論文)、陳慧娟《〈新書〉同義詞研究》(山東師範大學 2012 碩士論文)等。

或在題目上明確標示。如雷莉《〈國語〉單音節實詞同義詞研究》(四川大學 2003 博士論文)統計了名詞同義詞82組、動詞同義詞162組、形容詞同義詞67組,對其中43組同義詞進行了辨析,總結了它們在語義、語法、語用方面的區別特徵和同義關係顯示的9種常見格式,還梳理了同義詞的類別和多組同義詞的意義關係,探索了同義詞形成的非語言因素和語言因素。博士論文如周文德《〈孟子〉單音節實詞同義詞研究》(四川大學2002)對單音節實詞的同義關係進行了考察,分析了同義詞間的差異,對多組同義詞進行了具體辨析,總結了同義關係的常見格式,探討了形成原理。其他博士論文有沈林《〈左傳〉單音節實詞同義詞群研究》(四川大學2001)、唐莉莉《〈左傳〉單音節實詞同義詞辨釋》(浙江大學2009)、趙學清《〈韓非子〉單音節詞同義關係研究》(四川大學2003博士後論文)。碩士論文有楊冬梅《〈周易〉單音節實詞同義詞研究》(河北師範大學2008)、康瑞紅《〈商君書〉單音節實詞同義關係研究》(河北師範大學2008)、劉倩《〈戰國策〉單音節實詞同義詞研究》(新疆大學2009)、張富蓉《〈墨子〉單音節實詞同義關係研究》(西南大學2010)等。

或以某類詞性同義詞為研究對象,其中動詞同義詞居多。碩士論文如李傑《〈鹽鐵論〉單音動詞同義詞研究》(吉林大學2004)統計出105組同義詞,對其進行了同義義位歸納和詞義內部關係分析,總結了15種差異類型。周娟《〈荀子〉單音節動詞同義詞研究》(四川大學2004)辨析了18組同義詞,歸納了差異特點和顯示格式。李冬鴿《〈莊子〉單音節動詞同義詞研究》(河北師範大學2005)辨析了26組同義詞,歸納了顯示格式,探討了相關理論。高世娟《〈國語〉單音節動詞同義詞研究》(吉林大學2013)通過對89組動詞同義詞的具體辨析,探討了同義詞的差異特點。徐婷月《〈國語〉單音節動詞同義詞研究》(揚州大學2014)統計了同義詞的數量,對6組同義詞進行了辨析,總結了區別特徵並探討了形成途徑。其他還有蔣洪峰《〈淮南子〉單音節動詞同義詞研究》(曲阜師範大學2007)、鄧宏《〈韓非子〉單音節動詞同義詞研究》(內蒙古大學2007)、瞿宇君《〈新語〉單音節動詞辨析》(陝西師範大學2008)、梁瑩《今文〈尚書〉單音動詞同義詞研究》(揚州大學2009)、侯桂英《〈孟子〉單音節動詞同義詞研究》(陝西師範大學2009)等。

研究形容詞同義詞的,專著如黃曉冬《〈荀子〉單音節形容詞同義關係研究》(巴蜀書社2003)對48組單音節形容詞同義詞的共同義位進行了歸納辨析,梳理了同義關係的常見格式,探討了同義詞的類別和多組同義詞的意義關係,探討了同義關係形成的原因和途徑。碩士論文如曹雅玉《〈莊子〉單音節形容詞同義關係研究》(河北師範大學2005)歸納出82組同義詞,在詞義辨析的基礎上梳理了同義關係的常見格式,並通過與先秦其他專書的比較考察了《莊子》同義形容詞的一些特點。其他還有武海亮《〈史記〉品行類單音節形容詞同義關係研究》(內蒙古大學2006)、周爽《〈左傳〉單音節同義形容詞研究》(西北大學2010)、劉敏《〈商君書〉單音節形容詞同義關係研究》(西南大學2010)、徐雁《〈詩經〉中形容詞同義詞的類別和多組同義詞的意義關係》(內蒙古師範大學2010)、郭祖蓮《〈詩經〉單音節同義形容詞的辨析及詞義發展研究》(西南大學2011)等。

研究名詞同義詞的,碩士論文如周春霞《〈荀子〉名詞同義關係研究》(內蒙古大學 2006)對 20 組同義詞進行了歸納辨析,從詞義、語法、語用三個方面總結了差異特徵,總結了同義詞的特點、成因和作用。其他有陸懷南《〈論語〉住所名詞近義關係研究》(廣西師範大學 2005)、劉明《〈莊子〉單音節名詞同義關係研究》(河北師範大學 2005)、徐國華《〈荀子〉名詞同義詞重點辨析》(廈門大學 2006)等。

其他還有蘇穎《〈莊子〉名、動、形同義複詞研究》(東北師範大學 2007)、王旭東《〈左傳〉軍事類單音節實詞同義詞研究》(內蒙古大學 2012)、劉少聰《〈逸周書〉"順應"類同義詞研究》(西南大學 2015)等。

同義詞研究是上古漢語專書詞彙研究的重點。從研究對象看,基本限於單音節實詞同義詞,且以動詞同義詞爲主。這些成果的總體特點是在確定同義詞判定標準的基礎上,以系聯法、參照法、雙重印證法等爲同義詞的認定方法,以義項歸納法、反義詞分析法等爲辨析方法,對同義詞進行語義、語法、語用三個層面的辨析,對同義詞做出窮盡式的構組。同義詞的研究主要在於語義研究,語義研究的重點不在於求同,而在於辨異,因此這些成果在歸納同義詞的義位並指明共同義位的基礎上,均側重於詞義的細緻辨析,並根據專書同義詞的不同表現總結詞義的多種區別特徵,說明同義詞的顯示格式,並分析同義詞形成的途徑和動因。

2.反義詞研究

仍基本限於單音節反義詞,或未明確標示。博士論文如廖揚敏《〈老子〉專書反義詞研究》(四川大學 2003)對《老子》中的反義詞進行了分類、考釋和辨異,歸納了反義詞的顯示格式,探討了相關理論。碩士論文如趙華《〈莊子〉反義詞研究》(山東師範大學 2000)從詞性、對應關係、作用三方面探討了反義詞。于江《〈荀子〉反義詞研究》(西北師範大學 2005)據意義和詞性對《荀子》中的反義詞進行了分類,闡釋了反義詞的特點和作用。劉獻琦《〈荀子〉反義詞研究》(山東師範大學 2006)梳理了反義詞的存在方式,辨析了 25 組反義詞,探討了反義詞的形成原因和途徑,還闡述了《荀子》反義詞研究的意義和反義詞的作用。任鳳琴《〈老子〉反義詞研究》(內蒙古大學 2011)對反義詞進行了語法分類,歸納了反義詞的類型,進行了詞義分析;同時考察了反義詞聚合的歷史演變,描述了反義詞的語用功能。其他還有黃輝《〈左傳〉反義詞探析》(內蒙古大學 2004)、劉綻霞《〈淮南子〉反義詞語研究》(廣西師範大學 2006)、胡春生《賈誼〈新書〉反義詞及〈漢語大詞典〉相關條目研究》(湘潭大學 2006)、陳輝《〈荀子〉反義字組研究》(蘭州大學 2007)、許海燕《〈新書〉反義聚合研究》(四川師範大學 2008)、劉志恒《〈說苑〉反義詞研究》(湘潭大學 2008)、王凱軍《〈孟子〉反義詞研究》(新疆師範大學 2009)、陳偉《〈孫子兵法〉反義詞研究》(青島大學 2011)、悅增靜《〈論語〉反義詞研究》(鄭州大學 2012)、劉文晶《〈史記〉反義詞研究》(山東大學 2014)、李赫《〈逸周書〉反義詞研究》(西南大學 2015)等。

或在題目中加以限定。博士論文如李占平《〈莊子〉單音節實詞反義關係研究》(四川大學 2004)統計了反義詞 341 組(形容詞 128 組、動詞 126 組、名詞 93 組),選取其中的 100 組進行了具體考釋,歸納了反義詞的四種顯示格式,並對反義關係形成的原理進行了探討。碩士論文如李永芳《〈荀子〉單音節反義詞研究》(吉林大學 2006)確定單音節反義詞 327 組,對反義詞的類型、對應關係和對構模式進行了考察,總結了反義詞的特點和作用。其他還有郭倫《〈周易〉單音節實詞反義詞研究》(河北師範大學 2008)、朱淑媛《〈史記〉單音節反義詞研究》(內蒙古大學 2008)、萬莉《今文〈尚書〉單音反義詞研究》(揚州大學 2009)、周婷《〈墨子〉單音節實詞反義關係研究》(西南大學 2010)、王付君《〈韓非子〉單音節反義詞研究》(吉林大學 2011)、劉國潭《〈春秋繁露〉單音節實詞類反義詞研究》(湖南科技大學 2012)等。

或從詞類角度限定研究範圍。碩士論文如張樹芹《〈韓非子〉反義形容詞研究》(河北師範大學 2007)從音節和語義角度對反義詞進行了分類,探討了反義形容詞的意義關係、對應關係,總結了反義形容詞的特點。馮華清《〈鹽鐵論〉反義動詞研究》(河南大學 2010)從共時角度描寫了反義動詞的出現語境,從語義對應角度概括了反義動詞的四種類型。同時,選取部分代表性反義動詞與上至《詩經》下至《史記》等文獻中的用法加以比較,探討反義動詞的發展歷程。其他如趙晨茜《〈左傳〉單音節反義動詞研究》(華中科技大學 2013)。

同時涉及反義詞和同義詞的碩士論文有楊柳婷《〈老子〉反義詞及同義詞研究》(遼寧師範大學 2010)、羅雯怡《〈春秋公羊傳〉單音節形容詞同義、反義關係研究》(西南大學 2013)。

明確反義詞的判定標準是反義詞研究的前提,但由於專書反義詞研究的特殊性,所以此類成果還對語言反義詞和言語反義詞做了區分,並將言語反義詞納入研究範圍,力求全面展現專書反義詞的面貌。這些成果多採取音節、詞類、意義等多種分類方式,探討反義詞互補、極性、反向等邏輯關係和對文、連文、否定標籤等顯示格式。詞義方面,重點分析雙邊單義、雙邊多義、多邊單義、多邊多義四種對應關係以及反義詞本義和引申義之間的關係,顯示出上古漢語專書反義詞的複雜性,並從新詞新義產生、同義詞、民族思維等方面解釋造成這種複雜性的原因。

3.同源詞/同族詞研究

主要有方環海、王仁法《論〈爾雅〉中同源詞的語義關係類型》(《徐州師範大學學報》2000 年 4 期)、湯莉莉《今文〈尚書〉同族詞研究》(揚州大學 2006 碩士論文)、齊秀秀《〈莊子〉同源詞研究》(新疆師範大學 2011 碩士論文)、郝立新《〈爾雅〉同源詞研究》(復旦大學 2012 博士論文)。這些成果大都從語義方面對同源詞/同族詞進行歸類,說明語音構詞對新詞產生和詞義分化的影響,嘗試從認知心理、話語經濟等角度解釋同源詞/同族詞形成的機制。

4.專類詞研究

涉及稱謂詞語的有夏先培《〈左傳〉交際稱謂研究》(湖南師範大學出版社 1999),碩士論文有羅春英《〈國語〉中的職官稱謂語》(廣西師範大學 2003)、李城《〈韓非子〉社會稱謂詞研究》(武漢大學 2006)、朴悅嘉《〈史記〉親屬稱謂研究》(延邊大學 2007)、顧妍《〈爾雅〉親屬稱謂研究》（西南民族大學 2011）；涉及時間詞語的碩士論文有馬麗娟《〈左傳〉時間詞語初探》（東北師範大學 2006）、韓曉旭《〈史記〉時間詞語研究》（遼寧師範大學 2010）；涉及軍事詞語的碩士論文有劉小文《〈尉繚子〉軍事用語研究》（西南師範大學 2003）、羅蓓蕾《〈左傳〉軍事詞語研究》（廣西師範大學 2004）、孟驕《〈孫子兵法〉軍事用語研究》（長春理工大學 2008）；涉及法律詞語的碩士論文有趙家棟《〈爾雅〉法律使用域詞語研究》（西南師範大學 2004）、向潔《〈史記〉法律詞語研究》（中南大學 2011）、賈佳《〈商君書〉法律詞語研究》（河北師範大學 2012）；涉及典故詞語的碩士論文有黎潔瓊《〈左傳〉語典沿流研究》（中南大學 2011）、裴蘭婷《〈論語〉典故詞研究》（復旦大學 2012）；涉及其他專類詞的博士論文有李冬英《〈爾雅〉普通語詞研究》（山東大學 2011），碩士論文有孫麗《〈春秋左傳〉地名研究》（中國人民大學 2005）、陳勤香《〈周禮〉祭祀詞語研究》（廣西師範大學 2006）、張紅《〈儀禮〉祭祀詞語研究》（青海師範大學 2010）、周玉芳《〈爾雅·釋宮〉建築詞語研究》（西南大學 2012）、岳文慧《〈詩經〉女性描寫詞彙研究》（山西師範大學 2013）、王楊軍《〈詩經〉色彩詞研究》（西北師範大學 2014）。此類成果均從主題出發，側重不同的聚合，對聚合而成的各專類詞進行多角度的分類研究，展現專類詞在詞義上的特徵。同時注重縱向地梳理各專類詞的音、形、義發展綫索，特別是在與現代漢語專類詞的比較中說明專類詞的繼承沿流及對全民用語的影響。由於專類詞與社會歷史文化的關係密切，因此該類成果也十分重視從政治制度、民族心理、審美內涵、價值認識上分析詞語的形成與演變。

5. 詞義/語義研究

該類研究多運用語義場理論，構建詞義系統，具體則運用義素分析法，分析詞的義位，辨析詞義。同時，隱喻、轉喻、範疇化、原型成員等認知語言學理論在核義素形成、詞義引申、詞義系統建立等研究中也得到較好應用。例如劉道鋒《〈史記〉動詞系統研究》（華中師範大學 2008 博士論文）不僅從義類聚合的角度劃分《史記》動詞，而且還從配價的角度使《史記》動詞形成聚合，建立《史記》動詞詞義系統。不僅從宏觀上對《史記》同義動詞的特點作出評價，還從微觀上對《史記》同義動詞進行辨析，更重要的是從社會文化、民族心理的視角探討了《史記》動詞系統的特色。此外還有碩士論文如朱淑華《今文〈尚書〉詞義引申研究》（揚州大學 2006）分轉喻引發的詞義引申、隱喻引發的詞義引申、詞類轉換引發的詞義引申三個方面對《今文尚書》的詞義引申現象進行了探討。郭穎《〈孟子〉動詞詞義研究》（北京師範大學 2008）通過義位歸納，找出共同語義特徵和區別性語義特徵，構建動詞語義系統；運用義素分析法辨析同義詞，總結動詞同義詞的用詞特點。其他碩士論文還有趙變親《〈商君書〉單音詞義初探》（西南師範大學 1995）、邱道義《〈爾雅〉"釋類"部分語義初探》（山東大學 2006）、沙瑩《〈禮記〉婚、喪二禮文化詞語語義系統研究》（山東大學 2006）、趙雨《〈周易〉古經單音核義素研究》（吉林大學 2008）、呂曉玲《〈鹽鐵論〉新詞新義研究》（安徽大學 2012）等。單篇論文如樊花和歐陽小英《淺析〈孟子〉中"看見"語義場詞彙系統及其演變》（《法制與社會》2009

年 8 期)、李昌文《"概念整合"與新義新詞——基於〈周易·易傳〉的新義新詞生成機制分析》(《東嶽論叢》2011 年 10 期)等。

三 詞彙比較研究

涉及上古專書之間比較研究的碩士論文有朱九香《今文〈尚書〉與〈爾雅〉詞義比較類例研究》(揚州大學 2008)、周玉珊《基於向量空間模型的古漢語詞彙研究——以〈論語〉〈孟子〉部分詞彙單音詞比較研究爲例》(四川外語學院 2012)、吳偉元《〈戰國縱橫家書〉與〈戰國策〉文字詞彙比較研究》(華東師範大學 2014)、梁凡《〈國語〉和〈戰國策〉單音同義動詞比較研究》(山東師範大學 2014)、管永紅《〈國語〉與〈戰國策〉方言詞比較研究》(山東師範大學 2014)、王林紅《〈國語〉和〈戰國策〉構詞詞素比較研究》(山東師範大學 2014)、楊翠娜《〈國語〉與〈戰國策〉造詞法和構詞法的比較研究》(山東師範大學 2015)、張瀟丹《〈國語〉與〈戰國策〉反義詞比較研究》(山東師範大學 2015),單篇論文如歐陽國泰《〈論語〉〈孟子〉構詞法比較》(《廈門大學學報(哲學社會科學版)》1994 年 2 期)、李海霞《〈詩經〉和〈楚辭〉連綿詞的比較》(《浙江大學學報(人文社會科學版)》1999 年 3 期)等。涉及上古專書與中古和近代文獻之間比較研究的博士論文有賴積船《〈論語〉與其漢魏注中的常用詞比較研究》(四川大學 2004),碩士論文有韓婷《從〈左傳〉與〈東周列國志〉的詞語對比中看詞義突顯》(蘭州大學 2006)、劉瑤瑤《〈孟子〉與〈孟子章句〉複音詞構詞法比較研究》(蘭州大學 2007)、王雪琦《〈國語〉與韋注單音詞對比研究》(四川師範大學 2008),單篇論文如李智澤《〈孟子〉與〈孟子章句〉複音詞構詞法比較》(《中國語文》1988 年 5 期)等。該類研究涉及單音詞、複音詞、同義詞、反義詞、構詞法等,其中對構詞法的關注較多。從研究方法看,這些成果比較注重從詞彙層級性和系統性角度進行比較,同時力求從語言內部和外部尋求對比較結論的合理解釋。

四 詞彙演變研究

碩士論文如張麗霞《揚雄〈方言〉詞彙嬗變研究》(山東師範大學 2002)選取《方言》中有明確通行地域且能轉換成現在明確地域的 767 個詞條,考察其在現代漢語中的分佈情況,得出一直沿用到今天的有 184 個詞。按照這 184 個詞在古今詞彙系統中地位的不同,對其嬗變情形進行分類,嘗試據此總結出一些規律性的東西。論文還對《方言》、《說文解字》、郭璞《方言注》中的方言詞進行了比較。王彤偉《〈史記〉同義常用詞先秦兩漢演變淺探》(陝西師範大學 2004)考察了 7 組同義常用詞在先秦兩漢至中古典型語料中的分佈和變化情況,對這 7 組常用詞做了歷時演變角度的研究。王琳《〈禮記〉祭祀詞語的起源與流變》(長春理工大學 2010)將祭祀詞語分爲祭名、祭儀、祭器、祭祀對象、祭品五類,對它們進行了語源考釋,探討源流演變,歸納形式和意義特點。同時還考察了這些祭祀詞語在禮文化體系中的發展及對相關學科的影響。單篇論文有廖揚敏《〈詩經〉和〈楚辭〉中重言的詞義演變淺談》(《詩經研究叢刊》2005 年 2 期)等。該類成果多以某類詞爲研究對象,或對研究對象進行溯源,或調查梳理研究對象的流變。目的都是從歷時角度探討詞義的變遷,從社會發展等方面綜合考察詞語的演變過程,總結詞語嬗變的主客觀原因。

五 構詞/造詞法研究

碩士論文有劉旭《〈易經〉詞法初探》(內蒙古師範大學 2004)、趙靜蓮《〈淮南子〉合成詞構詞法初探》(陝西師範大學 2005)、許芃《〈莊子〉隱喻、轉喻造詞的認知分析》(山東大學 2005)、梁葉春《〈左傳〉構詞法研究》(暨南大學 2005)。單篇論文如嚴志君《〈荀子〉構詞法初探》(《青海師範大學學報(哲學社會科學版)》1992 年 2 期)、錢宗武《〈尚書〉聯綿詞的類型兼論聯綿詞的構詞理據》(《漢語史學報》2003 年)、胡良《〈楚辭〉構詞法研究》(《長江學術》2010 年 3 期)、楊飛《論〈尚書〉複音形容詞的構詞類型及其特點》(《寧夏大學學報(人文社會科學版)》2013 年 2 期)等。該類成果主要探究單純詞或合成詞呈現出的語音構詞和語法構詞方式,結合上古語音系統、歷代訓詁材料和出土文獻,分析由不同構詞法形成的複音詞的詞義和詞性,同時對隱喻轉喻、語義框架等與複音詞產生有關的問題加以探討。研究表明上古漢語時期語音構詞逐漸讓位於語法構詞,語法構詞中的聯合式和偏正式構詞表現出較高的能產性。

通過對上古漢語專書詞彙研究成果的整理歸納,可以看出,上古漢語專書詞彙研究呈現如下特點:

1.從研究對象看,以全體詞彙爲研究對象的成果非常有限,多數成果是以部分詞彙爲研究對象。其中,同義詞研究數量最多,又以部分同義詞研究爲主,其次是專類詞研究。上古時期是複音詞形成的萌芽時期,因而複音詞/雙音詞和複合詞/合成詞研究在部分詞彙研究中佔有重要地位,與之相應的構詞法研究也頗受關注。

2.從語料範圍看,總體趨勢是語料範圍在不斷擴大,但是側重點仍是少數經典性語料,如《史記》共有專著和學位論文類成果 17(篇)部,《左傳》有 15(篇)部,《荀子》有 12(篇)部,這些語料的研究較爲全面深入,其他語料如《逸周書》等受到的關注還比較有限,因此上古漢語專書詞彙研究的語料範圍具有不平衡性。由於語料內容在一定程度上決定了研究對象,所以一些成果呈現出相對突出的特點,如《詩經》的重言詞研究、《老子》的反義詞研究等,但是有些研究對象則涉及幾乎所有語料,如同義詞研究和複音詞研究。

3.從研究方法看,一是建立在窮盡性數量統計基礎上的細緻描寫仍是主要方法,但著力於分析和解釋詞彙現象的現代語言學理論也越來越多地引入到上古漢語專書詞彙研究中,如義素分析法、語義場理論、認知語言學、計算語言學、框架語義學、語義語法理論等,這些語言學理論的應用將上古漢語專書詞彙研究引向深入。二是開始注意從多種角度對詞彙現象進行深入分析和解釋,如通過與出土文獻的比勘嘗試對詞義作出更準確的解說,通過溯源探究詞義的產生,通過探流梳理詞義的發展趨勢,通過語音、語義、語法、修辭多方面探究詞彙現象的不同表現形式,探究詞彙產生發展的内部機制,通過與社會文化和專書思想内容的結合,探究詞彙產生發展的外部原因。

4.注重詞彙理論的探索。在對上古漢語專書詞彙的研究過程中,漢語詞彙研究理論也得到了闡發。如楊運庚(2008:162—165)探討了專書同義詞的辨析理論,提出了"在專書同義詞研究中,面對一些同義詞組在同義義項上用例偏少甚或孤例的應對策略;如何處理利用訓詁資料義、字典、辭書的解釋義與利用專書實際語言環境推求詞義的關係;如何處理專書詞彙與專書同時代的斷代詞彙的關係"等理論。嚴志君(1992:122)論及了確定構詞法使用階段時應注意的問題,認爲"由於語言發展的繼承性和漸變性,新的構詞方式的產生並不意味著舊的構詞方式的消亡,而是會長期並存,所以我們在劃分階段時不能搞'一刀切'"。王彤偉(2004:76—77)討論了同義常用詞替換演變的主觀和客觀原因,說明了替換演變的共性和個性,提出了"在判斷描寫新、舊詞的發展演變、歷時更替的過程中,應該把用資料統計得出的出現頻率以及新、舊詞與其他詞語的組合能力結合起來全面考慮,分析比較、得出結論"。

近 20 年來上古漢語專書詞彙研究取得了豐碩成果,但某些方面尚有可爲之處。研究方法方面,專書共時和歷時比較研究以及以某部專書爲基點的歷時演變研究亟待加強;語料方面,一些未納入或研究成果相對較少的專書語料(特別是出土文獻)還有待開掘;研究内容方面,共時同義詞研究已經取得了很多成果,但斷代歷時同義詞研究卻少人問津,同時上下位詞等其他聚合關係也可以進一步開拓。

附　注

① 本文所说的近 20 年是從 1987 年至 2015 年。

參考文獻

王彤偉　2004　《史記》同義常用詞先秦兩漢演變淺探,陝西師範大學碩士學位論文。
嚴志君　1992　《〈荀子〉構詞法初探》,《青海師範大學學報(社會科學版)》第 2 期。
楊運庚　2008　《今文〈周書〉同義詞研究》,陝西師範大學碩士學位論文。

A Review on the Study of Special Book Lexicon of the Archaic Chinese in Recent 20 Years

WU Zhenyu YAN Siwen

Abstract: The study of special book lexicon is the basis of the study of dynasty lexicon and the study of lexicon history, and the study of special book lexicon of the archaic Chinese which is concerned very earlier is an indispensable part of the study of the history of Chinese lexicon. Over the past 20 years, the study of special book lexicon of the archaic Chinese has achieved fruitful results. According to the results forms, there are both academic monographs and dissertations and single papers, and the number of academic dissertations is significantly increased. According to the study scopes, some regard the whole lexicons in a special book as the research object, but more regard some certain kinds of lexicons as the research object, especially polysyllable words, compound words and synonyms are the research focuses. According to the study methods, describing which is based on exhaustive quantity statistics is still the main method, but modern linguistic theories have also started to be used effectively.

Key words: archaic Chinese, special book lexicon, review

(武振玉　吉林大學文學院　130012；
閆斯文　吉林大學文學院漢語言文字學專業博士研究生　130012)

蜀語、漢語、羌語同源說*

汪啟明

提　要　研究語言的歷史應該和使用這種語言的人的歷史結合起來進行研究。古代的夏人、商人、周人、蜀人均源於古老的羌人，他們有著共同的族源。從考古學的成果看是如此，從傳世文獻的記載也能得到印證。解剖蜀人、羌人、華夏三者關係，結合語言的例證，可知上古時期的殷商語、周語和蜀語具有同源的關係，並都源於古羌語。

關鍵詞　蜀語　漢語　羌語　同源

語言和人類是互相發明的，有了語言才有了人類，反之亦成立。任何語言在其發展過程中，都有兩種基本過程。"一種爲分化過程，另一種爲整化過程。""分化過程指的是擴大了同一語言的諸方言之間的(或者有共同來源的諸語言之間的)區別的那些變化。相反地，整化過程指的是擴大了共通的、相似的特性，使早先不同的語言(或同一語言的諸方言)互相接近的那些變化。""人類歷史不同時期中分化過程和整化過程的比重過去不可能是(現在也不可能是)一樣的，古代社會生活條件，促進了分化過程，現代歷史時期的生活條件促使整化過程加強。"(A.C.契科巴瓦 1956:84—90)英國人類學家索撒爾舉證努埃爾人和丁卡人的關係就是分化的例子(尤金·N.科恩 1987:77)，中國歷史上的語言規範化運動就是整化的典型。華夏民族和語言的形成我們還不能完全肯定是哪種情形，但我們可以參考郭沫若(1982:227)的觀點：

　　要之：(一)五帝三王同出於黃帝之說爲周秦間的學者所改造，(二)五帝古無疊承之跡，其發生祖孫父子之關係者當在五行生勝說發生以後，後人言五帝者亦無定說。

換言之，文獻記載的歷史並不就是真正的歷史，我們看到的文獻本身也往往不是可靠的文獻。這對華夏民族及語言起源研究造成了極大的困難，好在語言總是由人來掌控和使用的，我們可以從考古與文獻相互印證的角度來切入。

上古時期，華夏民族的語言生活狀況文獻不足徵，結合語言學、文字學、歷史文獻學、考古學、文學、藝術學、宗教學、社會學、文化學、人類學、遺傳學及神話、傳說等綜合考量，並與

---

* 本文係汪啟明主持的國家社科基金項目"中上古蜀語考論"(編號:06XYY014)的部分成果。

方言、譯音、少數民族語甚至域外語進行比較,推測他們語言的基本面貌幾成唯一路徑。這早已突破了王國維、傅斯年、陳寅恪、顧頡剛、姜亮夫、饒宗頤、魯國堯、葉舒憲等學者歸納的二重、三重乃至四重證據法的藩籬(汪啟明 2010:51—94)。從不同角度切入上古漢語的研究者曾提出過種種猜想,用"汗牛充棟"來形容一點也不過分。如"漢藏語系假說""漢藏侗台苗瑤語言同源假說""澳泰語系假說""古代漢語和阿勒泰語相似說"及"東亞三大太古語系說""原始華夏語混成說""漢語南島語同源說"等(李葆嘉 1998:21)。

近年何九盈先生(2014:7—49)著有《重建華夷語系的理論和證據》一文,採用口傳歷史、親屬語言、考古文化三證合一的研究方法,新提出"華夷語系"的概念,並認爲戰爭造就了"華夷語系"的四大語族:羌戎語族、百越語族、苗蠻語族、華夏語族。他指出,"黃帝、炎帝兩大氏族原本爲兄弟,故華夏語、羌戎語關係最爲密切,儘管前者屬華,後者屬夷","華夷原本是一家","由'夷'衍生出'華',這是歷史事實",質疑現有的一些假說並揭示了進一步研究這個問題的綫索。

筆者(2007:17—21)曾採用多重證據法討論過相關問題。《東夷非夷證詁》(2007)從古文字、字源、內涵、指稱對象、"東夷"一語的歷史發展、文獻記載"東夷語"與漢語的面貌等方面,論證了夷、夏無別,"夷變夏","夏變夷"是個僞命題,東夷的語言多屬於朝鮮高句驪的語言,只有辰韓的語言大約與華夏族的秦人語言有關;"東夷"是一個文化概念,更多地屬於觀念範疇而不是國家、民族、族羣的範疇。《東夷非夷新詁》(2012)系統梳理了"東夷"問題研究史,總結出學界諸説:(1)"夷夏一體説",包括"夷夏等同""夷生華夏""華夏生夷"三個主要觀點;(2)獨立東夷説,包括"東夷爲夷之一部説""東夷爲山東衆多部落融合形成説"。論文從文獻與傳說勾稽,把(東)夷與伏羲、神農、黃帝、少昊、顓頊、高辛、唐堯、虞舜的糾葛一一厘清並得出結論:遠古傳説帝王均屬夷,華夷無別。又對先秦時期 21 種主要典籍使用"東夷"一語的情況做了統計,發現先秦時期"東夷"並不是少數民族稱謂,指"夷"爲"東夷",再將史前山東人冠以"夷"或"東夷"名,本身是一個值得商榷的僞命題;再指"東夷"爲某個或某些與華夏相對的民族或國家,是僞上加僞。華夏與"東夷""夷"相對而稱,是戰國以後人"中原文化中心論"的產物。夷、夏並非二族,"東夷"是後人歸納的結果,而並非傳説時代有一個與華夏民族或中原集團相對的東夷少數民族集團,"夷"也並不與某個民族、某個國家、某個地區對應。夷夏之間的"變"與"化"也不是民族之間融合。這與徐旭生、蒙文通認爲傳説時代有華夏、東夷、苗蠻三大集團的主張不完全一致。(汪啟明 2012:1—22)

經過近年的思考和發現的一些材料,尤其是對古蜀語進行系統研究後,筆者對這個問題又有一些新的看法。

由於交通的不便,工具的落後,山川河流的阻隔,古代部落的原始語言一定是地域方言,這沒有疑問。因而,研究古代的華夏語就是研究各個地域方言。這當中要特別注意研究古蜀語的起源與發展,包括他和中原諸語言的關係,是不同語言的整化,還是同一種語言的分化。但史籍巨著如《左傳》,"蜀"字九見而並非西川之蜀。輝煌的古蜀文化卻"文獻無征",在相當長的歷史時期湮沒無聞,這是意味深長的。

李學勤(2004:6)正確地指出:

  可以斷言,如果沒有巴蜀文化的深入研究,便不能構成中國文明起源和發展的完整圖景。考慮到巴蜀文化本身的特色,以及其與中原、西部、南方各古代文化之間具有的種種關係,中國文明研究中的不少問題,恐怕必須由巴蜀文化求得解決。

我們得仔細考量這句話中"恐怕必須"一語的分量。他還主張"三星堆及巴蜀文化是整個'長江文明'的組成部分,應該把巴蜀文化置於'長江文明'的大背景中去考察"。華夏文明如是,華夏語言亦當如是。研究古蜀人、古蜀語是研究中上古華夏民族及其語言重要的一環,如果缺乏對中上古蜀語及其發展狀況全面而深入的研究,漢語方言史和漢語史的研究就缺少一個關鍵的節點。古蜀語研究可以爲建立上古時期科學的漢語史、漢語方言史和漢語方言學史奠定堅實的基礎,也可以解決漢語史研究中許多無法解釋的現象。

從某種意義上說,對蜀人的起源、發展和蜀人與周邊民族關係等情況的研究與對蜀語本身的研究具有同等重要的地位。例如,前修時賢根據文獻中的記述,主張公元前316年秦舉巴蜀後,"蜀人始通中國,言語頗與華同";秦向蜀大移民之後,"民始能秦言"。並據"二始說"概括出蜀語非漢語的重要命題,認爲"古蜀語與華夏語以至漢語不同,可以說沒有什麽異議。"(崔榮昌1996:55—56)持古蜀語非華夏語觀點的學者不少,[①] 如鄧少琴、向熹、段渝、唐世貴、張紹誠主張的"獨立蜀語說",以任乃強爲代表的"羌語說",以徐南洲爲代表的"景頗語說",伏元傑爲代表的"彝語說"(汪啟明2012:1),乃至新近出版的《四川通史·先秦卷》(2010:282)亦認爲蜀語非漢語。《蜀王本紀》和《華陽國志》是研究上古蜀人歷史的兩種基本文獻,學者常常據以論證古蜀語的面貌。但鄭德坤(2004:21—22)曾將這兩種資料做過比較,指出《蜀王本紀》:

  或爲四川民間流傳之古代傳說,作者據所聞記錄,毫未修飾,故尚可見其本來面目。晉常璩著《華陽國志》,所載與此略有出入,其爲整理過之民間傳說甚明。……第一段常氏將蜀史與漢族傳說打成一片,憑空將蜀王世系懸掛於帝嚳支派之下。第二段常氏又用學者眼光將一切神話與不雅故事完全刪去。例如蠶叢至魚鳧三代,各治國數百歲,臨終仙化;杜宇從天墮,其妻由井出;鱉靈屍逆流而上,後復活;望帝與鱉靈妻私通,均爲常氏所不取者。嚴本《蜀王本紀》稱蠶叢年代爲三萬年前,常《志》則置於東周之時。

鄭德坤(2004:29)認爲有些學者以傳說爲信史,用以證明蜀史,其研究方法的出發點並不可靠,常氏《華陽國志》只是將傳說進行了整理,基礎仍然是這些傳說,不能作爲蜀國或蜀族的信史。又如,《史記·秦本紀》和《六國年表》都記載秦惠文王后元九年(公元前316年)司馬錯伐蜀而滅之,但鄭德坤經過與《張儀傳》相對照,又參考馬培棠《巴蜀歸秦考》(《禹貢》卷二第二期)和鐘鳳年《論秦舉巴蜀之年代》(《禹貢》卷四第三期)兩文,提出結論:"據此,則秦舉巴蜀宜較舊説移前十三年之説,可立矣。"如此,連"蜀左言""民始能秦言"和"頗與華同"等前提的歷史真實性都成了問題,則據此推論關於古蜀語的結論的可靠性也就要大打折扣。

俞敏先生(1999:205)認爲,上古時期語言研究的材料少,"正面突破做不到,咱就迂回。……從語言事實以外找材料來證明漢、藏兩種話是同源的,這種材料就是上古史","要是咱們能用史料證明漢藏兩族原是從一個母系氏族派生出來的,語言同源就得到堅如磐石的根據了"。研究語言不能脱離文化歷史背景。要研究中上古蜀語,也只有用考古式發掘的方法在浩如煙海文獻尋找零星材料,對蜀人、蜀地、蜀史做貫通研究研究,才能得出接近事實的答案。至於前人對古蜀語性質的討論,我們已經另文做了初步梳理(汪啟明 2012:1),這裏我們著重從起源上分析古蜀語、羌語和華夏語的關係。

一 蜀人與夏人

蜀地是中華民族發祥地之一,古蜀人是華夏民族的組成部分。從考古上看,1986 年巫山縣大廟本坪村尤骨坡發現古人類的上内側門齒和下頜骨化石,經中國科學院用古地磁方法測定,其地質年代爲更新世早期,距今 200 萬年—204 萬年,定名爲"直立人巫山亞種",後來定爲"巫山人"。舊石器時代,與陝西大荔人、廣東馬壩人、湖北長陽人、北京周口店山頂洞人等相並列的,有 1951 年發現於四川資陽黃鱔溪的舊石器時代晚期的人類頭骨化石,具有明顯的蒙古利亞人種的特徵,古人類學家認爲屬於新人類型,其絕對年代距今 5 萬年—1 萬年,並將其命名爲"資陽人"。它們都屬於舊石器時代晚期的人類化石。除此之外,1960 年,在漢源縣富林鎮舊石器時代遺址出土石器材料 4586 件,有刮削器、尖狀器、端刮器、雕刻器和砍砸器等 5 種 119 件,其中刮削器多達 82 件;1973 年,在資陽市同心鄉孫家壩鯉魚橋發現砍砸器、刮削器、尖狀器和雕刻器 4 種 12 件。一般認爲這是舊石器時代的晚期器物。(參《四川文物志·考古遺址》)

這表明兩三萬年前,蜀地就有人類的活動。距今 5000—7000 年,四川有廣元營盤梁遺址、綿陽邊堆山遺址、巫山大溪遺址、廣漢三星堆文化一期、西昌禮州遺址,以及成都市、青衣江、岷江上游文化遺址等。緊隨其後的,還有都江堰芒城、郫縣三道堰古城、温江縣魚鳧城遺址。2008 年 3 月 20 日,四川新都褚家村發現上萬平方米遺址,其中出土石刀長約 20 釐米,寬約 3 釐米,它的中心被鑿出一個直徑約 1 釐米的圓孔。該遺址的地層堆積保存完好。從第四層和第六層地層中發現了商代和新石器時代的堆積(王嘉、朱大勇 2008)。一個遺址涵蓋了商代和新石器時代兩個重要的先秦時期堆積,這是很罕見的。説明 4000 年前,就有蜀人在成都平原修房造屋、化土成器,過著穩定的農耕定居生活。

在距今 4700—3000 年前,有廣漢三星堆文化遺址;在成都十二橋遺址的第 13 層,出現了規模宏大的木結構宫殿建築群。在成都羊子山,一座高達 10 米的三級四層的供祭祀用的四方土台,也巍然屹立在平原之上。這一切表明,在距今3000年前,古蜀人已經在成都平原創造出一個燦爛輝煌的古代文明中心,存在一個可與中原夏商文明相媲美的古蜀王國。在這個中心四周,還有早期蜀文明的其他幾個來源和組成部分,這就是從新石器時代多元性文化基礎之上形成的,以岷江上游、綿陽邊堆山、大渡河青衣江流域,以及川東三峽以至鄂西宜昌等地區爲支點所構成的廣闊的空間構架。這也就是古蜀語起源與發展的大致區域。

那麼,古蜀人與華夏人是同源的嗎？答案是肯定的。李紹明(2004:50)對蜀地考古文化進行了系統的整理,補正了他原來的觀點:"(蜀文化)在江漢地區與南傳的二里頭文化(夏文化)相遇,在陝南與商文化相遇,在渭濱與周文化相遇,蜀應該是殷商在西土的外服方國。"指出:"蜀是夏的異地同源的親緣之邦,是周初的西南強國。"大量的考古研究證實,蜀文化與中原文化之間接觸很早。②

夏族是中華民族的核心集團,文獻記載他的首領禹是蜀人。《蜀王本紀》:"禹本汶山郡廣柔鄉人,生於石紐。"《三國志·蜀志》:"禹生於汶山之石紐,夷人不敢牧其地。"《華陽國志·蜀志》:"石紐,古汶山郡也。崇伯得有莘氏女,治水一行天下,而生禹之石紐刳兒坪。"《華陽國志·蜀志》:"蜀之爲邦:天文,井絡輝其上；地理,岷蟠鎮其域；五嶽,則華山表其陽；四瀆,則汶江出其徼。故上聖則大禹生其鄉……"東漢時期,則更有有禹生於廣柔縣石紐鄉之說。《三國志·蜀志·秦宓傳》載秦宓言:"禹生石紐,今之汶川郡是也。"裴松之注引譙周《蜀本紀》:"禹本汶山廣柔縣人也,生於石紐,其地名刳兒坪。見《世帝紀》。"《水經注·沫水》廣柔縣條:"縣有石紐鄉,禹所生也。"《輿地廣記》:"(石泉)隋汶川縣地,屬汶山縣。唐貞觀八年析置石泉縣,屬茂州,皇朝熙寧九年來屬。有石紐山,禹之所生也。"《吳越春秋》宋徐天佑注:"(石紐)在茂州石泉縣。其地有禹廟,郡人相傳禹以六月六生此。《元和郡縣志》:禹汶山廣柔人,生於石紐村。《水經注》:縣有石紐鄉,禹所生也。廣柔,即今石泉軍。"南宋計有功所撰《禹廟記》,詳述了石泉(今北川)縣內禹廟的悠久歷史和祭祀大禹的淵源。《四川通志》載:"石泉縣。石紐山在縣南一里,有二石紐結,每冬月霜晨有白毫出射雲霄。山麓有大禹廟。""九龍山。在(石泉)縣北二十里,山勢嶙峋,排列九嶺,如龍起伏狀。第五嶺下即刳兒坪,禹生於此,血石滿溪。李白書'禹穴'二大字,鐫於山頂(山腰)。""大禹廟在(石泉)縣東南石紐山下,邑人以禹六月六日生,是日裸享,歲以爲常。"

傳說時代,《史記·夏本紀》說黃帝娶嫘祖,黃帝二子玄囂(青陽)和昌意,一降江水,一降若水。張守節《史記正義》引《水經》:"水出旄牛徼外,東南至故關爲若水,南過邛都,又東北至朱提縣,爲瀘江水。是蜀有此二水也。"又《世本》:"蜀之先,肇於人皇之際,無姓。相承云,黃帝後。"《史記·三代世表》:"蜀王,黃帝後世也。"殷商已有蜀人在朝爲官。《論語·述而篇》:"述而不作,信而好古,竊比於我老彭。"何晏集解引包咸:"老彭,殷賢大夫。"邢疏引《世本》:"在商爲藏史。"《大戴禮記》卷九有"商老彭"之稱。常璩《華陽國志》卷十二因此而推斷"彭祖本生蜀,爲殷太史"。據此,顧頡剛(1981:19)認爲:"老彭是蜀人而仕於商,可以推想蜀

人在商朝做官的一定不止他一個。"這些文獻記載雖難稽考,但可旁證。陳保亞《解讀蜀夏文化的一綫曙光》(2009:23):

> 大禹不僅是蜀人,而且還帶去了蜀文化的兩種重要生存方式:桑蠶和稻作。如果情況真是這樣,由於桑蠶文化和稻作文化在華夏文化的生活中的重要作用,那麽夏文化就從根本上受到了蜀文化的影響,夏文化可能本質上就是一種以蜀文化爲源頭的"蜀夏文化"。

可見,蜀夏同源,無論是考古還是文獻,都可以得到印證。

二 蜀人與羌人

考古情況證明,蜀人是中國境内最古老的人之一。研究表明(林向 1995:81),古蜀人與羌人有關,也與氐人有關。進入成都平原後成爲新的蜀族。李紹明(2004:50)提出:

> 岷江上游乃至雅礱江一帶,從先開始便是氐羌系的民族所居,也是氐羌系民族從北向南遷徙,乃至濮越系的民族從南向北遷徙的走廊地帶。這一帶至今仍是藏、羌、彝、普米等藏緬語系的大本營。因此,説蜀山氏及其後蜀人應與氐羌系的民族有密切的關係是有根據的。……這裏所説蜀族爲氐羌系的民族,是從川西北山區逐漸徙居到成都平原的事實,並不排斥三星堆文化是"川西平原自成體系的一支新文化"。事實上,蜀族進入成都平原並與當地及附近民族發生密切交往後,已發展成爲另一種新型的民族了。

劉少匆、子房、屈小强提出了"古羌—蜀族團"(蠶叢部落的一支)的概念,同意任乃强的意見。③袁庭棟(1998:3,41)指出:"蜀族本是氐羌族的一支,早期活動地區在岷江上游山谷之中,逐漸發展到成都平原與陝南,長期以成都平原爲根據地。在今川西至陝南的廣大地區之中的古老民族,則都被稱爲蜀人或蜀族"。"蠶叢氏應屬於氐羌族系","柏濩氏很可能與蠶叢氏是同一族系,都是出自氐羌"。温少峰(1981:39)著文認爲,蜀族乃是古代氐羌的一支,從藏語與羌語進行考察,古代氐羌族稱高原之人、山上之人爲蜀(或譯音爲叟,爲戎,爲滇),故而蜀之本義即爲高原之人。

"禹生西羌"之説,趙曄《吴越春秋》有載:"禹家於西羌,地名石紐。"又見陸賈《新語》。杜光庭(850—933年)《青城記》:"禹生於石紐,起於龍塚。龍塚者,江源岷山也。有禹廟鎮山上,廟坪八十畝。"樂史(930—1007年)《寰宇記》:"石紐村在縣西一百二十里。"近年有不少學者如任乃强、李紹明、林向等均提出大量蜀羌同源的論據,指出古蜀人是發源於長江上游的羌人。④葛維漢(2004:6)指出:"在中國史書和甲骨文中,有關羌人的記載不計其數,他們顯然覆蓋了四千多年的人類歷史……。有足夠的證據證明,在古代,羌人居住在中國的東南部,他們向西遷移,有些進入了甘肅,另一些又往南到了川西和川南。"

三　華夏與羌人

夏代，"禹興於西羌"早見載籍。《史記·六國年表》："夫作事者必於東南，收功實者常於西北，故禹興於西羌。"羅泌《路史》："石紐在汶山西番界龍塚山之原。鯀，汶山廣柔縣人也，納有莘氏女，歲二月，以六月六日生於道之石紐鄉，所謂剖兒坪，長於西羌，西夷之人也。"

徐中舒(1980：110)認爲夏、羌之間的聯繫非常緊密，以羌族爲主體："夏王朝的主要部族是羌。根據由漢至晉五百年間長期流傳的羌族傳說，我們沒有理由再說夏不是羌。"鄧廷良《瓊鳥與犛牛羌》(1984：244)一文則指出："炎、黃、鯀、禹、稷皆古氐羌中功業昭著之大人(酋長)，夏及其支系周亦緜爲羌中赫赫大部。"林向《從考古新發現看蜀與夏的關係》從古城、字元和對龍的崇拜三方面的不同對比，證明夏禹與古蜀文化有文化上的同源關係，蜀"與夏同源問題既於文獻有徵，又得地下出土文物的印證"，是不用懷疑的。李紹明《從石崇拜看禹羌關係》(2004：52)提出禹、羌同源，"從三星堆文化爲早期蜀文化和二里頭文化爲夏文化來看，他們的共同點均在於創造這種文化者，均源於西北的氐羌族系"。王錫純作《試論禹生石紐及禹跡》，對禹生"西蜀石紐"做了歷史地理的考證。祁和暉《夏禹之有無及族屬地望說商兌》也同意夏禹人與古羌人、古蜀人有淵源，馮廣宏《大禹三考》對大禹史實進行研究後認爲"補充了古蜀的空白"。⑤這些成果，有充分的史實依據，有深入的分析與考證，如果沒有相反證據的話，夏與羌有淵源關係是沒有疑問的。

"羌"即牧羊之男，"姜"即牧羊之女，炎帝與黃帝皆爲少典之子；炎帝姜姓，足見炎黃均出自古羌部族系統。傳說炎帝東徙，發展了原始農業，黃帝亦緊隨其後進入中原，最後二者融合成爲華夏族的先民。華夏族是一部分率先發展起農業的古羌人，而其餘羌族部落則留在原處，依然未告別落後的畜牧業時代，這也正是中原的羌人自稱爲"夏人"或"華人"而不稱爲羌人的原因。上古的傳說和史料都記載了夏、羌十分密切的聯繫和非常頻繁的接觸，華夏集團中很多部落和氏族本身就是羌人，甚至到商周之際融入夏族的羌人部落仍很多，如"周"和"秦"(也有認爲"秦"源自東夷部落集團)。夏、羌關係，章太炎《檢論·序種姓》有專論。在考古發掘中，定爲羌族文化的有寺窪文化、火燒溝文化，兩者都深受齊家文化的影響，齊家文化則又來源於仰韶文化，而後者正是夏族的原始文化。因此，夏文化與羌族文化在考古上是同源的。⑥

商滅夏而立，但商代甲骨文中沒有"夏"字，卻出現大量的"羌"字。羌是商朝的敵國，往往用作貶稱，與牛羊等牲畜並列。如："伐自上甲六示三羌三牛，六示二羌二牛，小示一羌一牛。"(存·上 1786)"歲羌卅，卯十牛。"(前 6.16.1)戰爭中羌人常爲商人所俘虜，如甲骨文中卜辭中常見"獲羌""執羌"的記載："獲羌。十二月。"(遺 110)"丙申卜，賓貞，呼獲四羌其至。"(合 286)"甲戌卜，賓貞在陽，牧獲羌。"(遺 758)王慎行《卜辭中所見羌人考》(1991：

71)記載商人屠殺羌人的方法有十二種之多，如俎、用、彈、歲、卯等。對比西周晚期，羌字在銘文中罕見，這應該可以印證"禹興於西羌"的記載。《大雅·生民》："厥初生民，時維姜嫄。"羌人成爲周人始祖。古公亶父之後，姬、姜聯姻甚夥，文王元妃爲周姜，武王元妃曰邑姜，幽王之后曰申后，是姜姓國申伯的孫女。《牧誓》中姜人還協助周人打敗宿敵商人，《後漢書·西羌傳》："及武王伐商，羌、髳率師會於牧野。"因此後來這些姜姓封國中最重要是封於山東的齊姜，並給予極大的特權："五侯九伯，女實征之，以夾輔周室"。

夏人爲羌，殷商族團亦是羌人後裔（普學旺 1994）。如果從周民族始祖后稷來進行考察，則會發現，周人也是夷、羌兩族人的後裔。《史記·周本紀》："后稷，有邰氏女，曰姜。"《詩·大雅·生民》鄭箋："姜姓者炎帝之後，有女名嫄。"《說文》："邰，炎帝之後，姜姓，封邰，周棄外家。"既然后稷的母親是姜嫄，爲姜姓有邰氏之女，而有邰又是神農氏的後裔，那麼，他自然是羌人後代，因其長期居於西方，所以又是西羌的後代。這是后稷母系系統的情況。

不僅蜀、羌同源，夏、羌同源，蜀、夏也應該同出一源。而這樣的關係，會給他們之間的語言帶來深刻的影響。當然，我們今天只能通過地下文物和神話、傳說以及如《史記·夏本紀》等典籍的隻言片語來推測，還不能找到更多的證據。陳保亞（2009：23）說：

> 如果我們能夠證明夏人所說的語言和古蜀人所說的語言同源，就會對蜀、夏關係有一個根本的認識。從古代文獻看，夏商周的語言是有承傳關係的，在相互的更迭中並沒有提到語言障礙。確定古蜀人的原始語言，就成了判定蜀、夏關係的關鍵，這又把我們引回到了三星堆玉器文字的解讀和漢藏語研究中。

四　蜀語與羌語同源

蜀人源於羌人，可推古蜀語的底層是羌語，是古羌語分化的結果。古蜀語與羌語的關聯，任乃強在《華陽國志校注圖補》和《四川上古史新探》等一系列著作中，曾舉出過不少的例證，我們已經做過歸納。（汪啟明 2012：5）例子雖然總量有限，但如天球寶鼎，彌足珍貴。這裏再舉一些例子。

（1）《說文·女部》："姐：蜀母曰姐，淮南謂之社。從女，且聲。"段注："方言也。其字當蜀人所制。"敦煌唐寫本《切韻殘卷·三十二·馬》、《廣韻·三十五·馬》"姐"字下："羌人呼母。"《字彙·女部》："羌人呼母爲姼，姼同姐。"馬宗霍說："羌蜀地接，蓋與蜀人語同也。"《廣雅·釋親》立目，王念孫疏證時無釋。《爾雅·釋詁》："祖，始也。""祖"是"且"的後起字。二字相通。"姐"與"姊"同。清厲荃《事物異名錄·倫屬部》："北齊太子稱生母爲姊姊，至宋則呼嫡母爲大姊姊，……宋高宗母韋氏稱徽宗后爲大姊姊。"《北齊書·文宣李皇后傳》和葉紹翁《四朝見聞錄·乙集》說同。《類篇》卷三十五說"姐"是羌族名。

古代文獻中有大量羌語用"姐"的例子，可見"姐"是羌語的常用詞。

①"乡姐"。《漢書·馮奉世傳》:"永光二年秋,隴西羌乡姐旁種反,詔召丞相韋玄成、御史大夫鄭弘、大司馬車騎將軍王接、左將軍許嘉、右將軍奉世入議。"顏注:"乡,所廉反,又音先廉反。姐音紫。今西羌尚有此姓。而乡音先冉反。"《班馬字類》引此文同。《後漢書·皇甫張段列傳》:"時乡姐等七種羌寇隴西。""自乡姐羌降之後數十年,四夷賓服邊塞無事。"羌人又有"蕩姐",《漢書·匈奴傳》載揚雄《上書諫勿許單于朝》:"籍蕩姐之場。"顏注:"劉德曰:羌屬也。師古曰:籍猶蹋也。姐音紫。"

②"勒姐",《後漢書·桓帝紀》:"冬十一月日,南蠻賊率衆詣郡降,勒姐羌圍允街。"注:"勒姐,羌號也。姐音子野反。"又同卷:"虎賁中郎將鄧會下獄死,護羌校尉段熲擊勒姐羌,破之。"《後漢書·皇甫張段列傳》:"熲複進擊首虜三千餘人。冬,勒姐零吾種圍允街,殺略吏民,熲排營救之,斬獲數百人。"又:"延熹二年,⋯⋯勒姐等八種羌,寇隴西金城塞。""勒姐"之名又見《耿弇列傳》。《東漢會要》卷三十九:"六年春,勒姐種與隴西種羌號良等通謀欲反,馬賢逆擊之。"《東觀漢記·卷二十二》:"金城隴西卑湳勒姐種羌反出塞外。"

③"牢姐"。《後漢書·皇甫張段列傳》:"四年冬,上郡沈氏、隴西牢姐、烏吾諸種羌共寇并涼二州。""天水兵爲牢姐種所敗於白石,死者千餘人。"又《西羌傳》:"初開河西,列置四郡,通道玉門,隔絕羌胡,使南北不得交關。於是障塞亭燧出長城外數千里。時先零羌與封養牢姐種解仇結盟,與匈奴通,合兵十餘萬。"《東漢會要》卷三十九:"四年,零吾復與先零及上郡沈氏、牢姐諸種寇并涼及三輔。"

④"彌姐"。《通志》卷二十五"關西複姓"下有舉。《晉書·載記第十五·苻丕苻登》:"將軍竇洛、竇于等謀反發覺,出奔于莨,登進討彭池不克,攻彌姐營及繁川諸堡,皆克之。"

⑤"念姐"。《周書》卷十五:"魏恭帝二年,羌東念姐率部落反,結連吐谷渾,每爲邊患。"

稱母爲"姐"是羌族語俗。這些含有"姐"的族名都是羌名,"姐"爲羌語對音,漢文獻記爲"姐",音義兼取。"姐"從"且","且"爲始爲尊,人類社會均從母系氏族而來,所以爲"且"爲"姐",蜀人語保留這種古老的用法,而漢人很早就用"姐"呼同胞之女性長者,呼小姐,是宋以後事,《武林舊事》《夢粱錄》《東京夢華錄》多有所記。宋人吳曾《能改齋漫錄》卷二"婦女稱姐":

> 婦女以姐爲稱。《說文》曰:"媎字或作姐。"古字假借也。子也切。近世多以女兄爲姐,蓋尊之也。按:魏繁欽《與文帝箋》曰:"自左駷駷史呐騫姐名倡。"《魏志》曰:"文帝令杜夔與左駷駷等於賓客之中吹笙鼓琴。"李善注云:"其史呐騫姐。蓋亦當時之樂人。"以是知婦之稱姐,漢魏已然矣。

沈自南《藝林匯考·稱號篇》:"六朝人呼母曰姊姊或曰家家,宋人曰姐姐,字或作媎。又羌人呼母曰馳,音與姐同,字又作她。閩人曰郎奶。"這段文字《說郛》卷十七上引"嫭"作"嬉"。明陳耀文《天中記》卷十七"異稱"條:"《淮南子》曰:'東家母死,其子哭之不哀。西家子見之,歸謂其母曰:社何愛速死,吾必悲哭社。'注:'江淮謂母爲社。'《說文》:'江淮之間謂母曰媞,蜀謂母曰姐。《集韻》:齊人呼母曰嬰,吳俗呼母曰㜷㜷,淮南呼母曰媰。"《藝林匯考·稱號篇》引《天中記》同。

在苗、瑤、佘語和壯侗語中,有些地方稱母親與"姐"音近。如霞浦佘語、標敏瑤語、龍州壯語、武平話、武東話、長汀話、連城話、梅縣話、興寧話、曲江馬壩話、衡陽話等。如江西寧都一帶,也都把母親叫"姐",上游、南康一帶叫"姐老",其中"老"是詞綴。今天衡陽以南有稱母爲"唉姐"者,長沙通稱祖母爲"唉姐"(林清書 2006:72)。

這個詞語的文獻、語音和語義源流說明,蜀語與羌語有著千絲萬縷的聯繫。

(2)劉熙《釋名》卷七:"盾,遯也。跪其後避以隱遯也。大而平者曰吳魁,本出於吳,爲魁帥者所持也。隆者曰須盾,本出於蜀。須,所持也。或曰羌盾,言出於羌也。"《北堂書鈔》卷一百二十一、《太平御覽》卷三百五十六、《蜀中廣記》卷六十九、《格致鏡原》卷四十二引同。

(3)《華陽國志·蜀志》:"蜀王別封弟葭萌於漢中,號苴侯。命其邑曰葭萌焉。苴侯與巴王爲好,與蜀仇,故蜀王怒,伐苴侯。"又《巴志》:"秦惠文王與巴、蜀爲好。蜀王弟苴,私親於巴。巴蜀世戰爭。周慎王五年,蜀王伐苴侯,苴侯奔巴。巴爲求救於秦。秦惠文王遣張儀、司馬錯救苴、巴,遂伐蜀,滅之。"《史記·張儀列傳》:"苴蜀相攻擊,各來告急於秦。"集解引徐廣:"譙周曰益州'天苴'讀爲'包黎'之'包',音與'巴'相近,以爲今之巴郡。"索隱:"苴音巴。謂巴、蜀之夷自相攻擊也。今字作'苴'者,按巴苴是草名,今論巴,遂誤作'苴'也。或巴人、巴郡本因芭苴得名,所以其字遂以'苴'爲'巴'也。"集解:"天苴即巴苴也。譙周,蜀人也,知'天苴'之音讀爲'芭黎'之芭。按:芭黎即織木葺爲葦籬也,今江南亦謂葦籬曰芭籬也。"正義:"《華陽國志》云:'昔蜀王封其弟于漢中,號曰苴侯,因命之邑曰葭萌。苴侯與巴王爲好,巴與蜀爲讎,故蜀王怒,伐苴。苴奔巴,求救於秦。秦遣張儀從子午道伐蜀。[蜀]王自葭萌禦之,敗績,走至武陽,爲秦軍所害。秦遂滅蜀,因取苴與巴焉。'《括地志》云:'苴侯都葭萌,今利州益昌縣五十里葭萌故城是。'蜀侯都益州巴子城,在合州石鏡縣南五里,故墊江縣也。巴子都江州,在都之北,又峽州界也。"

苴,《廣韻》有子魚切、七餘切、子與切、鉏加切;《集韻》側下切、臻魚切、班交切、徐嗟切。其中"班交切"讀唇音,釋:"天苴,地名,在益州。"

任乃強(1986:209)謂:"今按苴,有包裹之義,古音義並與苞通。《禮記·曲禮》'凡以弓劍、苞苴、簞笥問人者'之苞苴,爲雙聲語。如今云包袱,亦雙聲語。包、苞、褒,蜀語音同,古苴國即褒國也。""苴侯既是因褒國之舊以爲國,則其人爲羌支民族可無疑。""音苴、苞與褒無別,秦漢時乃別有沮音。(沮縣,與沮水,皆漢時地名。因苴之字而音轉爲'千餘反'。見顏師古《漢書·地理志》注。)"譙周說"苴"字"益州"的讀音爲"包黎"之"包",《集解》《索隱》均以爲是蜀音,蜀王之弟又叫"苴侯",都葭萌,"包、苞、褒,蜀語音同,古苴國即褒國",褒國夏後,所以任乃強謂"其人爲羌支民族可無疑"。

(4)光緒新修《潼川府志》(何向東等 2007:1166)卷二十六載隋代"張嶸"下引《鹽亭縣

志》:"張嶸,字峻夫,洛陽人。游蜀至鹽亭時,邑人言語鄙俚,有氐羌之風,峻夫教授化導,悉歸於正。"

法國漢學家沙加爾(Laurent Sagart)(2004:206)說道:"有充分的理由認爲公元 1 世紀或更早的時候,蜀地居住著一些操藏緬語的人民。據《後漢書・西南夷列傳》,明帝時期(公元 58—75)年,蜀地一支被稱爲'白狼'的非漢人部族宣佈效忠漢朝廷,他們語言中的一些詞,以歌詞的漢語音譯並附漢語翻譯的形式保留了下來,可以肯定這種語言是藏緬語。"(馬學良、戴慶厦 1982)

五　華夏語與羌語同源

古羌語不僅是與古蜀語有密切關係,而且和華夏語也有非常密切的聯繫。

(1)俞敏曾著《漢藏兩族人和話同源探索》(1999),提出過去的一些學者用漢藏兩族人同源證明漢藏語是同一語系,又用漢藏語同一語系證明漢藏兩族同源,犯了"循環論證"的毛病。他從上古史出發,說明黃帝和炎帝是從同一個母系氏族有蟜派生出來的。他們後來成爲兩個部落聯盟的大酋長,這兩個部落後來都向東移民,順著黃河往走,"移民的時候,也沒有一個不剩的,總有留下的,姜部族留在西北的就叫羌","要說姜、姬兩姓的發源地還夾著另一支羌人,還不如說羌人就是遊牧的姜人","姜(羌)跟姬兩個部族說的是一種語言的兩個方言。請想想,棄學話不是跟姜嫄學麼?姜嫄跟棄的父親說話,古公跟太姜說話還用翻譯麼?在北美印第安人那裏,凡是從一個母系氏族分出來的部落,都說一種話的方言,彼此聽得懂。姜、姬的情況正是這樣","藏話跟漢話也有親緣關係。最奇怪的是跟姜姓獨有的方言更像"。他又有《東漢以前的姜語和西羌語》(1999:184),從"語音""虛字""詞類""片語""詞序""所謂'主謂'""詞彙"等方面,探討和論證羌語與上古漢語勢力最大的方言齊語的關係。說明二者同源。

(2)古代的華夏語與羌語有關,有這樣的一個例子。錢大昕《十駕齋養新錄》卷四:

《後漢書・竇融傳》:"有金城太守厙鈞。"注引《前書》音義云:"厙姓即倉厙吏後也。今羌中有姓厙,音舍。"云:承鈞之後也,據此是厙有舍音。《廣韻》別出厙字云:此亦流俗所傳無稽之字。

錢氏發現"厙"是"庫"的俗體字,他的依據是"庫"有"舍音",使用的方法是比較漢語和羌語。這條材料表明漢語和羌語有關。對比《釋名》的材料:

《釋名・釋宮室》:"庫,舍也,屋所在之舍也。故齊魯謂庫曰舍也。"畢沅疏證:

庫讀爲舍,方言之異,非有兩字也。後漢時有厙鈞,其先世爲守庫大夫,以官爲氏者也。庫字從广,《姓苑》乃改广從厂,是因有異音而變文以別異之。訛舛甚矣。《廣韻》遂於禡韻舍下附一厂下著車之字,音則是而文則非矣。

齊人把庫稱爲舍與羌人呼庫音舍,不是巧合,正好說明他們語言上的親緣關係。

(3)先秦兩漢時期,齊人把麥叫作"秾",與羌語同源。(汪啟明 1998:44)

《說文·禾部》:"秾,齊謂麥秾也。"《詩經·周頌·思文》:"思文后稷,克配彼天。立我丞民,莫非爾極,貽我來牟。"說明周室無麥,是因"貽"而得。"來"古音在之部,西藏的青稞是燕麥的一種,隴西漢族稱爲"稞麥",這種麥古藏文作[nas],今天的羌語讀作[nas]或[las],而羌語的麻窩方言讀[ɐl],桃坪方言與此相近,但是失掉了[l],作[ɐuʁ],藏文[a]與古代漢語的[ə]有對應關係,而麻窩方言的讀[l]很接近齊語。齊語中把麥稱爲"秾",應該是羌語遺留。任乃強提出:"今人把它叫作青稞,古代羌人把他叫作來。今天的藏族仍叫它作[nas],這是羌族培育成功唯一的耐寒品種……。來字是象麥穗之形,用羌語之音","《思文》篇則只提出來、牟兩種從外來,而且把麥類只稱爲來,用羌人本語。《生民》則不作來而只作麥字。"今天山西臨汾把小麥成熟稱爲"來了",應該就是羌語遺留。⑦

(4)趙小剛《羌漢語言接觸形成的一組同源漢字》(2006:125)一文,對"語言底層並非漢語而文字層面具有漢語特徵的同源字"進行了探討,認爲其中漢語的"盧"一詞來源於古羌語。"盧"有黑義。而據《說文解字·黑部》"黸,齊謂黑爲黸",齊地人把黑叫黸,"多方面證據表明,先秦時代,山東半島是羌人駐地"。主要證據有以下幾個方面:(1)種姓沿革材料。《左傳·昭公二十年》《山海經·海內經》《國語·晉語》《水經注·渭水》引《世本》《太平御覽·帝王世紀》等文獻,證明齊地人姓姜,而"上古的姜姓實出於羌人,《後漢書·西羌傳》說:'西羌之本,……姜姓之別也。'董作賓《殷代的羌與蜀》一文從文字學角度解釋道:'姜與羌本是一字',姜姓也就是羌人之姓"。章太炎《文始》卷五從語源學角度解釋說:"姜姓本羌,以種爲姓。"周滅商期間,羌人是周部族依靠的主要力量。周朝建立以後,爲表彰羌人之功,分封了一批姜姓國,即史書中所說的"齊、呂、申、許由大姜","這裏的齊國其實是對山東半島原有羌人和新移居羌人的再次分封命名"。(2)考古材料。《殷墟書契前編》第 2.5.4 條和第 2.15.3 條均提到齊地,這是齊國的前身,王獻唐研究山東出土的青銅器後指出:"商周時期,在山東中部、東部,存在過一支龐大的姜姓統治集團。"1973 年冬,山東省博物館在臨淄辛店電場發現北朝崔氏墓地,出土東魏《元象元年崔混墓誌》:"啟浚源于姜川。"姜川即姜水。這說明中古齊地人追其祖源於西部姜水的羌族。(3)語言材料。《釋名·釋宮室》謂"齊魯謂庫爲舍",畢沅疏證指明其爲方言,清人錢大昕引文獻中的羌人姓以證。可見齊魯人讀庫爲舍是古羌人語音。趙小剛的文章有言不盡意的意味,但他認爲這是一組羌漢同源詞可知。

(5)俞敏(1999:184)曾對先秦人用齊魯語寫成的《公羊傳》、漢代揚雄的《方言》及其他相關材料進行綜合研究,認爲當時的齊魯語中有大量的羌語成分。他指出:"姜姓大國,第一個數齊國。……所以齊話可以作姜話的代表。"在古代漢文獻中,"黑水、黑河、黑江"等河流概念又用"瀘水、若水、諾水"等名。"瀘、諾和若是同一個羌語詞的不同漢譯轉寫"。

如果上述衆多文獻材料不誤,我們不妨大膽地設想:羌語本身就是漢語、藏語、蜀語等語言的底層,古羌語是華夏語共同的源頭。

六　蜀語、華夏語同源

中上古時期,蜀語與中原語言屬於同一系統,是漢語的一支方言。在某些時代,還是非常重要、地位較高的方言(汪啟明 2015:157)。但他與中原語言相較還是有差別的,這種差別因時代不同而程度有所不同。有的時候比較大,如先秦時期和魏晉時期;有的時候比較小,如兩漢三國時期和唐宋時期。方言之別,首在語音。方言的發展變化,也主要表現在方音的發展變化上。黃侃(1983:31)說:"聲轉之變,由於方言;韻轉之變,本乎方音。故聲轉、韻轉變易,易與孳乳相溷。"此語確爲的論。我們用下面的材料來說明蜀語與中原語言的差別。

(1)蜀語語音在聽覺上會造成文字記錄的錯誤,即所謂"白字"。宋人祝泌《皇極經世解起數訣》卷上:"《唐韻》皆中州之聲音,《皇極》字姥間有川蜀之聲音。如以卦爲天,爻爲聲,吠爲沸之韻,今不可用。蜀音緣聽於人者,皆中州之景,不則俗之所謂白字,不可以爲經例,並從正音厘正,庶乎投算不差。若問答之間有白字,則以白字隸之。初無強拂乖戾,如不字韻作否字之平聲,又有作孛字之平聲,各隨其所發,出於口者,投算亦圓機而談九流可也。五方言語不通,由來久矣。"

(2)晚唐五代時期,蜀人的語音仍然和中原地區有差別。以花蕊夫人用韻的實際情況來看就可以明確這一點。《全唐詩》載:"花蕊夫人徐氏(一作費氏),青城人(今四川灌縣西),幼能文,尤長於宮詞,得幸蜀主孟昶,賜號'花蕊夫人'。"由於沒有她出蜀的記載,她的詩歌用韻代表了當時蜀人用韻,應該沒有疑問。根據研究,花蕊夫人用韻與王力考證的晚唐五代的用韻系統基本一致,這說明蜀語已經完成了與中原音的融合,但又有一些個別的特點。如王力考證晚唐—五代音系中灰哈分爲兩部,但在花詩中灰哈出現 15 次,同用 8 次,顯然是合爲一部的。元部在晚唐—五代音系中元轉入元仙,與先仙合併,魂痕獨立成部。花詩中雖然元韻與先韻通用一次,與先仙通用一次,魂韻同用也有一例,說明蜀語中沒有完全與中原同步。(郭莉 2003:48)

七　結語

蜀族與中原其他華夏各民族,走了"同源—分歧—合流"的道路。他們均是古老的羌族的後代,所以,蜀語和華夏民族其他語言,主要是中原語言有著同一個來源,即古羌語。後來,由於各個部落、各個部族遷徙的緣故,蜀人的這一支來到了川西平原。由於地形的阻隔,蜀語按照自身的規律發展演變,與中原各語言走了不同的道路。在周秦時期,蜀語與中原語言主要是秦語有了密切的接觸並產生融合,最終二者整合爲一體,成爲漢代以前華夏民族的主體語言之一;兩漢時期,秦蜀語成爲漢民族各方言中的優勢語言,亦即漢語前身即華夏民族通語的源頭語言之一。

附　注

① 如周振鶴、游汝傑《方言與中國文化》,上海人民出版社,1986年,80頁;李恕豪《揚雄〈方言〉和方言地理學研究》,巴蜀書社,2003年,77頁;劉琳《華陽國志校注》,成都時代出版社,2007年,89頁、93頁;黃尚軍《四川方言與民俗》,四川人民出版社,2002年,219頁;等等。

② 李學勤《帝系傳說與蜀文化》,《四川文物(三星堆古蜀文化研究專輯)》,1992年;宋治民《蜀文化與夏文化的關係》,《洛陽師範學院學報》,2010年1期;林向《蜀與夏:從考古新發見看蜀與夏的關係》,《中華文化論壇》,1998年4期;黃劍華《三星堆文明與中原文明》,《中原文物》,2001年4期。

③ 屈小強《古蜀魚崇拜與蜀人東進》,《西華大學學報》,2009年2期,1頁;子房《略說古羌—蜀人》,《文史雜誌》,2008年6期,1頁。

④ 任乃強《四川上古史新探》,四川人民出版社,1986年,39頁;李紹明《古蜀人的來源與族屬問題》,《三星堆與巴蜀文化》,巴蜀書社,1993年,14頁;林向《周原卜辭中的"蜀"》,《巴蜀考古論集》,四川人民出版社,2004年,6頁;等等。

⑤ 以上數文見李紹明等主編《夏禹文化研究》,巴蜀書社,2000年,42頁、31頁、130頁、56頁、230頁。

⑥ 徐中舒《中國古代的父系家庭及其親屬稱謂》,《四川大學學報》,1980年1期,111頁;又田繼周《先秦民族史》,四川民族出版社,1996年;又《夏族的形成及更名漢族》,《民族研究》,1990年4期,67頁。

⑦ 任乃強《羌族源流考》,見《民族語言》,1979年2期、1980年1期。又《四川上古史新探》,四川人民出版社,1986年,12-15頁。山西方言材料見潘家懿《臨汾方言裏與農事活動有關的幾個古語詞》,中國方言學會第三屆年會論文。

參考文獻

〔俄〕A.C.契科巴瓦　1956　《語言學概論》,周嘉桂、高名凱譯,北京:高等教育出版社。
編寫組　2005　《四川文物志·考古遺址》,成都:巴蜀書社。
陳保亞　2009　《解讀蜀夏文化的一線曙光——三星堆玉石文字和漢藏語系研究的啟示》,《科學中國人》第9期。
崔榮昌　1996　《四川方言與巴蜀文化》,成都:四川大學出版社。
鄧廷良　1984　《瓊鳥與犛牛羌》,《社會科學戰綫》第3期。
段　渝　2010　《四川通史》卷一,成都:四川人民出版社。
葛維漢　2004　《葛維漢民族學考古學論著》,成都:巴蜀書社。
顧頡剛　1981　《論巴蜀與中原的關係》,成都:四川人民出版社。
郭　莉　2003　《花蕊夫人詩歌用韻考》,《四川師範學院學報》第3期。
郭沫若　1982　《郭沫若全集·歷史編》卷一,北京:人民出版社。
何九盈　2014　《重建華夷語系的理論和證據(上)》,《民俗典籍文字研究》第2期。

何向東等　2007　《新修潼川府志校注》，成都：巴蜀書社。
黃侃述、黃焯編　1983　《文字聲韻訓詁筆記》，上海：上海古籍出版社。
李葆嘉　1998　《中國語的歷史和歷史的中國語》，《混成與推移——中國語言的歷史文化闡釋》，臺北：文史哲出版社。
李紹明　2004　《巴蜀民族史論集》，成都：四川人民出版社。
李紹明　2004　《四川民族史論集》，成都：四川人民出版社。
李學勤　2004　《巴蜀文化研究的期待》，《中華文化論壇》第 4 期。
林清書　2006　《客家話的娭姐及其相關的同源詞》，《韶關學院學報》第 4 期。
林　向　2004　《巴蜀考古論集》，成都：四川人民出版社。
林　向　1995　《巴蜀文化新論》，成都：成都出版社。
普學旺　1994　《試論殷人源於古羌人》，《中南民族學院學報》第 1 期。
任乃強　1986　《四川上古史新探》，成都：四川人民出版社。
〔法〕沙加爾著、龔群虎譯　2004　《上古漢語詞根》，上海：上海教育出版社。
汪啟明　2012　《東夷非夷新詁》，(臺灣)《經學研究集刊》第 14 輯。
汪啟明　2007　《東夷非夷證詁》，《西南民族大學學報》第 7 期。
汪啟明　2010　《二重證據法不始於王國維論》，(臺灣)《經學研究集刊》，第 9 輯。
汪啟明　2015　《古代語言接觸與融合的發生學思考》，《文獻語言學》第 1 輯。
汪啟明　2012　《古蜀語諸家論述纂要》，《楚雄師範學院學報》第 2 期。
汪啟明　1998　《先秦兩漢齊語研究》，成都：巴蜀書社。
王嘉、朱大勇　2008　《四川新都發現與三星堆同期村落，距今 4000 年歷史》，《成都日報》03—20。
王慎行　1991　《卜辭所見羌人考》，《中原文物》第 1 期。
溫少峰　1981　《試爲"成都"得名進一解》，《社會科學研究》第 1 期。
徐中舒　1980　《中國古代的父系家庭及其親屬稱謂》，《四川大學學報》第 1 期。
〔美〕尤金·N.科恩、愛德華·埃姆斯　1987　《文化人類學基礎》，李富強譯，北京：中國民間文化出版社。
俞　敏　1999　《東漢以前的姜語和西羌語》，《俞敏語言學論文集》，北京：商務印書館。
俞　敏　1999　《漢藏兩族人和話同源探索》，《俞敏語言學論文集》，北京：商務印書館。
袁庭棟　1998　《巴蜀文化志》，上海：上海人民出版社。
趙小剛　2006　《羌漢語言接觸形成的一組同源漢字》，《中央民族大學學報》第 4 期。
鄭德坤　2004　《四川古代文化史》，成都：巴蜀書社。

（汪啟明　西南交通大学　611756）

上古音與古文字研究芻議*

王志平

提　要　儘管上古音研究在理論和方法上都取得了很大成就，但就研究材料而言，近些年範圍纔有所拓展，古文字資料目前已經成爲上古音研究越來越急需的、最重要的内證材料。然而，學術界對於上古音和古文字研究有很多認識誤區，極不利於出土文獻與傳世文獻、歷史考據與歷史比較新舊"二重證據法"的互相結合。本文對該有關課題做了一番宏觀和微觀並重的系統思考，就上古音和古文字研究的觀念與方法，指出了新舊"二重證據法"相結合時需要注意的某些常見問題。

關鍵詞　上古音　古文字　理論　方法　材料

一、上古音研究的觀念與方法

（一）上古音研究的思路與觀念

上古音研究並非自今日始，在西方語言學理論傳入中國以前已有很長時間的研究歷史。王寧先生曾經總結出傳統上古音研究的四個特點：以追求解釋力爲研究的重要目標，遵循"内證爲主"的基本原則，充分估計漢語内證材料的泛時和異域特點，音類關係的確立比微觀音值的構擬更爲重要。[①]我們認爲傳統上古音研究的這些特點值得特別重視，其優長值得繼續發揚。

現代語言學理論傳入中國以後，上古音研究呈現出迥然不同的面貌。材料不再固守於漢文文獻，還擴及域外對音和漢藏比較；研究不再局限於音類劃分，還涉足音系構擬和音變規律。目前上古音研究一般有幾個途徑：由中古音系一直向上推，或者從漢藏語系同源比較，但最主要的還是漢字本身的諧聲和押韻分析。由於上古沒有相應的韻書，漢藏比較也遠未成熟，因此漢字的諧聲和押韻分析就顯得格外重要。特別是古文字中所顯示出的語音信息，更是上古音研究中最重要的内證材料。

---

*　本文爲國家社科基金"古文字特殊通轉"（17BYY127）階段性成果之一。初稿曾在2015年全國語言學暑期高級講習班及2016年北京市語言學會學術前沿論壇上宣講。

上古音研究是音韻學的分支之一，隸屬於歷史語言學範疇，同樣適用歷史語言學的普遍理論指導研究。歷史語言學理論目前主要就是青年語法學派的"語音規律無例外"和方言地理學的"每一個詞都有它自己的歷史"兩種思路。語音演變也主要有兩種方式——連續式音變和離散式音變。②換句話說就是，語音演變是規律性的、漸變的，還是隨機性的、突變的？

　　與現代物理學發展相似，前者相當於愛因斯坦的相對論，後者相當於量子力學。量子力學有著名的"測不准原理"，而愛因斯坦則針鋒相對，批評玻爾哥本哈根學派"上帝不會擲骰子"。愛因斯坦這種絕對化的理論傾向與青年語法學派"語音規律無例外"的學術精神是完全一致的。曾經有學者將王士元"辭彙擴散理論"類比爲量子力學的"測不准原理"，這似乎可以解釋爲什麼會發生"辭彙擴散"、變異理論等新學派對於舊的青年語法學派的反動。

　　從歷史語言學理論和語言實際出發，我們應該建立一些有關上古音的基本觀念——上古音研究中存在古音與今音、通語與方言、規律與例外的區別。可是我們應該如何看待這些區別，如何看待上古音研究中的規律與例外呢？下面簡單談談我們的看法。

1.語音演變的共時與歷時——古音與方音

　　明代學者陳第《讀詩拙言》指出："一郡之內，聲有不同，繫乎地者也；百年之中，語有遞轉，繫乎時者也。"清代學者閻若璩《尚書古文疏證》云："人知南北之音繫乎地，不知古今之音繫乎時。地隔數千百里，音即變易，而謂時歷數千百載，音猶一律，尚得謂之通人乎？"然而並非所有學者都能清醒認識到音韻的歷史發展。段玉裁《六書音均表》曾以爲："音韻之不同必論其世。約而言之，唐虞夏商周秦漢初爲一時，漢武帝後洎漢末爲一時，魏晉宋齊梁隋爲一時。"雖然對上古至中古分爲三期，但是卻籠統地把"唐虞夏商周秦漢初"分在一起，似乎"唐虞夏商周秦漢初"這麼漫長的時間和廣闊的地域中音韻沒有變化發展。陳壽祺《與王伯申詹事論古韻書》因此批評段玉裁古韻十七部分部之狹隘固陋：

　　　　古音之變因乎時，方音之變因乎地。雖聖人不能强之使同。要之在古人未嘗不可通。近於音韻，使其不相通，近豈能筆之於書，傳之其人哉？今之專講字母者，固不可以六朝以後之音讀上繩周秦古書；而專譜三百篇以定古音部分者，亦恐隘而不能盡通，不知所謂古音在某部者，誠三代之韻書乎？抑亦一家之言乎？部分不能盡通，則歸之合韻，合韻有以異於唐以來之言叶韻乎？又以三百篇後，孔子贊《易》，老子言《道德》，用韻即不必皆同，夫同在一代，何以音之變轉若是？果如所云，是周人未嘗斷斷於十七部之分，明矣。③

　　語音並非一成不變，一些古代學者已有深刻認識。誠如閻若璩所說，"時歷數千百載，音猶一律，尚得謂之通人乎？"但是我們現在有的"通人"仍然是一個上古音系一管幾千年，完全無視語音的劇烈變化。從甲骨文到秦漢文字，文字變化劇烈，奇怪的是所應用的古音音系卻一成不變。甲骨文和秦漢文字一樣使用同一個古音體系，簡直不可思議。難道語言發展停滯了嗎？④

其實諧聲字、假借字時代有早晚,即使所謂聲符替換,也有時代早晚之别,語音理應有所區别,不能一成不變。例如湖北隨州孔家坡漢簡《日書》"司歲"篇中有個與今本"單閼"相當的歲名"單游",劉樂賢先生根據古代形聲字音近聲符可以通用的規律,將"旅"作"於"看作是音近聲符替換。⑤但嚴格説來,"旅""於"的聲符替換不是一個共時平面的替換,而是一個歷時層次的替換。這種聲符替換恰恰體現了語音的歷史發展——"閼"*qrag從"旅"*grag得聲時,其影母字的讀音中還保留著-r-介音;而"閼"*qat從"於"*qag>*qai得聲時,"於"在某些方言中發生了*qag>*qai這樣的歷史演變,而這時"閼"的-r-介音已經脱落了。聲符的替換實際反映了不同時代的語音變化。⑥

衆所周知,語言發展不會停滯,但是語言的發展和演變並不同步、並不均衡。變化有快慢,語言有死活,語音分雅(文)俗(白)。從語言學史來看,縱横時空一定程度上是可以轉化的。變化緩慢的方音可以保留古音,時間上縱的古音演變也可以透過空間上横的方音差别予以再現。因此,古今語音之别某種程度上也可以説是變化快慢的方音之别。王力先生曾經對比《楚辭》和《詩經》,想找出華北方音和荆楚方音的異同,雖然發現了《楚辭》用韻的一些特點,但是也很難斷定那是方言的特點還是時代的特點。⑦

林語堂曾言:"上古用字不離方音,去方音亦無所謂古韻","假借即方音"。⑧可是至今我們對於形聲字與假借字的時代和地域還没有一個特别清晰的定論,很多時候我們要借助古文字和出土文獻。但事實上,離開方音觀念,上古漢語研究也無從談起。例如,受閩方言來母字讀s-的語言事實啟發,某些上古音系為解釋心母與來母字的諧聲、通假關係構擬了sl-一類的複輔音。但是據方言學者研究,這一構擬實際上並不成立。梅祖麟、羅傑瑞、李如龍為閩西北方言的來母字構擬了lh>s的音變規律;⑨王福堂為這些字構擬了l>z>s的音變規律;⑩平田昌司、鄭張尚芳也認為是流音聲母齒擦音化,即r/l>z>s;⑪龐光華則為此構擬了lh>s,rj>z的音變規律。⑫參照阿爾泰語、印歐語演變規律,似乎可以重新構擬出l>s,r>z的音變規律。⑬閩方言來母字白讀為s-應當是上古閩語底層的歷史遺留,文讀為l-反而是最符合通語語音規律的歷史演變。同樣,sl-之類的複輔音也可據新的研究予以取消。

再以古代聲訓為例。《説文》:"月,闕也。""月"為疑母月部字,"闕"有去月切(溪母月部)、其月切(群母月部)兩讀。雖然從古音體系上説疑母與溪母、群母關係密切,但是就單一音系的通語而言,疑母與溪母、群母終究有别。而在閩方言中疑母或讀為g,如"月"厦門音讀如guat。一般認為閩語底層有上古音殘留,也許"月"在漢代汝南方言中或即讀為*gʷat,而群母據研究古讀當為*g,則閩語疑母"月"*gʷat>guat與群母古讀之"闕"*gʷat完全同音,似乎不必再以疑母與溪母、群母聲近解釋了。

2.語音演變的規律與例外

我們在研究漢語史的過程,往往重視通例,忽視變例。所謂"例不十,法不立","例不十,法不破",那些不足十的寶貴變例,往往就這樣被湮滅了。但是科學史無數次證實,重要理論

的突破就在於變例或例外。通例往往證明的是已知的過去,變例或例外才指向未知的將來。林語堂曾經一針見血地指出:

> 我們應把古音看做動的不看做靜的,看做活的不看做死的,看做有變化歷史、有聯貫統系的,不是永遠靜止、各部分離的。這也是猶如科學家的研究物理每每注意其例外的,其不規則的,因爲愈例外愈不規則的現象,愈容易啟現新的物理。(恩斯坦相對論的發明與證實也不過在於一些星光上的不規則而已。)素來古音家以全部精力研究分部,而於不合分部的韻反置之不理,此古音學成績之所以不甚足觀。⑭

林語堂所說的"恩斯坦",就是我們通常所說的愛因斯坦。其實科學史已經多次證明,新的規律和理論正是起源於舊理論中的某些例外。歷史語言學早就發現——"任何音變都有例外","任何例外都有規律","沒有無規律的例外"(Every sound change takes place according to laws that admit no exception)。這被稱之爲新語法學派假設(Neogrammarian hypothesis),也稱之爲"新語法學派教條"(Neogrammarians' dogma)。雖然這有某種絕對化之嫌,但是對於例外必須予以重視而不能輕易忽略,還是一個重要的歷史語言學原則。

這些年我們所做的一些研究,主要側重於上古音中的特殊聲轉,⑮也即歷史語言學所說的音變例外,並試圖發現其中蘊涵的音變規律和方向。其實特殊聲轉(音變例外)只要不是隨機的,都有自己的內在規律,就像歷史語言學家維爾納(Karl Verner)所說,"最重要的是發現它"。這些諄諄教誨應當爲我們拳拳服膺,成爲上古音研究中的學術追求目標。例外音變的重要性怎麼強調也不過分。我們應該記住:大道理管小道理,大規律下有小規律,不符合大規律的某些例外一般而言自有小規律支配。每一個變例和例外背後可能都蘊藏著我們尚未知曉的潛在規律。

(二) 上古音研究的原則與方法

1.上古音研究的原則

(1)立足上古漢語實際,融會語言學普遍理論

上古音研究的研究對象是上古漢語語音的歷史發展和演變。但既然研究的是上古漢語,就必須注重上古漢語自身的特點。中古音研究由於有韻書可尋,因此共識較多,成就卓著,音系構擬相對可靠。但是從中古音研究上推上古音,某些地方就如俞敏先生所批評的那樣——"一字推上去,不動贏一盅"(酒令語),生搬硬套中古音系,完全無視語音歷史的發展與變化。而藏語等雖是拼音文字,有助於上古漢語音值構擬。但一方面漢藏語系比較尚未完全成熟,同源詞的認定各家頗多分歧;作爲書寫體系的古藏文時代也相對較晚,在歷史比較上有違同時性原則。因此,作爲上古音研究的內證材料,古文字的重要性也就呼之欲出了。

上古漢語以古漢字爲書寫和文字體系,有關漢語史的文獻資料極爲豐富。中華文明作爲唯一連續而未曾斷裂的古代文明之延續,其傳承過程中漢字起到了至關重要的作用。故

而強調漢字尤其是古文字在上古音研究中的重要性一點也不過分。

但是漢字作爲語素——音節文字(意符音符文字)⑯體系也有自身的缺陷:漢字不像字母文字一樣標音,音符的語音信息不直觀;因此研究漢字的形聲字和通假字,往往只能確立音類,而不便構擬音值。此外,形聲字和通假字雖然都是研究上古音的共時材料,但往往只能顯示音類可通,卻不能揭示音變的方向。古今字雖然有歷時的演變方向,但是仍然只知音類,不知音值。例如對於見系字與來母字諧聲的構擬,高本漢以"各""洛"爲例,列舉了三種可能性:

  A.各 klak:洛 lak
  B.各 kak:洛 klak(glak)
  C.各 klak:洛 glak

認爲三種說法中 C 最可取。⑰對此,董同龢、周法高、丁邦新等學者各有批評。⑱最爲關鍵的是,如果構擬爲 C 式,不便解釋來母字與除見系字之外其他聲母的諧聲。其實,見系字與來母字的諧聲關係可以有以下四種音變模式予以解釋:

  (a)見 *kl->k-:來 *kl->l-
  (b)見 *kl->k-:來 *l->l-
  (c)見 *k->k-:來 *kl->l-
  (d)見 *k->k-:來 *l->l-⑲

解釋這種諧聲關係以往選擇最多的是模式(b),其次是模式(a)(c),選擇最少的是模式(d)。模式(d)之所以成爲最差選擇,是因爲它不能解釋爲什麽喉音會與舌音諧聲。模式(d)正如俞敏先生批評的那樣——"一字推上去,不動贏一盎",造成中古音與上古音沒有任何區別。而模式(b)(c)需要分別解釋見 *kl-與來 *l-或者見 *k-與來 *kl-明顯的讀音差異。基於這一理由,我們似乎也可以排除模式(b)(c)。

這樣一來,就只剩下模式(a)見 *kl->k-:來 *kl->l-成爲唯一選擇。或許更合理的解釋還是高本漢的見 *kl->k-:來 *gl->l-的理論構擬。當然,這僅僅是用理論分析得出的一種最優解,如果有人執意選擇其他次優解來解釋見系字與來母字的諧聲,也並不能予以事實上的反駁。⑳無論選取哪一種音變模式解釋,都不能從諧聲字中直觀看到。這時就需要歷史語言學理論以濟語文學考釋方法之窮了。

上古音研究是音韻學研究的一個分支,研究的是上古漢語語音的發展和演變,自然要運用到普通語音學的一般規律。近些年來,隨著音系學的發展,最新的上古音理論也多以五元音體系和六元音體系爲主,而且單元音多於複合元音。這些多元音體系的理論構擬爲解釋上古漢語韻部之間的通轉關係帶來了便利——所謂韻部之間的"旁轉"其實完全可以借用印歐歷史比較語言學的"元音交替"(ablaut)理論來予以科學解釋。㉑

但是語言學理論終究是爲解釋語言事實服務的,因此上古音研究必須立足於上古漢語實際,結合歷史語言學普遍理論予以相對圓滿的解釋。但是某些古音構擬,完全沒有建立上古音中存在古音與方音的觀念,從單一音系的思路出發,想當然地認爲上古音體系條分縷析,"分別部居不雜厠"。但是這種"一元論"體系一旦面對紛繁複雜的語言現象,就不免捉襟見肘,左支右絀了。

(2)事實重於理論,音理服從音例

在上古音研究中首先應當明音理,識音例。二者如能完美結合,可謂兼美;如果音理不能圓滿解釋音例,理論與實踐產生了衝突,這時切忌以音理否認音例,以理論否定事實。以諧聲字爲例,只要承認見系、幫系字等可與來母字諧聲,至於是否承認 *kl-/ *kr-、*pl-/ *pr- 等複輔音理論相反並不重要——這才是一種尊重語言事實的基本態度。但是有些學者由於否定複輔音理論,甚至連基本的形聲字諧聲關係都予以否認,完全無視語言事實。這絕不是一種可取的客觀態度。

例如《望山楚簡》1.39、1.59和《包山楚簡》241均有"伲"字,從文例來看,當即"死"字。②但是類似的字也見於《說文·人部》:"𠈂,古文伊,从古文死。"段注以爲"以死爲聲"。"伊"爲影母脂部字,"死"爲心母脂部字,由於一些學者過去格於舊的觀念,認爲二者聲母不可相通,否認兩字之間的聯繫。但是上博楚簡《容成氏》中"洇水"即"伊水",字即从"死"得聲,可以證明段說之確。至於影母與心母之間的音變關係可以進一步研究。

其實理論不能解釋事實,音例違背音理,往往是規律出了例外,音理的解釋力有了局限,這往往是新理論出現的契機。最要不得的就是削足適履,強彼就我。在出土文獻研究中,我們已經見到了太多硬拗的例子:今本明明有可與出土本對照的通假字,但是由於與某些學者所持理論不符,這些學者因而不惜自我作古,師心自用,仿佛蒼頡重生,許鄭再世。須知"生命之樹常青,而理論總是灰色的"(歌德語),從所謂的音理出發而否認音例,這是最不可取的反面教材。

例如《說文》:"褢,袌也。从衣,㞋聲。一曰橐。"段玉裁注:"㞋从隶省聲。十五部。戶乖切。"不願承認"褢"从"㞋"聲。按《說文》:"壞,敗也。从土,褢聲。𡏲,古文壞省。𡏢,籒文壞。"段玉裁注:"敗者、毀也。下怪切。十五部。"又以爲古文"𡏲"者,"褢省聲也"。仍然拒絕承認"㞋""褢"的聲符互換關係。又:"㞋,目相及也。从目,隶省。"段玉裁注:"㞋,徒合切,在八部;隶在十五部。云同者,合音也。"依段玉裁分部,"㞋"聲在八部(緝部),"褢""壞"在十五部(脂微部),段注雖然認爲八部、十五部合音,卻不願承認二者之間的諧聲關係。但清華簡《繫年》80"靈王伐吳,爲南㞋之行",整理者注:"南㞋,《左傳》作'南懷'。"③可證《說文》實不誤,段玉裁反而爲維護自己的古音體系付出了代價。

科學規律分爲兩種類型——預測性的和解釋性的。語音發展規律既有預測性的,也有解釋性的。而上古音研究更多的屬於解釋性研究,是對紛繁複雜的語言現象的一種解釋。徐通鏘先生《歷史語言學》一書開宗明義地指出,語音規律的解釋性研究需要從紛繁複雜的現象中理出條理,歸納出演變公式,找出音變方向背後演變的原因、方式、規律,並給予理論性、因果性的解釋,使人們對語言發展的認識從"知其然不知其所以然"的感性階段上升到理性階段。㉔

任何上古音系統都只是爲了解釋方便,並非語言事實必定如此。㉕何大安先生曾經指出古音構擬這種解釋性系統(何大安稱爲"詮釋系統")的困擾所在:語音演變雖然有"規則化"的傾向,但是也有"辭彙擴散"的殘餘例外,但是如何區分有規則可循的表面例外與擴散之餘的真正例外,往往成爲擬音取捨的關鍵。再者,古音構擬預設所有的後代方言都是從一個純粹的、無方言差異的古語演變而來,完全忽略了古人方言差異的存在。這種簡化的一元論(monism)的主張,顯然不盡符合實情。既然有許多無法掌握的變數,對同一批材料的解釋也就無妨有多種可能。不同的擬音,代表不同的理論,不同的詮釋。其間的優劣,要看是否符合我們所定的標準而定。我們只能承認,這一個學說具有似真性(plausibility),實際是否如此,依然不得而知。㉖

還以通假字爲例,上古音研究各家系統多有不同,聲韻彼此差異。此認爲遠,彼認爲近;此認爲通,彼則認爲不通。各家音系之間聲韻的遠與近、通與不通都是各自相對的,都有各自相應的理論支持,對於語言事實的解釋力也互有高下之別。某一家理論解釋不了的語言現象,也許另一家理論反倒可以圓滿解釋。因此在不同理論學說互有爭議之時,理論取捨應以對語言事實的解釋力強弱爲準則,切忌效仿鄭人買履,"寧信度,無信足也"。當然,有時理論取捨難免會有一些主觀性。這時不妨多說並存,"思想自由,兼容並包",等待時間來檢驗(time tells everything)。相反,在上古音研究中動輒揚言某某之間聲韻絕不可通,未嘗不是一種狹隘、專斷的學術霸權體現。動輒批評他人不通,這種機械的"一元論"思維,若閻若璩再世恐怕也會質疑"尚得謂之通人乎?"

2.上古音研究的方法

傳統的上古音研究最早完全是爲讀經、解經服務的,重心自然在於傳統的經學文獻。隨著傳統"小學"日益壯大,"小學"也從經學附庸一躍而爲獨立大國,建立了自己的學術本體與學科方法。可以說,音韻學從獨立伊始就是完全著眼於上古音研究的,它以傳世文獻爲研究對象,以語文學考釋爲研究方法,形成了自己鮮明的中國特色。

進入二十世紀以來,西風東漸,傳統國學難免都倍受西學衝擊。以趙元任爲代表的側重口頭語料的方言學調查,以李濟爲代表的側重地下材料的考古學發掘和以胡適爲代表的側重書面資料的"科學的國故整理",爲學術界帶來一股又一股新風。但是在二十世紀學術史上影響最大的治學方法,仍當屬王國維最早提出的、舉世聞名的"二重證據法"。我們一再強調上古音研究應與古文字研究相結合,這就是一種"二重證據法"。

(1)出土文獻與傳世文獻相結合的舊"二重證據法"

既然談到上古音研究與古文字研究相結合的問題,我們這裏不妨再次回顧一下王國維的"二重證據法"。王國維在《古史新證》中曾經說過：

> 吾輩生於今日，幸於紙上之材料外更得地下之新材料。由此種材料，我輩固得據以補正紙上之材料，亦得證明古書之某部分全爲實錄，即百家不雅馴之言亦不無表示一面之事實。此二重證據法惟在今日始得爲之。㉗

這就是著名的"二重證據法"。㉘它成了近現代學術史上的黃金定律，甚至還掀起了一場方法論革命。現在更有一些學者進一步提出"三重證據法"等等，又把"地下之新材料"分出地下的"考古材料"與地下的"文字材料"等，其實還是王國維這一思路的延續。

陳寅恪先生在爲陳垣所作的《敦煌劫餘錄》序中提出：

> 一時代之學術，必有其新材料與新問題。取用此材料，以研求問題，則爲此時代學術之新潮流。治學之士，得預於此潮流者，謂之預流（借用佛教初果之名）。其未得預者，謂之未入流。此古今學術史之通義，非彼閉門造車之徒，所能同喻者也。㉙

現在古文字與出土文獻研究也蔚爲顯學，也是"此時代學術之新潮流"，某種程度上也存在著學術研究"預流"與"未入流"的分別。如果我們不想"閉門造車"，"預流"就是必然的了。同樣，就上古音與古文字研究結合來說，依然存在著"預流"與"未入流"之分。如果仍然"未入流"，所受到的影響要遠比"預流"者大得多。

（2）"歷史文獻考證法"與"歷史比較法"相結合的新"二重證據法"

建國以來，上古音研究中語言學方法與語文學方法本來相安無事，但隨著新世紀一場"有中國特色的漢語歷史音韻學"討論，又掀起了一場方法論新舊之爭。㉚一度歷史文獻考證法與歷史比較法幾乎勢同水火——歷史文獻考證法被貶之爲語文學，歷史比較法被尊稱爲語言學。這說明了學術界對漢語史研究的方法論存在某些根本性的重大分歧。

僅僅局限於語言學的歷史比較法，難免研究手段單一，容易自說自話。很多時候、很多情況下也是迫不得已，這是沒有辦法的辦法。當然，在不依賴其他學科的情況下，歷史語言學僅憑內部構擬法（inner reconstruction）也可以重建上古漢語史。這固然無可非議。但是這種內在證據也要和其他的外在證據（如歷史、考古、地理、文化、人種等）相吻合才好，否則仍然只能是虛擬的想象而已，缺乏令人信服的力量。尤其是豐富的漢語史資料，如果不對此詳加考證，又如何根據語言事實，重建有關理論呢？

對於大多數漢語史學者來說，歷史文獻考證法的應用更爲顯赫突出。這是從問題出發而必然得到的結果。尤其是對於漢語、漢字這種非拼音文字而言，歷史文獻考證法更爲實用。古文字學者多數不談複輔音，像唐蘭先生還乾脆否認有複輔音，㉛但是這卻並不妨礙他分析《說文》的諧聲；在具體問題上，學者往往會超越自己的理論。這種實事求是的"實用主義"做法也是中國傳統語言學的優勢之一。

因此有學者提出二者必須兼顧，不能偏廢。㉜尤其是對古漢語研究來說，如果捨去豐富的漢語史文獻資料不用，反而像調查少數民族瀕危語言一樣，僅僅使用歷史比較法就夠了。

這樣的做法既不可取,又不可靠。

因此我們在上古音研究中也要以具體問題爲主,理論分析爲輔。這既是古文字和出土文獻的零碎性質決定的,同時也是研究方法本身決定的。單純依靠歷史文獻考證法,容易僅知其然;只有結合歷史比較法,才能知其所以然,舉一反三,由點及面。因此,歷史文獻考證法和歷史比較法相結合就是順理成章、自然而然的了。

二、上古音研究與古文字研究相結合的一些設想

(一) 上古音研究與古文字研究相結合的重要性與迫切性

1.古韻學的出路在古文字

1983年10月,李方桂先生在北京大學舉辦的上古音學術討論會上與王力、李榮、俞敏、周祖謨、朱德熙、季羨林等先生有一次座談,在座談中朱德熙先生指出:"我覺得研究上古音,除了漢藏語比較的資料以外,漢語文獻資料並沒有用完,古文字就是一大宗。""當然,古文字材料是比較零碎的,拿諧聲字來講,有很古的,也有後起的,但如果細加甄別,有時是可以解決一些問題的。""所以我希望上古音研究能夠跟古文字研究結合起來。"李方桂先生贊同說:"我十分同意這個意見。有些所謂諧聲字根本不是諧聲字,這可以從古文字材料中得到證明。看來我們要請教搞古文字的人地方還很多。"周祖謨先生插話說:"研究古文字的已經向研究古音的挑戰了。"李方桂先生說:"挑戰有挑戰的好處,它可以把我們的毛病挑出來,我們好加以改正。"③

後來李方桂先生在訪問中山大學時則更爲明確地指出:"古韻學的出路在古文字。"④林澐先生也說:"古文字資料作爲古音研究的新鮮資料,理應對古音研究已有成果起突破的作用。所以如果在檢驗時有了矛盾,應該容許對目前古音研究公認的結論提出懷疑。"李新魁先生談到如何進一步開展上古音的研究時也特別指出:

> 必須充分利用古文字研究的成果,把對古文字的研究和古音的研究結合起來,把古文字(甲骨文、金文、戰國文字、秦漢文字)所提供的材料和展示的問題,運用到古音的研究上來,特別是諧聲系統和假借字系列必須進行新的更深入的研究,找出確切的較爲完整的體系,爲古音的研究提供更加強有力的佐證。⑤

李學勤先生在2012年11月由中國社會科學院文學哲學學部主辦、中國社會科學院語言研究所承辦的中國社會科學院"國學研究論壇"——出土文獻與漢語史研究國際學術研討會上也談到,現在都知道楚文字中通假字比我們想象的多,但現在想象力度太大了,好像什麼字都可以通。過去有一種說法,說章太炎編《成均圖》,什麼都可以轉,其實章先生不是這樣的看法。今天有些做法也差不多,轉的太厲害了,不合理。究竟通假字有無規律?李先生個人認爲一定有規律。當然有時候我們理解不到,覺得很離奇,那是我們的認識問題。當時

是有規律的，如果沒有規律，那就不要"六書"了。李先生還想請語言所、語言學界的學者給我們研究解決通假字的規律這個問題。㊿

2. 古文字和出土文獻研究的優長與價值

以前研究上古音，由於傳世文獻自身的問題，有些問題頗不容易解決。林語堂曾經批評中國以前的古音研究，最令人不滿的有三點：(1)沒有精確的時代觀念；(2)沒有地理觀念；(3)不講究發音學，未能推到古時某地某韻之實在讀法。㊱由於先秦兩漢的傳世文獻時代真僞、作者地域都還是一筆糊塗賬，即使現在古音學再進步，構擬更發達，但仍難免空中樓閣之譏。這是傳世文獻本身固有的先天缺陷。

古文字和出土文獻由於出土地點和撰寫時代相對明確，對研究當時、當地的實際語音提供了極大方便。首先，古文字和出土文獻中文字時代、地域的差別，字形、字體的分類，音韻、辭彙的特點等，這些古文字和出土文獻的內部證據具有很強的說服力，對研究當時、當地的古音體系可以起到主導作用。這些都是利用古文字和出土文獻研究上古音的優長。

由於時代和地域相對可靠，從甲骨文、金文等早期字形，可以分析上古漢字最初的諧聲音系。再者，金文、簡帛等出土文獻有不少可以押韻，有些甚至就是詩歌韻文。分析其韻譜，有助於整理上古音的韻部關係。最重要的是，古文字和出土文獻中有大量的通假字，尤其是簡帛文獻，不少有今本可以對照，爲我們重新審核以往上古音的研究成果提供了便利條件。

這些年利用古文字和出土文獻研究上古音取得了輝煌業績，成果豐碩。限於篇幅，具體文章就不在這裏一一列舉了。即以已出版的專著而論，數量也有不少，如李玉(1994)、侯志義(2000)、王文耀(2004)、趙彤(2006)、洪颺(2008)、沈祖春(2008)、葉玉英(2009)、李存智(2010)等，都倍受矚目。同時，利用古文字和出土文獻研究在上古音領域也取得了若干新的進展，達成不少共識，如東冬通轉㊳、東談通轉㊴、宵談通轉㊵、侵真通轉㊶、之脂通轉㊷、幽微通轉㊸、元魚通轉㊹、談魚通轉㊺等，都有不少重量級的研究成果刊佈，使上古音與古文字研究掀開了嶄新的一頁。

(二) 古文字和出土文獻音韻研究中需要注意的問題

1. 仔細辨析文字，切忌混同字形

漢字發展過程中，由於文字分工日細，用字逐漸增多，需要不斷爲新詞造字。同一個字形未必是同一個詞，同一個詞也可能用不同的字表示。由於讀音或字形的差異，不斷爲新詞造字的結果，就形成了大量的同形字。

漢字在不同時代、不同發展階段，會造成大量的與音義無關的同形字。即使同一時代，由於地域或書手的差異，也會造成不少同形字。因此應當充分利用古文字字形演變綫索，注意區分相似字形，仔細辨析來源不同的同形字，劃分爲不同的諧聲聲系。如"造"與"告"、"亙"與"亙"等，就應該分爲兩個聲系。㊻這些都是從古文字研究中得到的啓發。與此相反，筆者也曾見到有的古音構擬把賣與賣二字混爲一談，又見有的古音構擬把鈆(鉛的異體字)

視爲從"公"聲者,⒇皆把來源不同的二個字形混同,在錯誤的諧聲分析基礎上,作出了離譜的古音構擬。

需要注意的是,同形字往往有時代先後之別或地域南北之分,如果同一時代和地域頻繁出現同形字是不符合漢字演變規律的。因此在辨識同形字時應格外愼重,不要因爲所謂音韻距離較遠而輕易否認相同字形之間的關係,以致誤判爲音義完全無關的同形字。例如上博楚簡《緇衣》:"小民亦唯日令(怨)。"又:"大臣不令(怨)。"有學者認爲"令"字字形本當釋爲"宛"或"夗"。⒅但已有學者指出,此字仍應釋爲"令"而讀爲"怨",元、眞、文三部關係密切,因此眞部的"令"可與元部的"怨"相通。《說文》古文"怨"亦應當分析爲"从心令聲",⒆即"恡"字。實際上是"令""怨"通假,而不是楚簡中有"令""宛"兩個同形字。㉚

又如《說文·蟲部》:"強,蚚也。从蟲,弘聲。䖵,籀文強从蚰,从彊。"段玉裁注云:"此聲在六部,而强在十部者,合韻也。"也即認爲蒸、陽合韻。裘錫圭先生不相信"强"从"弘"聲,故而以同形字來解釋甲骨文、金文裏的同一個字形"弜"。㉛但這樣一來,"弜(弘)""弜(强)"不但在甲骨文、金文裏同形,在春秋戰國文字中還同形。這一現象直到銀雀山漢簡中還有所反映。"弜"字一形直到漢代都是"弘"字,未見"强"字形作"弜"者。可是《孫臏兵法·見威王》:"有苗民存,蜀(獨)爲弜(强)。""弜(弘)"即假借爲"强"。裘先生一律視爲同形字處理,造成漢簡中有兩個"弜"字——讀爲"弘"的"弜"和讀爲"强"的"弜","弜(弘)""弜(强)"同形字的說法在一定程度上既破壞了文字的區別性,又影響了文字的傳承性。如按《說文》分析,其實只有一個"弜(弘)"字,讀爲"强"者是"弜(弘)"字的假借,似較裘說更爲合理。㉜

2. 謹愼分析諧聲,辨證使用《說文》

研究傳統小學者,沒有不注重《說文》"六書"分析的。邇來古文字學大明,不少學者利用古文字材料對《說文》進行重新分析,糾正了很多《說文》字形說解的錯誤。一方面,固然不必迷信《說文》,但也要注意儘量吸收《說文》的合理之處。有一些研究古文字的學者,往往熱衷於全盤否定《說文》。尤其需要注意的是,不要以古文字字形輕疑《說文》的諧聲分析。《說文》小篆或許與甲骨文、金文等初文有距離,但是至少在漢代的許愼看來,《說文》字形仍然可以用"六書"分析,我們不應該輕易否定《說文》的諧聲分析,尤其是那些爲許愼所認可而在今人看來似乎較遠的某些諧聲關係。

例如《說文》云:"燓,燒田也。从火、棥,棥亦聲。"徐鍇《繫傳》:"燓,今作焚。"而段玉裁注本改作:"焚,燒田也。从火、林。"注云:"各本篆作'燓',解作'从火、棥,棥亦聲',今正。按《玉篇》《廣韻》有'焚'無'燓',焚,符分切。至《集韻》《類篇》乃合'焚''燓'爲一字,而《集韻·廿二元》固單出燓字,符袁切。竊謂棥聲在十四部,焚聲在十三部。份,古文作'彬',解云:'焚省聲。'是許書當有'焚'字。況經傳'焚'字不可枚舉,而未見有'燓',知《火部》'燓'即'焚'之譌。玄應書引《說文》:'焚,燒田也。'字从火,燒林意也,凡四見。然則唐初本有'焚'無'燓',不獨《篇》《韻》可證也。"羅振玉《增訂殷墟書契考釋》、商承祚《殷虛文字類編》並云:

"今證之卜辭,亦从林,不从棥,可爲段說佐證。或又从草,於燒田之誼更明。"

雖然甲骨文等初文"从林,不从棥",甲骨文甚或从"木"、从"火",象焚火之形,本爲會意字,但是並不能據商周時期的古文字否認許慎《說文》的字形分析。許慎據篆形立論分析,只是說明了秦漢時期的形音義關係。"焚"字"从林"到"从棥"的演變,正是古文字變形音化、音隨形變的結果,不能據此輕疑《說文》。《集韻·文韻》"符分切":"焚、燓、炎、燌、燔,火灼物也。或作燓、炎、燌,古作燔。"又《集韻·元韻》"符袁切":"燓,《說文》:'燒田也。'"正是"焚"字形音義演變歷史的忠實記錄。

段玉裁雖然認爲"棥聲在十四部,焚聲在十三部",但是段注並非認爲二部絕不可通。如《說文》"煩"云:"一曰焚省聲。"段注:"'焚',《火部》作'燓'。此謂形聲也。附袁切。十四部。"則十四部之"煩"从十三部之"焚"省聲。又如《說文》:"彬,古文份。……从焚省聲。""彬""份""焚"同屬十三部,而从"分"之"攽"("頒"之假借)《說文》"讀與彬同",段注云:"分聲、彬聲本皆在十三部,徐仙民於《周禮》'頒'音'墳',於《書》音'甫雲反'是也。音轉入十四部。布還切。"再如《說文》"奊":"八亦聲。讀若頒。"段注云:"按八古音如必,平聲如賓,在十二部,音轉乃入十三部。讀如頒者,如'頒首'之'頒'也,再轉入十四部,讀布還切矣。"所以在段玉裁看來,十三部、十四部是可以通轉的。則文部之"焚"从元部之"棥",實無可非議。

又如《說文》謂"失"字从手、乙聲,"失"書母質部,"乙"影母(重紐三等)質部。從古文字看,"失"字初文並不从手、从乙,加之傳統說法認爲書母、影母聲母較遠,因此不少學者懷疑《說文》的諧聲分析。但是按照新的古音構擬,書母字爲 *hrj-,影母(重紐三等)爲 *qrj-,聲母關係仍然是相當密切的。又如"寽",來母物部字,《說文》分析爲从受、一聲,"一"爲影母質部字。從古文字看,"寽"並不从"一"聲,但是《說文》提供的音韻綫索仍然值得重視。據我們研究,"寽""一"之間確有諧聲關係。所以即使《說文》的字形分析有誤,也並不意味著許慎的諧聲分析錯誤。《說文》指出的聲音綫索仍然值得我們重視,不能隨便否定。

歷代都有學者好逞臆見,擅改《說文》原文,重新分析字形。段玉裁的例子是爲大家熟知了,其擅改《說文》得失參半。其實李陽冰、大小徐都做過《說文》整理工作,同樣不免篡改《說文》。尤其是徐鉉,常常好逞臆見,濫改《說文》。由於不明古音,往往刪去"从某聲"的"聲"字,生生把形聲字濫改爲會意字。如"奇"字《說文》大徐本分析爲从大、从可會意,而段注認爲"可亦聲"。雖然唐、宋以後,"奇"(渠羈切、居宜切)、"可"(枯我切)聲音差距較大,但在古代"奇"聲、"可"聲均爲歌部字,古籍頗多通假之例,所以許慎《說文》原本或作"从大、从可聲",爲徐鉉刪去"聲"字耳。又如"鑾"字大徐本从金、从鸞省會意,而小徐本則分析爲从金省、鸞聲,若依大徐本就會得出錯誤的諧聲分析。相反,徐鍇分析有時還保留大徐本刪除的从某"聲"字,值得特別留意。

但這並不意味著《說文》的說解毫無問題。例如《說文》:"鱻,新魚精也。从三魚。不變魚也。"《說文》和傳抄古文都以"鱻"爲"鮮"之本字。段注:"此釋从三魚之意,謂不變其生新也。他部如驫、麤、猋等皆謂其生者,鱻則謂其死者。死而生新自若,故曰不變。"又《說文》:"鮮,魚名。出貉國。从魚,羴省聲。"段注:"按此乃魚名。經傳乃叚爲新鱻字,又叚爲尟少字,而本義廢矣。"如果說三羊之"羴"會"羊羶"氣還勉強可通,那麼三魚之"鱻"爲什麼不會"魚腥"氣,反而會"新鮮"之意呢?其實,"鱻"字亦見於西周金文《公貿鼎》(《集成》5.2719):"公貿用牡休鱻。""鱻"仍用爲"魚"字。三魚之"鱻"仍然是从"魚"孳乳得聲,"鱻"爲心母元部,从"魚"聲之"穌"爲心母魚部,是"魚"字自有心母一讀,與"鱻"聲同;而韻母爲魚元通轉,例已多見。實際上不存在表"魚"的"鱻"和表"鮮"的"鱻"兩個字,這將會造成大量的同形字。實際上只有一個"鱻"字,分別表示"魚"和"鮮"兩個意義,而這兩個意義都是從一個"鱻"字分化出來的,"魚"和"鮮"讀音的不同也是 *sŋ-複輔音分化的結果,二者分別繼承了分化後的不同讀音。

還有一點需要注意,那就是《說文》所謂的"省形""省聲"問題。學者們多已指出,《說文》關於省聲的說法不可輕信。㉝陳世輝先生進一步指出,"省聲"現象是在漢字簡化過程中產生的。㉝甲骨文、金文等初文尚屬造字時期,文字尚未簡化,何來"省聲"之說?前面提到的"鮮"字,《說文》分析爲"羴省聲",但金文等早期字形从魚、从羊,無从羴者。此字或者認爲會意字,或者亦可認爲从"魚"聲。又如《說文》認爲"營""熒"等从"勞"省聲,實當分析爲从"炏"(燎)聲,並非从"勞"省聲。㉞雖然古文字發展初期,也有"省形""省聲"的字形演變,㉟但是在初文分析上,對於《說文》"省形""省聲"的說法,應當特別警惕,具體問題具體分析,批判使用。

3. 警惕濫用通假,重視今本異文

古文字和出土文獻中假借字過多,相應地就會帶來釋讀中孰爲本字的問題。尤其是戰國楚系簡帛,除了少數用本字外,大量的都是假借字。由於簡帛文獻中假借字過多,而簡帛文獻的釋讀成果又遠未獲得公認,因此難免會產生不同學者之間各自相對主觀的理解。西方有一部分學者反對破讀假借字,主張儘量按照本字去讀,直到實在不能讀通爲止才要考慮是否可能是假借字的問題。比如美國學者鮑則岳《古代文獻整理的若干基本原則》一文中就指出:

> 如果我們從漢代以後的角度去觀察,手寫本的書寫方法跟我們所想的通常正規寫法有相當的差異,以致我們不得不時時處處注意,不要只是因爲我們對某個字在後來的系統裏代表的詞義很熟悉,就不加鑒別地肯定手寫本裏的這個字自然就是代表那某一個詞。我們一定要總是很清楚地問一問自己,這個有疑問的字在這兒到底代表什麼詞,同時,我們也得作好思想準備,因爲我們得到的答案很有可能會是這個字跟同一個字在傳本裏的用法不一樣,甚至跟在別的寫本[或同一手寫本其他地方]的用法也不一樣。㊱

他還指出:

> 當面對一個沒有傳世文獻可以直接對照的生字時,我們的問題就變成了一個根據

已知的陌生字形,來確定其發音和意義的問題了。這實際上意味著我們要用一個已知的詞,來界定一個未知的字。該字的發音,最好根據諧聲的材料加以確定。㊷

對此,裘錫圭先生也以簡本《老子》爲例指出:"不能濫用假借的方法去追求簡本《老子》與舊本的統一,否則所有新發現的本子都可以通轉到舊本上去了。"㊸

但是,李零先生指出,西方漢學家翻譯簡帛文獻,他們往往喜歡按本字求解,譯文不暢甚至荒誕也是可想而知。㊹因此,即使同諧一聲,選擇本字仍然存在一個理解差異的問題。假如沒有明確的語境提示,僅憑文義可以得出無限可能,甚至得出完全相反的結論。比如董琨先生曾經指出:

> 有時本字的選擇不同,將導致語料理解或者說語料體現的義理的大異。例如上海博物館楚竹書《孔子詩論》第十簡:"關(關)疋(雎)以色俞於豊(禮)"一句,"俞"字可讀爲"喻",也可讀爲"逾"。前者近於《論語·里仁》所謂"君子喻於義,小人喻於利"之"喻",語義是肯定性的;後者則是否定性的,可能造成與《詩經》原詩意思的相違。可見本字的選擇,於文獻釋讀的關係至鉅,不可不慎。㊺

出土古本與今本關係密切自不待言,很多出土簡帛古書無論是章句還是釋讀,都基本參照今本進行。但是由此也引來不少非議。不少學者釋讀一依今本,須知出土本自爲一本,如果都作今本解讀,又有何獨立之價值?但是也有些學者喜歡用出土文獻批判傳世文獻,揚此抑彼,出主入奴,從章句到文義,一切以出土本爲正。寧讀本字,不願通假;寧從誤字,不信古說。個個似倉頡、許慎重生,馬融、鄭玄再世,"夏王說不是商王,只怕伏生是你"。有些甚至不惜穿鑿附會,曲爲解說。這種做法不禁使我們聯想起北魏大儒徐遵明,《北史·儒林傳》:"(徐)遵明見鄭玄《論語序》云'書以八寸策',誤作'八十宗',因曲爲之說。"現在的一些曲說比之遵明當日有過之而無不及。

更需警惕的是,有些學者按照目前已知的一點古音知識,動輒以音韻遠近來判斷出土古本與今本的關係,甚至不惜割裂二者之間的傳承關係。其實這是最危險的傾向。音韻的遠近是相對的,不足以成爲判定古本與今本關係的絕對標準。"少所見,多所怪,睹橐駝謂馬腫背",我們音韻方面的某些文章就是爲今本辯護的。㊻

但是我們認爲出土古本、今本之間有密切的通假關係,並不意味著我們贊同今本的解釋就是絕對的唯一的解釋,只是說明出土古本可以按照今本那樣解釋——反過來說,出土古本的闡釋仍然是開放的,可以不按今本自由解釋。之所以強調這點,只是提醒我們不必以自己的臆見輕易否定前人的意見罷了。

以上拉雜談來,只是個人的一點淺見,難免會有隔靴搔癢、褒貶失當之處。"嚶其鳴矣,求其友聲",本文即使是蟬噪鴉鳴,用意也在呼朋喚友,如有爭鳴回應者,也算不幸負了咱這一番聒噪了。

附　注

① 王寧(2008)。
② 徐通鏘(2001/2004:3)。
③ 陳壽祺:《左海文集》卷四下,《續修四庫全書》第1496冊第165頁。
④ 已經有一些學者嘗試使用元音鏈式轉移的觀點來解釋戰國時期的楚方言與雅言音系的不同。參見王志平(2016)。
⑤ 劉樂賢(2006/2010:106—112)。
⑥ 王志平(2014b)。
⑦ 王力(1985:11)。
⑧ 林語堂(1934:23)。
⑨ 梅祖麟、羅傑瑞(1971);李如龍(1983)。
⑩ 王福堂(1999:98)。
⑪ 〔日〕平田昌司(1988);鄭張尚芳(2002)。鄭張尚芳(2002:285)指出,漢越語以母讀z,來母一般爲r,也有作z的;壯語的r布依語多數變爲z。
⑫ 龐光華(2005:394—395)。
⑬ 在突厥語、維吾爾語中也有r>z,l>š的音變,如卡爾梅克語kimr(酸乳,馬奶酒),突厥語作qy-myz;蒙古語tani-l(熟悉的),突厥語作tany-š等。參見〔芬蘭〕G.J.蘭司鐵(1981:178、180);力提甫、托乎提(2007)。詞尾的r、l變爲z、s,與詞頭的r、l變爲z、s類似。拉丁語中有所謂的r音化(rhotacism)現象。如genes->gener-,Valesius>Valerius等。古日爾曼語的s或z在德語和斯堪的那維亞語中變爲r,如歌特語sunus,而冰島語爲sunr等。參見〔瑞典〕高本漢(1937:50);〔丹麥〕威廉·湯姆遜(2009:127);〔美〕Robert J. Jeffers & Ilse Lehiste(2006:392—393、400)。印歐語的音變規律爲s>l,z>r,音變方向正好相反。潘悟雲(2013)則提出了l->j->z->ʒ->z-;清化的l->h->ɕ->ʃ->s-的音變鏈條。這都可以有力證明s、l可以互相演變。
⑭ 林語堂(1934:20)。
⑮ 王志平(2008a)(2008b)(2008c)(2010)(2012)(2014b)。
⑯ 參見裘錫圭(1988:17—18)。
⑰ 〔瑞典〕高本漢(1937:103—104)。
⑱ 參見丁邦新(1978);趙秉璿、竺家寧(1998:70—89)。
⑲ 以上示例僅爲說明不同的音變模式解釋力之優劣,並不意味著理論擬音。現代音韻學者一般把 *l-歸以母,*r-歸來母,本文贊同此說。爲說明簡化起見,暫以 *l-歸來母。事實上,印歐語中頗多gl->l-之例,濁音反而容易丟失,所以與見系諧聲的來母字音變方向更可能是 *gr> *r->l-,見 *kr->k-。
⑳ 潘悟雲先生認爲漢藏語中kl-有兩种不同的演變方向:漢語kl->k-,藏語kl->hl->l-。與來母諧聲的複輔音是見 *kr->k-:來 *k·r-> *r->l-;來母中的 *k是次要音節,後來弱化脫落了。參見潘悟雲(2000:273—281)。但是在印歐語中kl->l-常見,而kl->k-不常見,模式(a)(b)都不免此病。次要音節之說,來源於響度原則,有學者認爲響度原則不能作爲區分複輔音與次要音節的標準。參見马毛朋(2014)。
㉑ 上古漢語同源詞研究有所謂"旁轉",即"元音交替"(ablaut)。高本漢即以"ablaut"(張世祿譯爲"元音變異")理論來解釋上古漢語和藏語音系中的元音轉換。cf. Bernhard Karlgren(1933:110);又參見〔瑞

典〕高本漢(1937:231—232)。但高本漢上古音體系元音過多,有經院主義傾向,不像實際語言,已爲多數學者揚棄。

㉒ 李守奎(2003:254)將此字隸定爲"㒶"。

㉓ 李學勤(2011:172)。

㉔ 徐通鏘(1991:3)。

㉕ 麥耘先生認爲,事實(fact)與真實(truth)概念不同,哲學上的"真實"是"科學真實"(scientific truth)或"邏輯真實"(logical truth)。現代學者對漢語史"歷史真實"的認識,表現爲他們對漢語史發展所作出的、與漢語史學界關於漢語史的學術認知系統和漢語史的資料("歷史事實")在邏輯上相容的假設。參見麥耘(2005)。

㉖ 何大安(2004:132—134)。

㉗ 王國維(1994:2)。

㉘ 王國維所說的"地下之新材料"包括出土的文字材料和實物材料,也就是包括"出土文獻"與"出土文物"兩種含義。不少學者對此都有所混淆。

㉙ 陳寅恪(1980)。

㉚ 也有學者稱之爲"第三次古音學大辯論",參見馮蒸(2008)。

㉛ 唐蘭(1937)。

㉜ 魯國堯(2003)。而麥耘先生認爲正確的口號應該是:提倡在注意提高歷史文獻考證水平的同時,更多地注重歷史比較研究。參見麥耘(2008)。

㉝ 李方桂等(1984)。

㉞ 曾憲通(1997)。

㉟ 李新魁(1984)。

㊱ 李學勤(2014)。

㊲ 林語堂(1934:16)。

㊳ 于省吾(1962);曾憲通(1997)(2004);董蓮池(2004)。

㊴ 王志平(2010)。

㊵ 裘錫圭(2002)。

㊶ 沈培(2003);孟蓬生(2012a)(2012b)。

㊷ 王志平(2008a)(2008c)。

㊸ 何琳儀(1996);李學勤(2010);李家浩(2010);張富海(2010);史傑鵬(2010)。

㊹ 王志平(2014b)。

㊺ 孟蓬生(2009)(2011)(2012c)(2012d)(2012e)(2014)。

㊻ 〔日〕大西克也(2006);陳劍(2007:127—176);葉玉英(2012)。

㊼ 古文字和秦漢文字中"㕣""公"字形都很接近,如"沿""㳂","䑺""舩"等。"鉛""鈆"形近,與"公"聲無關。

㊽ 趙平安(2003/2009:143—154);馮勝君(2004);李零(2007)。

㊾ 史傑鵬(2010:136—137);孟蓬生(2012a)。

㊿ 參見王志平(2014b)。

㉛ 裘錫圭(1992)。

㉜ 王志平(2012)。

㉝ 參見趙平安(2001/2011:164—165)。

㊴ 王志平(2014b)。
㊶ 參見高亨、董治安(1989:665—666)"阿與猗""阿與奇""奇與何"等條。
㊷ 其實當分析爲从金,䜌聲。"省形""省聲"說法多不可信。
㊸ 裘錫圭(1988:163);何九盈(1991)。
㊹ 陳世輝(1979)。
㊺ 王志平(2014a)。
㊻ 黃天樹(2002/2006:299—311)。
㊼ 〔美〕鮑則岳(2002:49)。
㊽ 〔美〕鮑則岳(2002:57)。
㊾ 邢文、李縉雲(1998/1999:402)。
㊿ 李零(2000)。
㉕ 董琨(2006:197)。
㉖ 王志平(2010)(2012)(2014b)。

參考文獻

陳　劍　　2007　《釋造》,《甲骨金文考釋論集》,北京:綫裝書局。
陳世輝　　1979　《略論〈說文解字〉中的"省聲"》,《古文字研究》第一輯,北京:中華書局。
陳寅恪　　1980　《〈敦煌劫餘錄〉序》,《金明館叢稿二編》,上海:上海古籍出版社。
丁邦新　　1978　《論上古音中帶 l 的複聲母》,《屈萬里先生七秩榮慶論文集》,臺北:聯經出版社。
董　琨　　2006　《楚系簡帛文字形用問題》,《簡帛語言文字研究》第二輯,成都:巴蜀書社。
董蓮池　　2004　《釋戰國楚系文字中從𠬝的幾組字》,《古文字研究》第二十五輯,北京:中華書局。
馮勝君　　2004　《釋戰國文字中的"怨"》,《古文字研究》第二十五輯,北京:中華書局。
馮　蒸　　2008　《第三次古音學大辯論——關於梅祖麟講話引起的古音討論介紹》,《漢字文化》第4期。
高亨、董治安　1989　《古字通假會典》,濟南:齊魯書社。
何大安　　2004　《聲韻學中的觀念和方法》,臺北:大安出版社。
何九盈　　1991　《〈說文〉省聲研究》,《語文研究》第1期。
何琳儀　　1996　《幽脂通轉舉例》,《古漢語研究》第一輯,北京:中華書局。
洪　颺　　2008　《古文字考釋通假關係研究》,福州:福建人民出版社。
侯志義　　2000　《金文古音考》,西安:西北大學出版社。
黃天樹　　2002/2006　《略論甲骨文中的"省形"和"省聲"》,《語言文字學論壇》第一輯,北京:中國社會科學出版社;《黃天樹古文字論集》,北京:學苑出版社。
李存智　　2010　《上博楚簡通假字音韻研究》,臺北:萬卷樓圖書股份有限公司。
李方桂等　1984　《上古音學術討論會上的發言》,《語言學論叢》第十四輯,北京:商務印書館。
李家浩　　2010　《楚簡所記楚人祖先"鬻熊"與"穴熊"爲一人說——兼說上古音幽部與微、文二部音轉》,《文史》第三輯,北京:中華書局。
李　零　　2000　《郭店楚簡研究中的兩個問題》,《郭店楚簡國際學術研討會論文集》,武漢:湖北人民出版社。
李　零　　2007　《上博楚簡三篇校讀記》,北京:中國人民大學出版社。

李如龍	1983	《閩西北方言"來"母讀 s-的研究》,《中國語文》第 4 期。
李守奎	2003	《楚文字編》,上海:華東師範大學出版社。
李新魁	1984	《漢語音韻學研究概況及展望》,《音韻學研究》第一輯,北京:中華書局。
李學勤	2010	《清華簡九篇綜述》,《文物》第 5 期。
李學勤	2011	《清華大學藏戰國竹簡(貳)》,上海:中西書局。
李學勤	2014	《楚文字研究的過去與現在》,《歷史語言學》第七輯,北京:商務印書館。
李 玉	1994	《秦漢簡牘帛書音韻研究》,北京:當代中國出版社。
力提甫・托乎提	2007	《論維吾爾語 l 變 š 的歷史語音演變現象》,《民族語文》第 6 期。
林語堂	1934	《前漢方音區域考》,《語言學論叢》,上海:開明書店。
劉樂賢	2006/2010	《孔家坡漢簡〈日書〉"司歲"篇初探》,簡帛網,2006 年 10 月 10 日;《戰國秦漢簡帛叢考》,北京:文物出版社。
魯國堯	2003	《論"歷史文獻考證法"與"歷史比較法"的結合——兼議漢語研究中的"犬馬——鬼魅法則"》,《古漢語研究》第 1 期。
马毛朋	2014	《上古汉语前置音的语音性质》,《古漢語研究》第 4 期。
麥 耘	2005	《漢語史研究中的假設與證明》,《語言研究》第 2 期。
麥 耘	2008	《語音史研究中歷史比較研究與歷史文獻考證相結合的幾個問題》,《歷史語言學研究》第一輯,北京:商務印書館。
梅祖麟、羅傑瑞	1971	《試論幾個閩方言中的來母 s-聲字》,[臺北]《清華學報》新九卷第一——二期。
孟蓬生	2009	《師寰簋"弗叚組"新解》,復旦大學古文獻與古文字中心網站,2009 年 2 月 25 日。
孟蓬生	2011	《楚簡所見舜父之名音釋——談魚通轉例說之二》,《簡帛》第六輯,上海:上海古籍出版社。
孟蓬生	2012a	《說"令"》,《古文字研究》第二十九輯,北京:中華書局。
孟蓬生	2012b	《〈楚居〉所見楚王名考釋二則》,《清華簡研究》第一輯,上海:中西書局。
孟蓬生	2012c	《"出言又(有)丨,利(黎)民所訂"音釋——談魚通轉例說之四》,《簡帛》第七輯,上海:上海古籍出版社。
孟蓬生	2012d	《"法"字古文音釋——談魚通轉例說之五》,《中國文字研究》第十六輯,上海:上海人民出版社。
孟蓬生	2012e	《"孤竹"補釋——談魚通轉例說之六》,香港:香港中文大學中文系"漢語語言文字學國際研討會"論文。
孟蓬生	2014	《"竜"字音釋——談魚通轉例說之八》,《歷史語言學》第七輯,北京:商務印書館。
潘悟雲	2000	《漢語歷史語言學》,上海:上海教育出版社。
潘悟雲	2013	《從地理視時還原歷史真時》,《語言的演變與變異——首屆歷史語言學國際學術研討會論文集》,上海:中西書局。
龐光華	2005	《論漢語上古無複輔音聲母》,北京:中國文史出版社。
裘錫圭	1988	《文字學概要》,北京:商務印書館。
裘錫圭	1992	《釋"弘""強"》,《古文字論集》,北京:中華書局。
裘錫圭	2002	《從殷墟卜辭的"王占曰"說到上古漢語的宵談對轉》,《中國語文》第 1 期。
沈 培	2003	《上博簡〈緇衣〉篇"恭"字解》,《華學》第六輯,北京:紫禁城出版社。
沈祖春	2008	《馬王堆漢墓帛書(壹)假借字研究》,成都:巴蜀書社。
史傑鵬	2010	《由郭店楚簡〈老子〉的幾條簡文談幽、物相通現象及相關問題》,《簡帛》第五輯,上海:上海古籍出版社。

唐　蘭	1937	《論古無複輔音,凡來母字古讀如泥母》,《清華學報》第十二卷二期。
王福堂	1999	《漢語方言語音的演變和層次》,北京:語文出版社。
王國維	1994	《古史新證——王國維最後的講義》,北京:清華大學出版社。
王　力	1985	《漢語語音史》,北京:中國社會科學出版社。
王　寧	2008	《傳統上古音研究的觀念和方法》,《漢藏語學報》第二期,北京:商務印書館。
王文耀	2004	《殷商文字聲類研究》,上海:上海辭書出版社。
王志平	2008a	《"䍩"字的讀音及相關問題》,《古文字研究》第二十七輯,北京:中華書局。
王志平	2008b	《"尻"讀"居"還是"處"》,湛江:"第九屆全國古代漢語研討會"論文。
王志平	2008c	《"戴"字釋疑》,《簡帛》第三輯,上海:上海古籍出版社。
王志平	2010	《也談"銛䋐"的"䋐"》,《古文字研究》第二十八輯,北京:中華書局。
王志平	2012	《清華簡"皇門"異文及相關問題》,《歷史語言學》第五輯,北京:商務印書館。
王志平	2014a	《說"槳"》,《古文字研究》第三十輯,北京:中華書局。
王志平	2014b	《孔家坡漢簡〈日書〉"司歲"篇中的"單關(闗)"》,《歷史語言學》第七輯,北京:商務印書館。
王志平	2016	《上古漢語中的元音鏈式轉移與長短對立》,《學燈》第一輯,上海:上海古籍出版社。

邢文、李緟雲　1998/1999　《郭店〈老子〉國際研討會綜述》,《文物》1998年第9期;《中國哲學》第二十輯,
　　沈陽:遼寧教育出版社。

徐通鏘　1991　《歷史語言學》,北京,商務印書館。

徐通鏘　2001/2004　《說"結合"——就漢語音韻的研究淺議中西語言學結合的途徑》,戴昭銘、陸鏡光主
　　編《語言學問題集刊》第一輯,長春:吉林人民出版社;《漢語研究方法論初探》,北京:商務印書館。

葉玉英　2009　《古文字構形與上古音研究》,廈門:廈門大學出版社。

葉玉英　2012　《古文字聲系與上古音聲母構擬舉隅》,《古文字研究》第二十九輯,北京:中華書局。

于省吾　1962　《釋🈳、🈴兼論古韻部東冬的分合》,《吉林大學學報》第1期。

曾憲通　1997　《從"蛊"符之音讀再論古韻部東冬的分合》,《第三屆國際中國古文字學研討會論文集》,香
　　港:香港中文大學。

曾憲通　2004　《再說"蛊"符》,《古文字研究》第二十五輯,北京:中華書局。

張富海　2010　《楚先"穴熊"、"鬻熊"考辨》,《簡帛》第五輯,上海:上海古籍出版社。

鄭張尚芳　2002　《古來母以母今方言讀擦音塞擦音問題》,《語言》第三卷,北京:首都師範大學出版社。

趙秉璇、竺家寧　1998　《古漢語複聲母論文集》,北京:北京語言文化大學出版社。

趙平安　2003/2009　《戰國文字中的"宛"及其相關問題研究》,《第四屆中國古文字學研討會論文集》,香
　　港:香港中文大學中國語言及文學系;《新出簡帛與古文字古文獻研究》,北京:商務印書館。

趙平安　2001/2011　《從失字的釋讀談到商代的佚侯》,《中國社會科學院歷史研究所學刊》第一集,北京:
　　社科文獻出版社;《金文釋讀與文明探索》,上海:上海古籍出版社。

趙　彤　2006　《戰國楚方言音系》,北京:中國戲劇出版社。

〔日〕大西克也　2006　《戰國楚系文字中的兩種"告"字——兼釋上博楚簡〈容成氏〉中的"三告"》,《簡帛》
　　第一輯,上海:上海古籍出版社。

〔日〕平田昌司　1988　《閩北方言的來母 s-化現象》,《漢語史の諸問題》,京都:京都大學人文科學研究所。

〔美〕鮑則岳(William G.Boltz)　2002　《古代文獻整理的若干基本原則》,邢文編譯《郭店老子——東西方
　　學者的對話》,北京:學苑出版社。

〔美〕Robert J. Jeffers & Ilse Lehiste　2006　《歷史語言學的原則與方法》,馮蒸譯,《語言》第六卷,北京:首
　　都師範大學出版社。

〔瑞典〕高本漢(Bernhard Karlgren) 1933/1937 *Word Families in Chinese*,BMFEA 5,1933(《遠東文物博物館館刊》第 5 卷);張世祿譯《漢語詞類》,上海:商務印書館。
〔芬蘭〕G.J.蘭司鐵(G.J.Ramstedt) 1981 《阿爾泰語言學導論》,陳偉、沈成明譯,北京:中國社會科學出版社。
〔丹麥〕威廉·湯姆遜(Ludvig Peter Vilhelm Thomsen) 2009 《十九世紀末以前的語言學史》,黃振華譯,北京:世界圖書出版公司。

Some Problems on the Studies of the Archaic Chinese Phonology and the Chinese Paleography

WANG Zhiping

Abstract:Although the archaic Chinese phonology has made more progresses both in the theories and the methods, but in the sources the less achievements have been made except the excavated documents which are essential and most important inner proofs by now. Some wrong concepts prevent the combine between the linguistics and philology in the studies of the archaic Chinese phonology and the Chinese paleography. So that this paper rethinks the theories and the methods of such studies, and reminds the universe problems should be noticed.

Key words:archaic Chinese phonology,Chinese paleography,theories,methods,sources

(王志平 中國社會科學院語言研究所 100732)

上古韻部歸字辨析三則

張富海

一 利

利，《廣韻》立至切，中古音脂韻系開口去聲字。中古脂韻系去聲字（至韻）的上古來源比較複雜，有質部（如"至""疐"等字）、物部（如"醉""塈"等字）、緝部（如"位""摯"等字）、職部（如"備"字）和脂部（如"二""次"等字）。"利"字的上古韻部歸屬有質部和脂部二說。王力的諧聲表把"利聲"歸入質部（1986a:177），唐作藩（2013:92）、郭錫良（2010:133）、陳復華及何九盈（1987:242）、鄭張尚芳（2013:401）都把"利"字歸入質部，但鄭張尚芳同時構擬了質部和脂部兩個讀音。曾運乾（1996:184）和周祖謨的諧聲表把"利聲"歸入脂部（1966:241）。我認爲"利聲"歸入脂部是正確的，事實上從"利"得聲的字如"黎""犁""梨"等字各家無不歸脂部而不歸質部，獨獨把聲首"利"字歸入質部是不妥當的。"黎""犁""梨"等字沒有被歸入質部是因爲它們是平聲字，上古音不可能是入聲；而"利"字被歸入質部，是因爲它的中古音是去聲字，去聲字有很大一部分來源於上古的入聲韻部，但這只有可能性而無必然性，中古的去聲字上古音也可以仍是去聲。從諧聲來看，"利"字應以歸入脂部爲宜，是上古脂部的去聲，與"二""次"等字同類。郭店簡《緇衣》17號簡，"利"字假借爲"黎民"之"黎"，是"利"字歸脂部在通假方面的證據。

《詩·小雅·大田》："彼有不穫稚，此有不斂穧。彼有遺秉，此有滯穗，伊寡婦之利。""利"字與"稚""穧""穗"韻，"稚"和"穧"也是脂部去聲字，"穗"字則是質部去聲字，可以看作脂質合韻，但四字中古都是去聲，上古音皆有-s尾。如果以"穗""利"爲韻，而不與"稚""穧"韻，[①]則此韻文似乎是"利"歸質部的一條證據。但這樣分析韻腳恐怕並不合適。

清華簡《殷高宗問於三壽》20—21號簡："内坙（巠）而外比，上下毋倉（爽），发＝（左右）叚（毋）比，弜（强）妝丩出，經緯忎（順）齊，土（妒）悁（怨）毋复（作），而天目毋眉（迷），寺（時）名曰利。"（李學勤2015:151）[②]"利"與脂部字"比""齊""迷"韻，這條韻文也是"利"歸脂部的證據。

二 扁

扁，《廣韻》有方典、薄泫、符善、芳連四切，前兩音在先韻系，後兩音在仙韻系。從"扁"得聲的字也主要在這兩個韻系。中古先韻系有上古真部、文部和元部的來源，中古仙韻系只有上古元部的來源。從中古音來看，"扁"及"扁"聲字的上古音應在元部。但是，《詩·小雅·巷伯》："緝緝翩翩，謀欲譖人。慎爾言也，謂爾不信。"《大雅·桑柔》："菀彼桑柔，其下侯旬。捋采其劉，瘼此下民。不殄心憂，倉兄填兮。倬彼昊天，寧不我矜。四牡騤騤，旟旐有翩。亂生不夷，靡國不泯。民靡有黎，具禍以燼。於乎有哀，國步斯頻。"都是"扁"聲的"翩"與真部字韻，所以從江永(1982:26)開始，都把"扁聲"歸入上古真部，王力(1986a:177)、周祖謨(1966:263)、唐作藩(2013:10)、郭錫良(2010:338)、陳復華及何九盈(1987:302)皆如此。董同龢(1948:207—208)、周法高等(1973:175、179)則把"扁"及"扁"聲字改歸入元部，鄭張尚芳《上古音系》所列諧聲分部表把"扁聲"歸入真部(2013:257)，但在古音字表中把"扁"及"扁"聲字歸入元部(2013:276—277)。③我認爲，只能根據中古音韻地位把"扁聲"歸入元部。至於《詩經》中"翩"與真部字押韻，完全可以用合韻來解釋。《詩·小雅·四月》："匪鶉匪鳶，翰飛戾天，匪鱣匪鮪，潛逃于淵。"元部字"鳶"與真部字"天""淵"合韻，是同樣的情況。《楚辭·湘君》："石瀨兮淺淺，飛龍兮翩翩。交不忠兮怨長，期不信兮告余以不閒。""翩"與元部字"淺""閒"韻，這是"翩"歸元部在上古韻文方面的積極證據。

古文字資料中也有"扁聲"歸元部的證據。上博簡《鶹鷃》："娶(鶹)栗(鷃)翼(翩)飛含可(兮)，不戠(織)而欲衣含可(兮)。"(復旦吉大古文字專業研究生聯合讀書會 2011)④"翼"字從羽舁聲，是"翩"的異體；"舁"是元部字，可以證明"翩"也是元部字。郭店簡《老子丙》8號簡："是目支(偏)将(將)軍居右(左)。"馬王堆帛書《老子》甲本 157 行："是以便(偏)將軍居左。"分別用元部字"支"(古文"鞭")和"便"假借爲"偏"，證明"偏"也是元部字。

總之，除了可以解釋爲真元合韻的《詩經》押韻之外，韻文、假借、諧聲、中古音四方面的材料無不能證明"扁聲"應歸入元部。

三 並

並，《廣韻》蒲迥切，中古音青韻系上聲。中古青韻系僅來源於上古耕部，所以如據中古音韻地位，"並"字的上古音理應歸入耕部。《説文》："並，併也。"段玉裁《説文解字注》："人部'併'下曰：並也。二篆爲轉注。鄭注禮經，古文'並'今文多作'併'。是二字音義皆同之故也。古書亦多用爲'傍'字者，傍，附也。"《説文解字注》"並"字入十一部(耕部)，同"并""併"；但在段氏《六書音均表》中，"並聲"卻列在十部(陽部)。嚴可均《説文聲類》云："並，《廣韻》誤入迥均。按'普'入魚類,'髣'在蕩部,魚陽對轉,'並'字非耕類無疑也。古讀若防上聲。"(2002:31)所以嚴可均把"並"字列在陽部。朱駿聲《説文通訓定聲》、江有誥《諧聲表》(1993:257)、王力(1986b:25)、周祖謨(1966:260)、董同龢(1948:170)、唐作藩(2013:12)、郭錫良(2010:443)皆同。陳復華、何九盈(1987:282)把"並"列在耕部;周法高等《新編上古音韻表》"並"字既入陽部(1973:51),又入耕部(1973:74);鄭張尚芳《上古音系》諧聲分部表中"並"列入陽部(2013:255),但古音字表中"並"入耕部(2013:281)。

我認爲,"並"字應據其中古音歸入耕部,其歸陽部的理由均難成立。嚴可均以《廣韻》爲誤入迥韻,顯然不可信。動輒以唐韻爲誤,是自顧炎武以來清代古音學家的一大毛病。"並"跟耕部的"并""併"的音義關係很密切(見上文引《説文》段注),自應同部。至於"並"和"傍",大概只是同義詞關係,不是音近通假關係。《集韻》"並"有蒲浪切的又音(音同"傍"),應是同義換讀爲"傍",非其本音。⑤普,《説文》分析爲會意字,非从"並"聲。从"並"聲的"髣"字,《廣韻》有薄庚、北朗二切,《説文》大徐音蒲浪切。推到上古音,"髣"確在陽部。但僅此一例諧聲不足以證明"並"也在陽部。

郭店簡《老子甲》24 號簡:"萬勿(物)方乍(作),居目(以)須返(復)也。"方,今本及北京大學藏西漢竹簡本《老子》作"並",馬王堆帛書本甲本和乙本《老子》作"傍"。馬王堆帛書整理者依今本讀"傍"爲"並"。(國家文物局古文獻研究室 1980:11、96)郭店簡整理者讀"方"爲"傍"(荆門市博物館 1998:112),李零(2002:4、6)讀爲"並"。按《説文》:"傍,溥也。""傍"有普遍義。王引之《經義述聞》卷二"旁行而不流"條:"《周官·男巫》曰'旁招以茅',謂徧招於四方也。《聘義》曰'孚尹旁達',謂玉之色彩徧達與外也。《晉語》曰'乃使旁告於諸侯',謂徧告於諸侯也。《楚語》曰'武丁使以夢象旁求四方之賢',謂徧求四方之賢。《逸周書·大匡》篇曰'旁匡於衆,無敢有違',謂徧匡於衆也。……""萬物旁作"即萬物徧起,文自可通,不必從今本讀爲"並"。如上文所論,"並"應歸耕部,那麼"方""旁"讀爲"並"在語音上也是有疑問的。

附 注

① 王力(1986b:339)即如此分析。

② 倉,整理者讀爲"攘"。從郭永秉讀爲"爽",說見簡帛網"簡帛論壇"《清華五〈殷高宗問於三壽〉初讀》第 29 樓。

③ 此元部爲主元音作 e 的元 2 部,與真部較近。

④ "翾"字的釋讀是陳劍的意見。

⑤ 《史記·秦始皇本紀》三十三年:"自榆中並河以東,屬之陰山,以爲十四縣,城河上爲塞。"裴駰《集解》引服虔曰:"並音傍。傍,依也。"説明"並"有"傍"音即同義換讀爲"傍",早至東漢。但"並河"即與河相並,引申而有依傍義,本不必讀爲"傍"。

參考文獻

〔清〕江　永　1982　《古韻標準》,北京:中華書局。
〔清〕江有誥　1993　《音學十書》,北京:中華書局。
〔清〕嚴可均　2002　《説文聲類》,《續修四庫全書》第247册,上海:上海古籍出版社。
陳復華、何九盈　1987　《古韻通曉》,北京:中國社會科學出版社。
董同龢　1948　《上古音韻表稿》,《中央研究院歷史語言研究所集刊》第十八本。
復旦吉大古文字專業研究生聯合讀書會　2011　《上博八〈鶹鷅〉校讀》,復旦大學出土文獻與古文字研究
　　中心網站,7月17日。
郭錫良　2010　《漢字古音手册》(增訂本),北京:商務印書館。
國家文物局古文獻研究室　1980　《馬王堆漢墓帛書(壹)》,北京:文物出版社。
荆門市博物館　1998　《郭店楚墓竹簡》,北京:文物出版社。
李　零　2002　《郭店楚簡校讀記》(增訂本),北京:北京大學出版社。
李學勤主編　2015　《清華大學藏戰國竹簡(伍)》下册,上海:中西書局。
唐作藩　2013　《上古音手册》(增訂本),北京:商務印書館。
王　力　1986a　《王力文集》第五卷《漢語音韻》,濟南:山東教育出版社。
王　力　1986b　《王力文集》第六卷《詩經韻讀》,濟南:山東教育出版社。
曾運乾　1996　《音韻學講義》,北京:中華書局。
鄭張尚芳　2013　《上古音系》(第二版),上海:上海教育出版社。
周法高等　1973　《新編上古音韻表》,台北:三民書局,1980年北京翻印。
周祖謨　1966　《問學集》,北京:中華書局。

(張富海　首都師範大學,甲骨文研究中心,
出土文獻與中國古代文明研究協同創新中心　100089)

劉賾《說文最初聲母分列古本韻二十八部表》校理、今音標注與說明（下）

馮 蒸

提　要　著名音韻學家劉賾(1891—1978)1934 年所著《聲韻學表解》一書所附的《說文最初聲母分列古本韻二十八部表》，在音韻學界有廣泛影響，被視爲傳統上古音特別是章黃學派上古諧聲表的唯一依據，惜使用不便。數十年來，迄無人整理。本文對該表首次加以系統校理，全面調整原表的排列格式，對原表的所有聲符均加標了今音，並對原表所收的所有聲符分類做了詳細統計，對需要說明的原表的個別聲符和注解則加注說明。爲上古諧聲表的進一步完善和研究提供參考。

關鍵詞　劉賾　說文最初聲母分列古韻二十八部表　黃侃　聲符　今音標注

目　錄

壹.劉賾及其《說文最初聲母分列古本韻二十八部表》

貳.劉賾《說文諧聲表》整理體例說明

參.劉賾《諧聲表》二十八部與王力上古三十韻部對照表

肆.劉賾《諧聲表》凡例（簡本）

伍.劉賾《諧聲表》二十八部表

  1 屑部（上、下） 11 青部（上、下） 20 沃部

  2 先部（上、下） 12 模部   21 冬部

  3 沒部   13 鐸部（上、下） 22 咍部

  4 灰部   14 唐部（上、下） 23 德部（上、下）

  5 痕、魂部（上、下） 15 侯部   24 登部（上、下）

  6 曷、末部（上、下） 16 蕭部   25 合部

  7 歌、戈部（上、下） 17 屋部   26 覃部

  8 寒、桓部（上、下） 18 東部   27 帖部

  9 齊部（上、下） 19 豪部   28 添部

  10 錫部（上、下）

陸.劉賾《諧聲表》聲符今讀

柒. 劉賾《諧聲表》聲符二十八部分部統計表

附錄:劉賾《説文諧聲表》凡例(全本)

陸　劉賾《諧聲表》聲符今讀

(一)【屑部】(王力:質部)

一、(影)1.一 於悉 yī
　　　　2.抑 於棘 yì
　　　　3.逸 夷質 yì
　　　　4.乙 於筆 yǐ
　　　　5.暬 於悦 yuè

二、(曉)6.血 呼決 xuè

三、(匣)

四、(見)7.吉 居質 jí

五、(溪)

六、(疑)8.陧① 五結 niè

七、(端)9.質② 之日 zhì
　　　　10.至 脂利 zhì
　　　　11.疐 陟利 zhì

八、(透)12.設 識列 shè
　　　　13.徹③ 丑列 chè

九、(定)14.實 神質 shí
　　　　15.鵄 直質 zhí

十、(泥)16.日、䵒 人質 rì
　　　　17.疒 女戹 nè

十一、(來)18.栗 力質 lì

十二、(精)19.卩 子結 jié

十三、(清)20.桼、七 親吉 qī

十四、(從)21.疾④ 秦悉 jí

十五、(心)22.悉 息七 xī

十六、(邦)23.八 博拔 bā
　　　　24.必、畢⑧ 卑吉 bì

十七、(滂)

十八、(並)25.別 憑列 bié

十九、(明)

附注(原著一欄立爲一條,一條附注内不只一字。表内所見的被注字用序號標出,表中未見的被注字前加"※"號。單個被注字未見,"※"加在未見單字前;整條附注内各字均未見,"※"加在此條附注標號前。下同,不再贅述):

①陧讀若蜺。※㚔讀若㜽。

②質小徐所聲。※魝或作剚。

③徹小徐育聲。古文作𢾭。

④疾從矢聲。籀文作𤵺。

※⑤顯讀若昧。肕或作臑。颭或作颸。

※⑥枈讀若頌,一曰讀若非。朿讀若蕫。

⑦狋讀若孶。(馮蒸按:原文表中没有标号⑦)

※⑧必從弋聲。畢或曰由聲。

(二)【先部】(王力:真部)

一、(影)26.乚、○引 余忍 yǐn
　　　　27.因 於真 yīn
　　　　28.印 於刃 yìn
　　　　29.寅 弋真 yín
　　　　30.勻 羊倫 yún
　　　　31.𠙴 烏玄 yuān

二、(曉)32.轟 呼宏 hōng

三、(匣)33.弦 胡田 xián
　　　　34.㫚 黃絢 xuàn
　　　　35.玄 胡涓 xuán
　　　　36.羂 戶關 huán

四、(見)

五、(溪)

六、(疑)37.齦②、所語巾 yín

七、(端)38.○參 之忍 zhěn

八、(透)39.天 他前 tiān

　　　　40.疢 丑刃 chèn

　　　　41.身⑤、申 失人 shēn

九、(定)42.臣 植鄰 chén

　　　　43.奠 堂練 diàn

　　　　44.塵 直珍 chén

　　　　45.田 待年 tián

　　　　46.敒 直刃 zhèn

　　　　47.○電 堂練 diàn

十、(泥)48.人、仁⑥ 如鄰 rén

　　　　49.○佞 乃定 nìng

　　　　50.閏 如順 rùn

十一、(來)51.令 力正 lìng

　　　　52.粦③ 良刃 lín

十二、(精)53.妻 將鄰 jīn

　　　　54.晉③ 即刃 jìn

　　　　55.真 側鄰 zhēn

十三、(清)56.○千 此先 qiān

十四、(從)60.秦 匠鄰 qín

十五、(心)57.信、囟④、卂、丨 息晉 xìn、xìn、xùn、gǔn

　　　　58.燊 所臻 shēn

　　　　59.辛 息鄰 xīn

　　　　60.旬 詳遵 xún

　　　　61.窘 私閏 jùn

十六、(邦)62.扁 方沔 biǎn

十七、(滂)63.牝 匹刃 pìn

十八、(並)64.頻 符真 pín

十九、(明)65.命 眉病 mìng

66.丏 彌充 miǎn

67.民 彌鄰 mín

附注：

※①暗讀若指。䢅讀若窈。

②齦讀若憖。

③晉小徐桱声。粦小徐舛聲。

④囟或作脾。

⑤身从厂声。※賮讀若資。※謓讀若振。

※⑥瞋祕書作䀹。仁小徐二聲。

※⑦甸小徐包省聲。緊小徐絲省聲。

※⑧靷籀文作韅。軨司馬相如作䡄。

※⑨訊古文作誶。䍀古文作壘。

※⑩趀讀若縈。珣讀若宣。郇讀若泓。

※⑪蹁讀若苹。牗讀若邊。蚵讀若報。

⑫馬一讀若環。

(三)【沒部】(王力：物部)

一、(影)68.○矞 余律 yù

　　　　69.鬱 迁勿 yù

二、(曉)70.卉 許偉 huì

　　　　71.夐 火劣 xuè

　　　　72.智 呼骨 hū

　　　　73.窩 火滑 hū

　　　　74.○眉 許介 xiè

三、(匣)

四、(見)75.計 繼古詣 jì

　　　　76.骨 古忽 gǔ

　　　　77.旡 居未 jì

五、(溪)78.气 去既 qì

　　　　79.器、棄 去冀 qì

　　　　80.○款 苦管 kuǎn

　　　　81.圣 苦骨 kū

六、(疑)82.兀⑤、刏 五忽 wù
七、(端)83.對 都隊 duì
八、(透)84.退 他內 tuì
　　　85.出 尺律 chū
　　　86.厾 他骨 tū
九、(定)87.示 神至 shì
　　　88.隶 徒耐 dài
　　　89.尤 食律 shù
　　　90.突 徒骨 tū
十、(泥)91.○肉 女滑 nè
　　　92.內 奴對 nèi
十一、(來)
十二、(精)93.卒 臧沒 zú
十三、(清)
十四、(從)94.自、白 疾二 zì
十五、(心)95.○崇 雖遂 suì
　　　96.兕 徐姊 sì
　　　97.率 所律 shuài
　　　98.四 息利 sì
十六、(邦)99.閉 博計 bì
　　　100.弗、乁 分勿 fú、yí
　　　101.轡 兵媚 pèi
十七、(滂)102.由 敷勿 fú
十八、(並)103.𡕒⑦ 平祕 bì
　　　104.丿 房密 piě
　　　105.○㡿⑤ 房六 fú
　　　106.孛 蒲妹 bèi
　　　107.鼻 父二 bí
十九、(明)108.𠬸② 莫勃 mò
　　　109.勿 文弗 wù
　　　110.魅 密祕 mèi
　　　111.未 無沸 wèi

附注：

※①詯讀若眛。狋讀又若銀。
②𠬸讀若沬。※㪔讀若贅。
※③㪔讀若窀。懇讀若鼊。吻或作䎱。
※④仚讀若輙。郖讀若奚。
⑤㡿讀若虜。兀讀若敻。
※⑥㱉讀若中。耴讀若孽。顝讀若魁。
※⑦𩮀或作髲。𡕒讀若虛。
※⑧綳或作綨。鎮讀若熏。
※⑨㾰讀若欸。

(四)【灰部】(王力：脂、微部)
一、(影)111.胃 云貴 wèi
　　　112.口 羽非 wéi
　　　113.伊⑤ 於脂 yī
　　　114.位 于備 wèi
　　　115.肙、衣 於希 yī、yī
　　　116.畏、尉 於胃 wèi
　　　117.𠂹 羊至 yì
　　　118.夷 以脂 yí
　　　119.威⑪ 於非 wēi
　　　120.委⑪ 於詭 wěi
　　　121.○医 於計 yī
二、(曉)122.毀 許委 huǐ
　　　123.火 呼果 huǒ
　　　124.虫 許偉 huǐ
　　　125.希 香衣 xī
　　　126.靐 虛器 xì
三、(匣)127.夐 胡畎 xuàn
　　　128.回 戶恢 huí
　　　129.惠 胡桂 huì
　　　130.褱⑦ 戶乖 huái
四、(見)131.卟、禾 古兮 jī
　　　132.皆 古諧 jiē

140.幾 居衣 jī
133.鬼 居偉 guǐ
134.几 居履 jǐ
135.癸 居誄 guǐ
五、(溪)136.启 康禮 qǐ
137.夔 渠追 kuí
138.臾 求位 yú
139.開⑧ 苦哀 kāi
140.𠙴 苦對 kuài
141.叔 苦壞 kuì
六、(疑)142.厃 魚毀 wěi
143.危 魚爲 wēi
七、(端)144.隹 職追 zhuī
145.夊 陟侈 zhǐ
146.𣎵 陟几 zhǐ
147.氐 丁禮 dǐ
148.自 都回 duī
八、(透)149.茵、矢、豕 式視 shǐ
150.尸 式脂 shī
151.水 式軌 shuǐ
九、(定)152.㠯① 特計 dì
十、(泥)153.尒 兒氏 ěr
154.二 而至 èr
十一、(來)155.㐬 力几 lǐ
156.利 力至 lì
157.耒、頪 盧對 lěi、lèi
158.豊 盧啓 lǐ
158.履 良止 lǚ
160.磊 落猥 lěi
161.戾、盭 郎計 lì
162.雷 魯回 léi
十二、(精)163.宋 即里 zǐ
十三、(清)164.夊 楚危 suī

165.妻③ 七稽 qī
十四、(從)166.齊 徂兮 qí
167.辠 徂賄 zuì
十五、(心)168.夆、綏 息遺 suī,suí
169.死 息姊 sǐ
170.師 疏夷 shī
171.衰 蘇禾 shuāi/cuī
172.厶 息夷 sī
173.㠯 息利 sì
174.屖⑩ 先稽 xī
175.采⑩ 徐醉 suì
176.○帥⑨ 所律 shuài
十六、(邦)177.匕 卑履 bǐ
178.飛、非 甫微 fēi
十七、(滂)179.妃① 芳非 fēi
180.配③ 滂佩 pèi
十八、(並)181.肥 符非 féi
182.比 毗二 bǐ
183.𨳩 符未 fèi
十九、(明)184.眉 武悲 méi
185.美 無鄙 měi
186.枚 莫杯 méi
187.米 莫禮 mǐ
188.散 無非 wēi
189.尾 無斐 wěi

附注：
①妃從己聲。弟從丿聲。
※②苩或作癅。迹一讀若枱。又讀若郅。
③配從己聲。※崀讀若費。妻小徐中聲。
※④颶讀若栗。坖古文作聖。
⑤伊一本尹聲。※頪又讀若醫。

※⑥禮古文作礼。
⑦※敉讀若弭。襃從䍃聲。
⑧※蚳古文作𧕺。开小徐开聲。
⑨※鼔讀若糗。帥或作帨。※臀或作𦝫。
⑩犀從辛聲。采從小徐爪聲。
⑪威小徐戌聲。委小徐禾聲。䖘或作蝎。
※⑫玭《夏書》作蠙。

(五)【痕、魂部】(王力：文部)
一、(影)190.㫃、丩 於謹 yǐn
　　　191.胤 羊晉 yìn
　　　192.殷 於身 yīn
　　　193.尹、允⑥ 余準 yǐn、yǔn
　　　194.昷 烏渾 wēn
　　　195.𡧑⑩ 王權 yuán
　　　196.壹 於云 yún
　　　197.云 王分 yún
　　　198.㕣 以轉 yǎn
二、(曉)199.熏 許云 xūn
　　　200.昏⑦ 呼昆 hūn
三、(匣)201.圂 胡困 hùn
四、(見)202.筋、巾 居銀 jīn
　　　203.艮 古恨 gèn
　　　204.斤 舉欣 jīn
　　　205.君、軍 舉云 jūn
　　　206.𥷽、昆⑪、蚰 古魂 kūn
五、(溪)207.堇 巨斤 jīn
　　　208.壼 苦本 kǔn
　　　209.囷 去倫 qūn
　　　210.困 苦悶 kùn
　　　211.坤 苦昆 kūn

六、(疑)212.狀 語斤 yín
七、(端)213.㐱 之忍 zhěn
　　　214.典 多殄 diǎn
　　　215.屯 陟倫 tún
八、(透)216.舛 昌兖 chuǎn
　　　217.川、穿 昌緣 chuān
九、(定)218.辰① 植鄰 chén
　　　219.盾⑨、○ 順 食閏 dùn/shǔn、shùn
　　　220.䥇 常倫 chún
　　　221.屍、豚 徒魂 tún
十、(泥)222.刃 而振 rèn
十一、(來)223.侖 力屯 lún
十二、(精)224.薦 作甸 jiàn
　　　225.尊 祖昆 zūn
十三、(清)226.齔① 初菫 chèn
　　　227.寸 倉困 cùn
十四、(從)228.存⑤ 徂尊 cún
十五、(心)229.先 蘇前 xiān
　　　230.西③ 先稽 xī
　　　231.飧、孫 思魂 sūn
　　　232.𢀓⑨ 思允 sǔn
十六、(邦)233.分 甫文 fēn
　　　234.奮、糞 方問 fèn
　　　235.本 布忖 běn
　　　236.豩 伯貧 bīn
　　　237.賁⑫ 彼義 bì/bēn
十七、(滂)
十八、(並)
十九、(明)238.文 無分 wén
　　　239.門 莫奔 mén
　　　240.免 莫辯 miǎn

附注：

①辰從厂聲。齓小徐七聲。
※②毪讀若選。
③西或作棲。※煙或作烟。※卥讀若仍。
※④艱籀作囏。昕讀若希。
⑤存從才聲。※蜦或作蚿。讀若戾。
⑥允從㠯聲。
⑦昏一曰民聲。※莙讀若威。
※⑧媼讀若奥。欀讀若靡。
※⑨盾小徐厂聲。隼即雗佳聲。
⑩員從口聲。※杶古文作杻。
⑪昆小徐比聲。琨或作瑻。
⑫※尳小徐讀若幡。賁從卉聲。

(六)【曷、末部】(王力：月部)
一、(影)241. 乙 烏轄 yà
242. 衛 于歲 wèi
243. 𥃥⑪ 烏括 wò
244. 叡 以芮 ruì
245. 曰⑭、粵 王伐 yuē
246. 薉 于濊 wèi
二、(曉)247. 威 許劣 xuè
三、(匣)278. 會 黃外 huì
四、(見)279. 介、丯 古拜 jiè, cài
280. 叡、匃 古代 gài
281. 彑 居例 jì
282. 孑 居列 jié
283. 劂 古屑 jié
284. 盍⑦ 古太 gài
285. 夬 古賣 guài
286. 欮、垊、亅、子 居月 jué
287. 巜 古外 kuài
五、(溪)288. 桀 渠列 jié

289. ○契 苦計 qì
290. 亅 衢月 jué
六、(疑)291. 𠬸、歺 五葛 è
292. 㝕 魚祭 yì
293. 臬⑦ 五結 niè
294. 豙、忍 魚既 yì
295. 乂 魚廢 yì
296. 月 魚厥 yuè
297. 外 五會 wài
七、(端)298. 制 征例 zhì
299. 帶 當蓋 dài
300. 摯⑥ 脂利 zhì
301. 贅 之芮 zhuì
302. 叕 陟劣 zhuó
八、(透)303. 屮① 丑列 chè
304. 少 他達 tà
305. 丗⑤ 舒制 shì
306. 聅 恥列 chè
307. 蠆 丑芥 chài
九、(定)308. 簭 時制 shì
309. 大 徒蓋 dà
310. 折、𠚕② 食列 shé/zhé, shé
311. 奪 徒活 duó
312. 兌⑩ 大外 duì
十、(泥)
十一、(來)313. 剌 廬達 lá/là
314. 砅 力制 lì
315. 㱩 良薛 liè
316. 劣 力輟 liè
317. 𢦏⑨ 呂戌 lù
十二、(精)318. 祭 子例 jì
319. 最⑧ 祖外 zuì

十三、(清)320.○察、杀 初八 chá、pō
　　　　321.○脆、毳 此芮 cuì
　　　　322.竄 七亂 cuàn
十四、(從)323.𢦏② 昨結 jié
　　　　324.絕 情雪 jué
十五、(心)325.离 私列 xiè
　　　　326.厵 所劣 shuā
　　　　327.彗⑩ 祥歲 huì
　　　　328.戌⑫ 辛律 xū
十六、(邦)329.八 北末 bó
　　　　330.貝 博蓋 bèi
　　　　331.市 分勿 fú
　　　　332.拜 博怪 bài
十七、(滂)333.癹、𣎵 普活 pō
　　　　334.敗 薄邁 bài
十八、(並)335.吠 符廢 fèi
　　　　336.罰、伐 房越 fá
　　　　337.㡭 毗祭 bì
　　　　338.犮 蒲撥 bá
十九、(明)339.苜、蔑 模結 miè
　　　　340.末 莫撥 mò
　　　　341.萬 無販 wàn

附注：
①※䖟韈讀若騁。中讀若徹。
②𢦏從雀聲。舌從干亦聲。
※③銛讀若棪。或鐮。楬讀若瘱。
※④摰讀若至。趣讀若結。
⑤世亦取卅聲。※迣讀若寅。
⑥※繼或作𦃇。摯小徐執聲。
⑦臬小徐自聲。蓋從盍聲。
⑧最小徐取聲。
⑨㐬從一聲。讀若律。
⑩彗古文作篲。兌從合聲。
⑪𥏻小徐叉聲。※蕊讀若芮。
⑫※趣讀若紃。戌小徐一亦聲。
※⑬娞讀若唾。
⑭曰從乙聲。※揲小徐辛聲。
※⑮㒼从八聲。讀若輩。

(七)【歌、戈部】(王力:歌部)
一、(影)342.○也 羊者 yě
　　　　343.乁 弋支 yí/jí
　　　　344.爲 遠支 wéi
二、(曉)345.㐬 虎何 hē
　　　　346.七 呼跨 huà
　　　　347.陸 許規 huī
三、(匣)348.禾 戶戈 hé
　　　　349.䯏 胡瓦 huà
四、(見)350.哥 古俄 gē
　　　　351.羈 居宜 jī
　　　　352.加 古牙 jiā
　　　　353.冎 古瓦 guǎ
　　　　354.果 古火 guǒ
　　　　355.戈 古禾 gē
五、(溪)356.奇 渠羈 qí
　　　　357.丂 苦瓦 kuà
　　　　358.科 苦禾 kē
　　　　359.𧾷⑫ 去爲 kuī
六、(疑)360.我 五可 wǒ
　　　　361.義④ 宜奇 yì
　　　　362.臥 吾貨 wò
　　　　363.瓦 五寡 wǎ
　　　　364.○囮⑨ 五禾 é
七、(端)365.多 得何 duō
　　　　366.朵 丁果 duǒ
八、(透)367.它 託何 tā

368. 豕* 式視 shǐ
369. ○弛③ 施氏 chí
370. 吹 昌垂 chuī
九、(定)371. 巫⑧ 是爲 chuí
十、(泥)372. 那③ 諾何 nà
十一、(來)373. 羅 魯何 luó
374. 詈 力智 lì
375. 麗 郎計 lì
376. 离⑦ 呂支 lí
377. 臝 郎可 luó
378. 蓏⑩ 郎果 luǒ
379. 厽 力軌 lěi
十二、(精)380. 冎 臧可 zuǒ
381. 左 則箇 zuǒ
十三、(清)382. 叉、差 初牙 chā
十四、(從)383. 坐 徂臥 zuò
十五、(心)384. 沙① 所加 shā
385. 徙⑤ 斯氏 xǐ
386. 貨、鎖 蘇果 suǒ
十六、(邦)
十七、(滂)
十八、(並)387. 罷 薄蟹 bà
十九、(明)388. 麻 莫遐 má

(*馮蒸按：筆者認爲此處"象"字應爲"豕"，疑原文有誤。)

附注：
① 沙小徐少聲。弛或作號。※地籀作墬。
※② 轙或作鑣。
③ 那從冄聲。※妠或作妦。※鉘讀若摘。
④ ※肇讀若遲。義墨翟書作羛。
⑤ ※駕籀文㱾。徙從止聲。

※⑥ 癮讀若隸。
⑦ 离小徐中聲。
⑧ ※磨讀若湎。巫古文作㸚。
⑨ 囮或作圝。※遷讀若住。
⑩ 蓏小徐𤓯聲。※賜讀若貴。
※⑪ 鳩讀若欨
⑫ 虧從虘聲

(八)【寒、桓部】(王力：元部)
一、(影)389. 焉 有乾 yǎn
390. 㲺 于幰 yǎn
391. 安 烏寒 ān
392. 衍⑦ 以淺 yǎn
393. 燕 于甸 yàn
394. ○晏 烏諫 yàn
395. 㳄② 以然 yán
396. 爰 羽元 yuán
397. 夗 于阮 yuàn
398. 冤 于袁 yuān
399. 肙⑱ 烏緣 yuān
二、(曉)400. 夐 朽正 yuàn
401. 仚 呼堅 xiān
402. 厂 呼旱 hǎn
403. 憲⑦ 許建 xiàn
404. 吅 況袁 xuān
405. ○奐 呼貫 huàn
406. 戀⑭ 況晩 quán/xì
三、(匣)407. 閑 候艱 xián
408. 寒 胡安 hán
409. 閞 胡畎 wēng
410. 萑⑫、丸、覍⑬ 胡官 huán、wán、huán

411. 幻 胡辨 huàn
412. 宦 胡慣 huàn
413. 縣 胡涓 xiàn
四、(見)414. 建 居萬 jiàn
415. 干 古寒 gān
416. 肩 古賢 jiān
417. 見 古甸 jiàn
418. 間 古閑 jiān
419. 姦 古顏 jiān
420. 柬 古旱 jiǎn
421. 繭 古典 jiǎn
422. 圈 居倦 juàn
423. 盥 古玩 guàn
424. 毌、官 古丸 guàn、guān
425. 〈⑰ 姑泫 quǎn
五、(溪)426. 辛 去虔 qiān
427. 看 苦寒 kān
428. 侃 空旱 kǎn
429. 𦥯 去衍 qiǎn
430. 虔⑨ 渠焉 qián
431. 犬 苦泫 quǎn
六、(疑)432. 䚒 五閑 yán
433. 鴈③ 牛建 yàn
434. ○灖 魚列 yàn
435. 元、原、邍 愚袁 yuán
七、(端)436. 展 知衍 zhǎn
437. 丹 都寒 dān
438. 旦 得案 dàn
439. 耑 多官 duān
440. 𡊄⑳ 職緣 zhuān
441. 𠬧 旨兗 zhuǎn
八、(透)442. 脠 丑連 chān
443. 羴 式連 shān
444. 扇 式戰 shān/shàn
445. 彖 通貫 tuàn
九、(定)446. 善 常衍 shàn
447. 廛 直連 chán
448. 斷 徒玩 duàn
449. 瑞 是偽 ruì
十、(泥)450. 肰 如延 rán
451. 㞃 人善 niǎn
452. 難⑤ 那干 nán/nàn
453. 餐 尼見 nè
454. 耎*、㬰⑪ 而克 ruǎn
455. 奻 女還 nuán
十一、(來)456. 連、聯 力延 lián
457. 輦 力展 niǎn
458. 䜌 呂員 luán
459. 𤴔 郎段 luàn
460. 卵 盧管 luǎn
十二、(精)461. 贊 則旰 zàn
十三、(清)462. 孱 初限 chǎn
463. 𨏿③ 七然 xiān
464. 爨 七亂 cuàn
十四、(從)465. 前 昨先 qián
466. 奴、𢦏、戔 昨干 cán
467. 孱 士連 chán
468. 雋 徂克 jùn
469. 全、泉 疾緣 quán
470. 顓、弜 士戀 zhuàn
十五、(心)480. 尟 蘇典 xiān
481. 刪 所姦 shān
482. 㪚 蘇旰 sàn
483. 次 叙連 xián
484. 山 所間 shān
485. 鱻 相然 xiān

486. 旋 似沿 xuán
487. 羨 似面 xiàn
488. 祘、筭 蘇貫 suàn
489. 算 蘇管 suàn
490. 亘 須緣 xuān

十六、(邦) 491. 班 布還 bān
492. 半 博幔 bàn
493. 反 府遠 fǎn
494. 苹、般 北潘 bān
495. 𢆙 方免 biàn

十七、(滂) 496. 屵 普班 pān
497. 片 匹見 piàn
498. 娩、㝃 芳萬 miǎn

十八、(並) 499. 釆 蒲莧 biàn
500. 番、槃、煩、𩛨 ⑮ 附袁
fān、fán、fán、fán
501. 便 房連 biàn/pián
502. 弁 皮變 biàn
503. 扶 薄罕 bàn

十九、(明) 504. 曼⑩ 無販 màn
505. 芇、𦱤 母官 mián、mán
506. 宀、緜、㲅 武延 mián
507. 面 彌箭 miàn

(＊馮蒸按：此為異體字，原字看不清。)

附注：

※① 瓊或作璚瓗。𩜙或作鐈。趟讀若𦃇。

② 延從丿聲。

③ 膚從虍聲。罨從囟聲。※遷籀作拪。

※④ 霹讀若斯。䂓讀若鐮。

⑤ 難從堇聲。※頵或作䫛。

※⑥ 帴讀若殺。

⑦ 憲從害省聲。衍小徐行聲。

※⑧ 衙小徐衙省聲。

⑨ 虔從文聲。讀若矜。

⑩ ※元一本兀聲。曼從冒聲。

⑪ 奐從而聲。※觹或作䚢。或作瓶。

⑫ 萑讀若和。※楥讀若搗。

⑬ 蔒從首聲。※䜌讀若絓。

⑭ 叟小徐旻聲。※瑞或作玧。讀若虆。

⑮ 鯀從每聲。※𩛨讀若捶。

※⑯ 鐫讀若瀸。袢讀若普。

⑰ 〈古文作甽。※貫小徐貝聲。

⑱ 𦣹從口聲。

※⑲ 㥏讀若腆。鯿或作鯾。

⑳ ※坙讀若糞。叀從屮亦聲。

(九)【齊部】(王力：支部)

一、(影) 508. 厂 余制 yì
二、(曉) 509. 醯 呼雞 xī
三、(匣) 510. 兮 胡雞 xī
511. 匸 胡礼 xì
512. 巂⑦ 戶圭 huī

四、(見) 513. 冎 工瓦 guǎ
514. 乖、𠂹 古懷 guāi
515. 規⑪ 居隨 guī
516. 圭 古畦 guī

五、(溪)
六、(疑)
七、(端) 517. 只 諸氏 zhī
518. 支、厄 章移 zhī
519. 知 陟离 zhī

八、(透)
九、(定) 520. 是、氏⑤ 承旨 shì
十、(泥) 521. 兒 汝移 ní/ér
十一、(來)

十二、(精)
十三、(清)522. 此 雌氏 cǐ
十四、(從)
十五、(心)523. 斯① 息移 sī
十六、(邦)524. 㽙⑨ 補移 bēi
十七、(滂)
十八、(並)
十九、(明)525. 芈 緜婢 mǐ
附注：
①斯從其聲。※柴古文作祡。
※②厬憊讀若移。
※③芛杜林作芛。
※④趍褫讀若池。睼讀若瑱。
⑤氏從乁聲。※輗或作輒。※甈司馬相如作鵵。
※⑥甈或作鵑。潪讀若蘺。
⑦㸼從向聲。※嬬讀若陸。※繻讀若畫。又讀若維。
※⑧牌讀若罷。庳或作逼。
⑨罕從甲聲(小徐無聲字)。
※⑩蠣司馬相如作螾。
⑪※孂讀若癸。※鬻讀若嫣。規小徐見聲。
※⑫哇讀若醫。娃讀若冋。薩讀若壞。

(十)【錫部】(王力：錫部)
一、(影)526. 益 伊昔 yì
　　　527. 易 羊益 yì
　　　528. 役 營隻 yì
二、(曉)529. 闃 許激 xì
三、(匣)530. 覡 胡狄 xí
　　　531. 畫 胡麥 huà
四、(見)532. 毄 古歷 jī

533. 解 佳買 jiě
534. 昊④ 古闃 jú
五、(溪)
六、(疑)
七、(端)
八、(透)535. 彳 丑亦 chì
九、(定)536. 豸 池爾 zhì
　　　537. 鷿 宅買 zhì
　　　538. 狄③ 徒歷 dí
十、(泥)
十一、(來)539. 鬲、鬻、秝 郎激 lì
十二、(精)540. 脊、迹② 資昔 jǐ, jì
十三、(清)541. 冊 楚革 cè
　　　542. 束 七賜 cì
十四、(從)
十五、(心)543. 析① 先激 xī
十六、(邦)
十七、(滂)544. 林、辰⑤ 匹卦 mò, pài
十八、(並)545. 辟 父益 bì
十九、(明)546. ○ 賣 莫邂 mài
　　　547. 買⑥ 莫蟹 mǎi
　　　548. ⌐ 糸 莫狄 mì
　　　549. 䀉 莫獲 mài
附注：
①析小徐斤聲。※搞或作挖。
②迹從亦聲。
③※鬎或作髡。※賜或作䟡。狄從亦省聲。
④昊小徐目聲。
⑤辰讀若稗。
⑥買小徐貝聲。
※⑦蠱或作蜜。

(十一)【青部】(王力:耕部)

一、(影)550.盈、䀹① 以成 yíng
　　　　551.䁝 烏莖 yīng

二、(曉)

三、(匣)552.幸 胡耿 xìng
　　　　553.熒 戶扃 yíng

四、(見)554.敬 居慶 jìng
　　　　555.开 古賢 jiān
　　　　556.耿④ 古杏 gěng
　　　　557.冂 古熒 jiōng
　　　　558.冏⑥ 古迥 jiǒng

五、(溪)559.磬 苦定 qìng
　　　　560.頃 去營 qǐng

六、(疑)

七、(端)561.正 之盛 zhèng
　　　　562.貞 陟盈 zhēn
　　　　563.○鼎 都挺 dǐng
　　　　564.丁 當經 dīng

八、(透)565.壬 他鼎 tǐng

九、(定)

十、(泥)566.寍 奴丁 níng

十一、(來)567.霝 郎丁 líng

十二、(精)568.爭 側莖 zhēng
　　　　569.井 子郢 jǐng
　　　　570.晶 子盈 jīng

十三、(清)571.青 倉經 qīng

十四、(從)

十五、(心)572.省 所景 xǐng/shěng
　　　　573.鮮 息營 xīng
　　　　574.生 所庚 shēng

十六、(邦)

十七、(滂)575.甹 普丁 pīng

十八、(並)576.平 符兵 píng

十九、(明)577.名 武幷 míng
　　　　578.鳴 武兵 míng

附注:
①赢從羸聲。※趡讀若秩。
※②鐵古文作銕。
※③䀏讀若攜。䕩讀若繭。栞讀若刊。
④耿從烓省聲。
※⑤褮一讀若袜。鎣讀若銑。
⑥冏小徐曰聲。

(十二)【模部】(王力:魚部)

一、(影)579.舁 以諸 yú
　　　　580.与、與、予 余呂 yǔ
　　　　581.羽、雨、禹 王矩 yǔ
　　　　582.烏 哀都 wū
　　　　583.于 羽俱 yú
　　　　584.亞 衣駕 yà

二、(曉)585.虍 荒烏 hū
　　　　586.虎 呼古 hǔ
　　　　587.㔾 呼訝 xià

三、(匣)588.下、夏 胡雅 xià
　　　　589.互 胡誤 hù
　　　　590.乎、壺 戶吳 hū
　　　　591.芛、華 互瓜 huá
　　　　592.叚 乎加 xiá
　　　　593.戶 侯古 hù

四、(見)594.古、鼓、兟、蠱、叚⑥、叚⑥
　　　　公戶 gǔ
　　　　595.叚、斝 古雅 jiǎ
　　　　596.朐⑦ 九遇 qú/jù
　　　　597.夃 古乎 gǔ
　　　　598.瓜 古華 guā

599. 寡 古瓦 guǎ
600. 尻、居 九魚 jū

五、(溪)601. 巨 具呂 jù
602. 厶 去魚 qū
603. 𧆞 強魚 jù
604. 庫 苦故 kù
605. 虞 其呂 jù

六、(疑)606. 牙 五加 yá
607. 吳 五乎 wú
608. 圄 魚舉 yǔ
609. 魚 語俱 yú
610. 五、午 疑古 wǔ
611. 御 牛據 yù

七、(端)

八、(透)612. 庶 商署 shù
613. 兔 湯故 tù
614. 鼠 書呂 shǔ
615. 土 它魯 tǔ
616. 処 昌與 chǔ
617. 車 尺遮 chē/jū
618. 舍 始夜 shě/shè

九、(定)619. ○社 常者 shè
620. 圖⑤ 同都 tú
621. 宁 直呂 zhù

十、(泥)622. 女 尼呂 nǚ
623. 奴⑥ 乃都 nú
624. 如 人諸 rú

十一、(來)625. 魯①、鹵 郎古 lǔ
626. 旅、呂 力舉 lǚ

十二、(精)627. 且 子余 jū
十三、(清)628. 初 楚居 chū
629. 麤 倉胡 cū

十四、(從)

十五、(心)630. 疋 所菹 shū
631. ○卸 司夜 xiè
632. 素 桑故 sù

十六、(邦)633. 夫 甫無 fú
634. 巴 伯加 bā

十七、(滂)635. 普③ 滂古 pǔ

十八、(並)636. 步 薄故 bù
637. 父 扶雨 fǔ

十九、(明)638. 莫③ 模故 mò
639. 巫、霖④、毋 武扶 wū、wú、wú
640. 馬 莫下 mǎ
641. 武 文甫 wǔ

附注：

①魯從鮺省聲。※塷讀與細同。※楈讀若芰（馮蒸按："讀"原書誤作"杜"）。

※②涸讀若貈。𧆞讀若繭。

③莫小徐舜亦聲。普小徐竝聲。

④舞古文作𦒮。※撫古文作𢫢。

⑤※奢籀作奓。圖小徐啚聲。

⑥殳股皆從殳聲。奴小徐又聲。

⑦眴讀若拘。※瞿讀若句。※趯讀若仢。

※⑧邘又讀若區。

※⑨𡲬古文作屼。㡩讀若陌。

(十三)【鐸部】(王力：鐸部)

一、(影)642. 亦、睪 羊益 yì
643. 蒦⑤ 乙虢 huò

二、(曉)644. 叡 呼各 hè
645. 赫 呼格 hè
646. 霍 呼郭 huò

三、(匣)

四、(見)647.各 古洛 gè
　　　　648.丮 几劇 jǐ
　　　　649.㦴③ 紀逆 jǐ
　　　　650.臺 古博 guō
　　　　651.虢⑦ 古伯 guó
　　　　652.矍⑧ 九縛 jué
五、(溪)653.谷 其虐 jué
　　　　654.臮 起戟 qì
六、(疑)655.屰 魚戟 nì
七、(端)656.隻、炙 之石 zhī、zhì
　　　　657.乇 陟格 zhé
八、(透)658.辵 丑略 chuò
　　　　659.尺、赤 昌石 chǐ
九、(定)660.射 食夜 shè
　　　　661.石 常隻 shí
十、(泥)662.若、灸 而灼 ruò
十一、(來)663.○路 落故 lù
十二、(精)
十三、(清)664.烏 七雀 què
十四、(從)665.乍 鉏駕 zhà
十五、(心)666.索① 蘇各 suǒ
　　　　667.昔 思積 xī
　　　　668.夕、席④ 祥易 xī、xí
十六、(邦)669.百 博陌 bǎi
十七、(滂)670.霸⑥ 匹各 pò
十八、(並)671.白 旁陌 bái
十九、(明)

附注：
①索小徐糸聲。
※②魁讀若鼏。
③㦴從㦱聲。讀若棘。
④席小徐庶省聲。
⑤簧或作鯛。※籉或作簶。

⑥※狛讀若蘗。霸小徐革聲。
⑦虢從寽聲。※膔讀若隺。
⑧矍讀若慶。

(十四)【唐部】(王力：陽部)
一、(影)672.羊、易 與章 yáng
　　　　673.央 於良 yāng
　　　　674.王 雨方 wáng
　　　　675.尢 烏光 wāng
　　　　676.永 于憬 yǒng
二、(曉)677.皀 許良 xiāng
　　　　678.亯 許兩 xiǎng
　　　　679.向 許諒 xiàng
　　　　680.兄 許榮 xiōng
三、(匣)681.行 戶庚 xíng
　　　　682.杏② 何梗 xìng
　　　　683.皇、生 戶光 huáng
四、(見)684.竟 居慶 jìng
　　　　685.羹、庚 古行 gēng
　　　　686.京 舉卿 jīng
　　　　687.亢 古郎 kàng
　　　　688.畺、畕 居良 jiāng
　　　　689.臦 居況 guàng/jiǒng
　　　　690.冏 俱永 jiǒng
　　　　691.光 古皇 guāng
五、(溪)692.詰、競 渠慶 jìng
　　　　693.慶 丘竟 qìng
　　　　694.弜 其兩 jiàng
六、(疑)695.卬 伍岡 áng
七、(端)696.章 諸良 zhāng
八、(透)697.悵 丑諒 chàng
　　　　698.昌 尺良 chāng
九、(定)699.上 時掌 shàng/shǎng

700.丈 直兩 zhàng

十、(泥)701.甯 女庚 níng

十一、(來)702.网 良獎 liǎng

十二、(精)703.葬 則浪 zàng

十三、(清)704.刅 楚良 chuāng

705.倉 七羊 cāng

十四、(從)706.匠 疾亮 jiàng

707.爿 疾羊 qiáng

十五、(心)708.爽 疏兩 shuǎng

709.相 息良 xiāng

710.桑③ 息郎 sāng

711.象 徐兩 xiàng

十六、(邦)712.兵 補明 bīng

713.秉、丙 兵永 bǐng

714.方、亡 府良 fāng

十七、(滂)

十八、(並)715.㱔④ 薄庚 péng

716.竝 薄迥 bìng

十九、(明)717.舜 模朗 mǎng

718.皿 武永 mǐn

719.明 武兵 míng

720.网 文紡 wǎng

721.朢 無放 wàng

722.亾 武方 wáng

723.黽 莫杏 měng

附注：

※①炮讀若駒。

②杏從可省聲。

③桑小徐夵聲。

④彭從彡聲。

※⑤彊讀若郭。

※⑥瓶讀若抯。

※⑦歧讀與撫同。

(十五)【侯部】(王力：侯部)

一、(影)724.瓜 以主 yǔ

725.俞、臾 羊朱 yú

二、(曉)

三、(匣)726.後、㝋、后 胡口 hòu

727.侯 乎溝 hóu

四、(見)728.句① 古侯 gōu

729.冓 古侯 gòu

五、(溪)730.口 苦后 kǒu

731.具 其遇 jù

732.寇 苦候 kòu

733.區 豈俱 qū

六、(疑)734.禺 牛俱 yú

七、(端)735.鬥 都豆 dòu

736.晝 陟救 zhòu

737.豈 中句 zhù

738.丶 知庚 zhǔ

739.主、○枓 之庾 zhǔ、dōu

740.朱 章俱 zhū

741.兜 當侯 dōu

742.斗 當口 dǒu/dòu

八、(透)743.戍 傷遇 shù

九、(定)744.几 市朱 shū

745.豆 徒候 dòu

746.殳 常句 shū

747.䜅 大口 dòu

748.○斲 竹角 zhuó

749.○投 度侯 tóu

十、(泥)750.乳 而主 rǔ

十一、(來)751.扇 盧後 lòu

752.屚② 盧候 lòu

753.婁 洛侯 lóu

十二、(精)754.走 子苟 zǒu
　　　755.奏 則侯 zòu
十三、(清)756.芻 叉愚 chú
　　　757.取 七庾 qǔ
十四、(從)
十五、(心)758.須、需② 相俞 xū
十六、(邦)759.付 方遇 fù
　　　760.頫③ 方矩 fǔ
十七、(滂)
十八、(並)
十九、(明)

附注：
①句從丩聲。※絢讀若鳩。
②需從而聲。匛從丙聲。
③※腧一讀若紐。頫小徐逃省聲。
※④朐讀若蠫。獂讀若耨。

(十六)【蕭部】(王力:幽部)
一、(影)761.攸、由 以周 yōu、yóu
　　　762.幼 伊謬 yòu
　　　763.幺、麀⑦、悠⑨ 于虯 yōu
　　　764.牖⑪、羑⑫ 酉 與久 yǒu、yòu、yǒu
　　　765.○䍃⑬ 以沼 yǎo
　　　766.奧⑭ 烏告 ào/yù
二、(曉)767.休 許尤 xiū
　　　768.好 呼皓 hào/hǎo
　　　769.嘼 許救 xiù
　　　770.○孝 呼敎 xiào
三、(匣)
四、(見)771.告 古奧 gào
　　　772.丩 古虯 jiū
　　　773.臼 居玉 jiù

774.殳 居又 jiù
775.簋 居洧 guǐ
776.韭、九、舉友 jiǔ
777.匊 居六 jū
778.皋 古勞 gāo
779.夰、杲 古老 gǎo

五、(溪)780.丂 苦浩 kǎo
　　　781.勼、咎④ 其九 jū、jiù
　　　782.求 巨鳩 qiú
　　　783.馗、夰 渠追 kuí
六、(疑)
七、(端)784.祝 之六 zhù
　　　785.周、舟、州 職流 zhōu
　　　786.盩 張流 zhōu
　　　787.鳥 都了 niǎo
　　　788.肘 陟柳 zhǒu
　　　789.竹 陟玉 zhú
　　　790.帚 支手 zhǒu
八、(透)791.討 他皓 tǎo
　　　792.未 式竹 shú
　　　793.守、首、手 書九 shǒu
　　　794.臭 尺救 chòu/xiù
　　　795.李 土刀 tāo
　　　796.畜 丑六 chù/xù
　　　797.丑 敕九 chǒu
九、(定)798.毒① 徒沃 dú
　　　799.逐 直六 zhú
　　　800.孰⑤ 殊六 shú
　　　801.䜌 市流 chóu
　　　802.鹵 徒遼 tiáo
　　　803.邑 直由 chóu
　　　804.道 徒晧 dào
　　　805.鼂 直遙 cháo

十、(泥)806.肉 如六 ròu
　　　807.夒 奴刀 náo
十一、(來)808.牢⑥ 魯刀 láo
　　　809.翏 力救 liù
　　　810.老 盧皓 lǎo
　　　811.流、劉 力求 liú
　　　812.六 力竹 liù
十二、(精)813.爪、叉 側狡 zhǎo/zhuǎ、zǎo
　　　814.早、棗 子浩 zǎo
　　　815.夒⑦、焦⑧ 即消 jiāo
十三、(清)816.艸 倉老 cǎo
十四、(從)817.曹 昨牢 cáo
　　　818.就 疾僦 jiù
　　　819.酋 字秋 qiú
十五、(心)820.蒐 所鳩 sōu
　　　821.叟 蘇後 sǒu
　　　822.肅、夙 息逐 sù
　　　823.囚、汓 似由 qiú
　　　824.秀 息救 xiù
　　　825.○埽 蘇老 sào/sǎo
　　　826.茜 所六 suǒ
　　　827.褎⑭ 似又 xiù
十六、(邦)828.彪 甫州 biāo
　　　829.缶 方九 fǒu
　　　830.早、○保 博抱 bǎo
　　　831.髟 必彫 biāo
　　　832.勹、包 布交 bāo
　　　833.驫 甫虯 biāo
　　　834.報 博號 bào
十七、(滂)835.孚 芳無 fú
　　　836.麤 芳遇 fù
十八、(並)837.复⑩ 房六 fù

838.勺 薄皓 báo
839.阜、䣫 房九 fù
十九、(明)840.牟、蠹、矛 莫浮 móu/mù、móu、máo
841.目 莫六 mù
842.冃、冒 莫報 mào
843.廖⑪ 莫卜 mù
844.戊 莫候 wù
845.卯 莫飽 mǎo
846.牡⑮ 莫厚 mǔ

附注：
①毒小徐毒聲。古文作藇。
※②蘨讀若燒。笭讀若彊。
※③赴讀若鐈。楸讀若髦。
④咎小徐各聲。※幣讀若頊。
⑤※廟古文作庿。孰從𦎫聲。
⑥牢小徐冬省聲。※㚔讀若𦥑。
⑦夒小徐龜聲。麃小徐牝省聲。
⑧焦從雥省聲。※噍或作嚼。※譙古作誚。※𥷚讀若勖。
⑨惠小徐頁聲。
⑩复從畐省聲。稃讀若柎。
⑪廮小徐甫聲。廖從𡈼省聲。
⑫※晨又從又聲。尳或作譖。古文爲羑。
⑬※酉或作𦦧。舀或作抌扴。
⑭褎從采聲。奧從𢍏聲。
⑮牡從土聲。※墺古文作㙥從采聲。

(十七)【屋部】(王力：屋部)
一、(影)847.屋 烏谷 wū
二、(曉)
三、(匣)

四、(見)848.玨、角 古岳 jué
　　　849.谷 古祿 gǔ
五、(溪)850.局 渠錄 jú
　　　851.𧯄 苦江 què
　　　852.曲 丘玉 qū/qǔ
六、(疑)853.玉、獄② 魚欲 yù
七、(端)854.霉 之戍 zhù
八、(透)855.亍 丑玉 chù
　　　856.束 書玉 shù
　　　857.秃 他谷 tū
　　　858.豖 丑六 chù
九、(定)859.蜀 市玉 shǔ
十、(泥)860.辱 而蜀 rǔ
十一、(來)861.彔、鹿 盧谷 lù
十二、(精)862.足 即玉 zú
十三、(清)
十四、(從)863.族 昨木 zú
十五、(心)864.粟 相玉 sù
十六、(邦)865.卜 博木 bǔ
十七、(滂)
十八、(並)866.僕 皮卜 pú
　　　867.菐④ 蒲沃 pú
十九、(明)868.木 莫卜 mù

附注：
※①孋讀若倨。
②獄小徐言聲。※妹讀若數。
※③罄讀若箏。䂨讀若構。䂨讀若庫。
④菐從収聲。※鴝或作鵨。

(十八)【東部】(王力：東部)
一、(影)869.用 余訟 yòng
　　　870.庸、喜、容④ 余封 yōng、yōng、róng
　　　871.邕 於容 yōng
二、(曉)872.凶 許容 xiōng
　　　873.兇 許拱 xiōng
三、(匣)874.巷 胡絳 xiàng
四、(見)875.公、工 古紅 gōng
　　　876.𦥑 居竦 gǒng
五、(溪)877.共 渠用 gòng/gōng
　　　878.孔 康董 kǒng
　　　879.𥥰 渠容 qióng
六、(疑)
七、(端)880.東 得紅 dōng
八、(透)881.舂 書容 chōng
　　　882.充③ 昌終 chōng
九、(定)883.同 徒紅 tóng
十、(泥)884.冗、䑏⑥ 而隴 rǒng
十一、(來)885.弄 盧貢 nòng/lòng
十二、(精)
十三、(清)886.囱 楚江 chuāng
十四、(從)887.从 疾容 cóng
十五、(心)888.送 蘇弄 sòng
　　　889.雙 所江 shuāng
　　　890.竦⑤ 息拱 sǒng
十六、(邦)891.封 府容 fēng
十七、(滂)892.豐 敷戎 fēng
　　　893.丰 敷容 fēng
十八、(並)
十九、(明)894.冡、冒 莫紅 méng、mào
　　　895.尨 莫江 máng

附注：
※①襱或作襩。訟古文作訟。
※②䑏讀若莘。鏦或作鏓。
③充從育省聲。※烽讀若蠢。
④容小徐谷聲。※𩪘讀若馮。

⑤竦小徐束亦聲。
⑥䎶讀若肎。

(十九)【豪部】(王力:宵部)
一、(影)896.宎、杳、皀、皛 烏皎 yǎo、yǎo、yǎo、xiào
　　　897.么 于堯 yāo
　　　898.覞 弋笑 yào
　　　899.夭 于兆 yāo
二、(曉)900.囂 許嬌 xiāo
　　　901.虓 呼訝 hǔ/xià
三、(匣)902.號 乎刀 háo
　　　903.爻 胡茅 yáo
　　　904.号 胡到 hào/háo
　　　905.顥 胡老 hào
四、(見)906.教 古孝 jiāo/jiào
　　　907.高 古牢 gāo
　　　908.杲 古老 gǎo
　　　909.梟、臬 古堯 xiāo
　　　910.交 古爻 jiāo
五、(溪)911.喬 巨嬌 qiáo
六、(疑)912.敖 五牢 áo
　　　913.垚 吾聊 yáo
七、(端)914.翟 都校 zhào
　　　915.刀 都牢 dāo
　　　916.弔 多嘯 diào
　　　917.釗③ 止遙 zhāo
八、(透)918.㸚① 書沼 shǎo
　　　919.㒞 土刀 tāo
九、(定)920.兆、庨② 治小 zhào
　　　921.盜 徒到 dào
十、(泥)922.裹① 奴鳥 niǎo
　　　923.𡿺 奴皓 nǎo

十一、(來)924.尞 力照 liáo
　　　925.勞 魯刀 láo
　　　926.料 洛蕭 liào
　　　927.了 盧鳥 liǎo
十二、(精)
十三、(清)
十四、(從)928.巢 鉏交 cháo
十五、(心)929.小 私兆 xiǎo
　　　930.喿 蘇到 zào
十六、(邦)931.表 陂矯 biǎo
　　　932.猋、票 甫遙 biāo、piāo/piào
十七、(滂)
十八、(並)933.受 平小 biào
十九、(明)934.苗 武鑣 miáo
　　　935.毛 莫袍 máo

附注:
①少從厂聲。※訬讀若毚。裹小徐馬聲。
②※橾讀若藪。庨小徐聿聲。
③釗小徐金聲。※牧讀若滔。
※④祠讀若雕。
※⑤號小徐虎聲。飆或作颷。

(二十)【沃部】(王力:藥、覺部)
一、(影)936.龠、敫、户③ 以灼 yuè、jiào、àn
二、(曉)
三、(匣)937.隺 胡沃 hè
四、(見)
五、(溪)
六、(疑)938.虐 魚約 nüè
　　　939.樂 五角 lè/yuè

七、(端)940.卓 竹角 zhuó
　　　　941.勺 之若 sháo
八、(透)942.龵 丑略 chuò/zhuó
九、(定)943.翟、耀 徒歷 dí
十、(泥)944.屎 奴弔 niào
　　　　945.弱 而灼 ruò
　　　　946.㲻 奴歷 nì
十一、(來)
十二、(精)947.雀、爵 即略 què、jué
十三、(清)
十四、(從)948.丵① 士角 zhuó
十五、(心)
十六、(邦)
十七、(滂)
十八、(並)949.暴② 薄報 pù
十九、(明)950.皃 莫教 mào

附注：
①丵讀若浞。※敎讀若叫。
②※槀讀若薄。暴古文作䵾。
③户小徐之省聲。※惄讀若怒。

(二十一)【冬部】(王力：冬部)
一、(影)
二、(曉)
三、(匣)951.夅 下江 jiàng
四、(見)952.躳④ 居戎 gōng
五、(溪)
六、(疑)
七、(端)953.中 陟弓 zhōng
　　　　954.衆 之仲 zhòng
　　　　955.冬 都宗 dōng
八、(透)
九、(定)956.彤② 徒冬 tóng

957.蟲 直弓 chóng
十、(泥)958.農① 奴冬 nóng
　　　　959.戎 如融 róng
十一、(來)
十二、(精)960.宗 作冬 zōng
十三、(清)
十四、(從)
十五、(心)961.宋①⑤ 蘇綜 sòng
十六、(邦)
十八、(並)
十九、(明)

附注：
①宋小徐木聲(馮蒸按：大徐釋"宋"字爲會意字,從宀從木)。農從囟聲。
②彤小徐彡亦聲。
※③冲讀若動。螎讀若同。
④躳或(馮蒸按：原書誤作"若")作躬。
※营或作芎。※栙讀若鴻。
⑤宋讀若送。

(二十二)【哈部】(王力：之部)
一、(影)962.○右、又 于救 yòu
　　　　963.友 云久 yǒu
　　　　964.郵 羽求 yóu
　　　　965.臣 與之 yí
　　　　966.毒 遏在 ǎi
　　　　967.㠯 羊止 yǐ
　　　　968.醫 於其 yī
二、(曉)969.㠯③ 許其 xī
　　　　970.喜 虛里 xǐ
　　　　971.灰 呼恢 huī
三、(匣)972.亥 胡改 hài
四、(見)973.其、丌 居之 qí、jī

974. 久 舉友 jiǔ
975. 龜 居追 guī
976. 已 居擬 jǐ
977. ○改 古亥 gǎi
五、(溪)978. 丘 去鳩 qiū
六、(疑)979. 牛 語求 niú
980. 疑⑧ 語其 yí
981. 眷⑤ 魚紀 nì
七、(端)982. 止 諸市 zhǐ
983. 等 多肯 děng
984. 之 止而 zhī
八、(透)985. 態 他代 tài
九、(定)986. ○臺 徒哀 tái
十、(泥)987. 耳 而止 ěr
988. 而 如之 ěr
989. ○耏 奴代 ér/nài
十一、(來)990. 來 洛哀 lái
991. 里 良止 lǐ
十二、(精)992. 再 作代 zài
993. 茲 子之 zī/cí
994. 宰 作亥 zǎi
995. 巛 祖才 zāi
996. 甾 側詞 zī
997. 子 即里 zǐ
998. 葘 側詞 zī
十三、(清)999. 采 倉改 cǎi
十四、(從)1000. 士 鉏里 shì
1001. 才 昨哉 cái
十五、(心)1002. 史 疏士 shǐ
1003. 司、思④、絲 息茲 sī
1004. 辤、辭 似茲 cí
1005. 巳 詳里 sì
十六、(邦)1006. 不 方久 bù/fǒu

1007. 啚 方美 bǐ
十七、(滂)
十八、(並)1008. 佩 蒲妹 pèi
1009. 負、婦 房九 fù
十九、(明)1010. 某、母 莫后 mǔ
1011. 戼 莫保 mǎo

附注：
※①悑讀若汭。恧或作忸。
※②㒸揚雄作肺。
③※珥讀若畜。㭑從未聲。
④※樞籀文作匱。思從囟聲。
⑤眷讀又若存。※玖或又讀若句。
※⑥闓讀若糾。
※⑦㭬讀又若銀。㕟讀若迅。
※⑧音或作歆。疑從吴聲。

(二十三)【德部】(王力：職部)
一、(影)1012. 啻 於力 yì
1013. 異 羊吏 yì
1014. 意⑤ 於記 yì
1015. 弋 與職 yì
1016. 或 于逼 huò
二、(曉)1017. 黑 呼北 hēi
三、(匣)
四、(見)1018. 戒 居拜 jiè
1019. 革③ 古覈 gé
1020. 棘、茍、亟 己力 jí
1021. 夏 古黠 jiá
1022. ○國 古惑 guó
1023. 怪⑩ 古壞 guài
五、(溪)1024. 克 苦得 kè
六、(疑)
七、(端)1025. 㝵、惪 多則 dé

1026. 戠 之弋 chì
1027. 陟⑥ 竹力 zhì
八、(透)1028. 敕③ 恥力 chì
九、(定)1029. 食④ 乘力 shí
1030. 直 除力 zhí
十、(泥)1031. 匿① 女力 nì
十一、(來)1032. 力 林直 lì
十二、(精)1033. 則 子德 zé
1034. 仄、昃 阻力 zè
十三、(清)1035. 測 初力 cè
十四、(從)
十五、(心)1036. 塞 蘇則 sè
1037. 飤 祥史 sì
1038. 嗇、色 所力 sè
1039. 息⑦ 相即 xī
十六、(邦)1040. 皕⑨ 彼利 bì
1041. 北 博墨 běi
十七、(滂)
十八、(並)1042. 畐、富、伏、犕 房六 fú
1043. 葡 平祕 bèi
十九、(明)1044. 麥 莫獲 mài
1045. 牧 莫卜 mù

附注：
①※鯽或作鰂。匿從若聲。讀如羊騶篷。※曤或作呢。
※②嗇小徐中聲。
③革從臼聲。敕從束聲。
④食從人聲。
⑤意小徐音聲。
⑥陟讀若郅。
⑦息從自亦聲。
※⑧瘯讀若淊。闢古文作闅。

⑨皕讀若祕。※奭讀若郝。
⑩怪從圣聲。

(二十四)【登部】(王力:蒸部)
一、(影)1046. 膺④ 於凌 yīng
1047. 蠅 余陵 yíng
1048. 孕 以證 yùn
二、(曉)1049. 興 虛陵 xīng
三、(匣)1050. 恆 胡登 héng
四、(見)1051. 弓 居戎 gōng
1052. 兢③ 居陵 jīng
1053. 卺① 居隱 jǐn
1054. 厷 古薨 gōng
五、(溪)1055. 肎 苦等 kěn
六、(疑)1056. 冰① 魚陵 níng
七、(端)1057. 登、鼟 都滕 dēng
1058. 徵 陟陵 zhēng
八、(透)1059. 偁 處陵 chēng
1060. 升 識蒸 shēng
九、(定)1061. 丞、承 署陵 chéng
1062. 乘 食陵 chéng / shèng
1063. 奔 直互 zhuàn
1064. 朕 直禁 zhèn
十、(泥)1065. 乃 奴亥 nǎi
十一、(來)1066. 夌 力膺 líng
十二、(精)
十三、(清)
十四、(從)1067. 曾② 昨稜 zēng / céng
十五、(心)
十六、(邦)1068. 仌 筆陵 bīng
十七、(滂)
十八、(並)1069. 朋⑦ 馮貢 péng
1070. 凭 皮冰 píng

十九、(明)1071.瞢 木空 méng

附注：

①冫讀若几。冰俗作凝。

②※夌司馬相如作遴。曾從囧聲。

③兢從丰聲。讀若矜。繒籀作絠。

④癕從痈省聲。或從人亦聲。

※⑤膺或作黛。

※⑥夢讀若萌。强籀作彊。勞古作勞。

⑦朋篆作鳳。※倗郳讀若陪。

(二十五)【合部】(王力:緝部)

一、(影)1072.邑 於汲 yì

二、(曉)

三、(匣)1073.合 侯閤 hé

四、(見)

五、(溪)1074.及 巨立 jí

六、(疑)1075.𦥑 五合 è

七、(端)1076.𦞦 陟立 zhí

八、(透)

九、(定)1077.十 是執 shí

　　　1078.譶、沓、龖、罙④ 徒合 tà、tà、dá、tà

　　　1079.疊 徒葉 dié

十、(泥)1080.廿 人汁 niàn、rù

　　　1081.卒③ 尼輒 niè

十一、(來)1082.立 力入 lì

十二、(精)1083.皀① 阻力 jí

十三、(清)1084.咠 七入 qì

十四、(從)1085.集 秦入 jí

　　　1086.雥 徂合 zá

十五、(心)1087.歰 色立 sè

　　　1088.帀 蘇遝 sà

　　　1089.習④ 似入 xí

十六、(邦)

十七、(滂)

十八、(並)1090.皀② 皮及 bī

十九、(明)

附注：

①皀又讀若咬。𦥑讀若輒。

②皀又讀若香。

③卒讀若瓠。又讀若爾。※摯讀若晉。

※摯讀若摯。

④習小徐白聲。罙小徐隶省聲。

(二十六)【覃部】(王力:侵部)

一、(影)1091.音 於今 yīn

　　　1092.㸒 余箴 yín

二、(曉)

三、(匣)1093.咸、銜 胡監 xián

四、(見)1094.今 居音 jīn

五、(溪)1095.琴 巨今 qín

六、(疑)1096.伋 魚音 yín

七、(端)

八、(透)1097.審 式荏 shěn

　　　1098.突 式鍼 shēn

　　　1099.闖 丑禁 chèn

九、(定)1100.甚 常枕 shèn

十、(泥)1101.芊 如審 rěn

　　　1102.男 那含 nán

　　　1103.壬 如林 rén

十一、(來)1104.靣 力甚 lǐn

　　　1105.林 力尋 lín

　　　1106.○葻 盧含 lán

十二、(精)1107.先 側琴 zēn(馮蒸按：

　　　先,大徐作側岑切,非側琴切)

1108. 矜 子林 jīn

十三、(清) 1109. 侵 七林 qīn

十四、(從)

十五、(心) 1110. 三 蘇甘 sān

1111. 森 所今 sēn

1112. 彡 所銜 shān

1113. 心 息林 xīn

1114. 參④ 所今 shēn

十六、(邦)

十七、(滂) 1115. 品 丕飲 pǐn

十八、(並) 1116. 凡 浮芝 fán

十九、(明)

附注：

※①顉讀若戇。襑讀若導。

※②歁讀若坎。嵒讀若巖。

※③宷小徐求省聲。讀若導。

④參從彡聲。

(二十七)【帖部】(王力：葉部)

一、(影) 1117. 曄、曅② 筠輒 yè

1118. 枼⑤ 與涉 yè

二、(曉) 1119. 歔③ 呼濫 hàn/kǎn

三、(匣) 1120. 盍① 胡臘 hé

1121. 劦 胡頰 xié

四、(見) 1122. 夾、甲 古狎 jiā/jiǎ

1123. 劫 居怯 jié

五、(溪) 1124. 法② 去劫 qiè/què

六、(疑) 1125. 業 魚劫 yè

七、(端) 1126. 耴 陟葉 zhé

1127. 聑 丁怗 tiē

八、(透) 1128. 㬱 土盍 tà

1129. 誻④ 他合 tà

九、(定) 1130. 涉 時攝 shè

十、(泥) 1131. 臬、聿、聶 尼輒 niè

1132. 內 女洽 nà

十一、(來) 1133. 巤 良涉 liè

十二、(精) 1134. 帀 子荅 zā

十三、(清) 1135. 妾 七接 qiè

1136. 臿③ 楚洽 chā

十四、(從) 1137. 疌① 疾葉 jié

十五、(心) 1138. 燮⑥ 蘇俠 xiè

十六、(邦) 1139. ○貶、乏 方歛 biǎn、fá/biǎn

1140. 法 方乏 fǎ

十七、(滂)

十八、(並) 1141. 乏 房法 fá

十九、(明)

附注：

①疌從屮聲。㲋小徐大聲。

②哢小徐罕聲。狜從去聲。

③※虩從去聲。臿小徐干聲。

④誻小徐舌聲。※協小徐十聲。

※⑤枼從世聲。隉讀若郅。(馮蒸按：此處"鷙讀若郅"與(二十三)入聲德部(職部)注解⑥重複，疑誤。)

⑥※爕讀若濕。燮小徐炎聲。

(二十八)【添部】(王力：談部)

一、(影) 1142. 弇②、奄 一檢 yǎn

1143. 猒⑩ 於鹽 yàn

1144. 炎 于廉 yán

1145. 焱 以冉 yàn

二、(曉)

三、(匣) 1146. 马③ 呼感 hàn

1147. 臽 戶猎 xiàn

1148. 弓 胡先 xián

四、(見)1149. 敢① 古覽 gǎn

1150. 甘 古三 gān

1151. 兼 古甜 jiān

五、(溪)1152. 凵 口犯 kǎn

1153. 欠 去劍 qiàn

1154. 臽 苦感 kǎn

六、(疑)1155. 广 魚儉 yǎn

七、(端)1156. 詹 職廉 zhān

八、(透)1157. 丙⑥ 他念 tiàn

1158. 夾、閃 失冉 shǎn

九、(定)1159. 甜 徒兼 tián

十、(泥)1160. 冉、染 而琰 rǎn

十一、(來)

十二、(精)1161. 兓⑨ 子廉 jiān

1162. 斬 側減 zhǎn

十三、(清)1163. 僉 七廉 qiān

十四、(從)1164. 毚 士咸 chán

十五、(心)1165. 芟② 所銜 shān

1166. 㷇⑩ 徐鹽 xún

1167. 憸⑤ 息廉 xiān

十六、(邦)

十七、(滂)

十八、(並)

十九、(明)1168. 夈 亡范 wǎn

附注：

① 敢篆從古聲。※譀俗作誌。

② 芟小徐殳聲。弇小徐合聲。

③ ※鞬讀若鷹。马讀若含。※甬俗作昑。

※④ 耆讀若耿。箝讀若錢。唅讀與含同。

⑤ ※欦讀若貪。憸小徐册聲。

⑥ 丙讀若導。又讀若誓。茵讀若陸。

※⑦ 弼古文作雩。監古文作䇓。

※⑧ 梜讀若導。欨讀若忽。

⑨ 兓讀若咸。※病籒作疢。

⑩ 獣或作獻。㷇小徐熱省聲。

柒 劉瞶《諧聲表》聲符二十八部分部統計表

說文最初聲母分列古韻二十八部字類統計表

序號	韻部	各部總聲符數	一般字	字外加圈(得聲字不在本韻部內)		字旁加圈(聲符有問題者)	
1	屑(質)	28	26	疾、必	2		0
2	先(真)	50	44	身	1	引、㐱、電、㐲、千	5
3	沒(物)	49	43		0	喬、眉、款、向、祟、彖	6
4	灰(脂微)	89	82	褱、弟、妃、配、犀	5	医、帥	2
5	痕魂(文)	62	55	辰、允、員、存、隼、貴	6	順	1
6	曷末(月)	85	74	世、舌、戳、盍、曰、兌、㝎、朮	8	契、察、脆	3
7	歌戈(歌)	49	43	那、徙、虧	3	也、弛、囮	3
8	寒桓(元)	130	115	憲、虔、臠、難、䉼、延、肙、莧、更、奐、䋤、曼	12	旻、灖、㚕	3

(续表)

9	齊（支）	21	17	氐、斯、襺、罕	4		0
10	錫（錫）	29	26	狄、迹	2	賣	1
11	青（耕）	30	27	嬴、耿	2	鼎	1
12	模（魚）	82	77	魯、叚、股	3	卸、社	2
13	鐸（鐸）	35	32	靲、虢	2	路	1
14	唐（陽）	60	58	杏、彭	2		0
15	侯（侯）	42	36	句、需、匦	3	斲、枓、投	3
16	蕭（幽）	111	100	复、孰、焦、翏、奥、褱、牡	7	保、孝、婦、舀	4
17	屋（屋）	25	24	粪	1		0
18	東（東）	32	31	充	1		0
19	豪（宵）	46	45	少	1		0
20	沃（藥覺）	19	19		0		0
21	冬（冬）	11	10	戫	1		0
22	咍（之）	57	50	榁、疑、思	3	右、改、臺、耏	4
23	德（職）	42	35	革、怪、敕、食、匿、息	6	國	1
24	登（蒸）	28	25	雍、兢、曾	3		0
25	合（緝）	23	23		0		0
26	覃（侵）	28	26	參	1	葳	1
27	帖（葉）	30	25	枼、虢、狘、疌	4	貶	1
28	添（談）	31	30	敢	1		0
总计		1324	1198		84		42

附録：（説明：拙文（上）篇第肆節原有一"凡例"，頗多疏漏，今作爲附録重新刊佈如下。）

附録：劉賾《說文諧聲表》凡例（全本）

劉賾的《說文諧聲表》原表並無凡例，劉賾原書對其《諧聲表》雖有所說明，但是條理並不明晰。今細檢原表，將其有關說明及相關問題歸納成凡例九條，分述如下，供閲讀和使用劉表的參考。

一、全表共收《說文》最初聲符 1324 字。

二、劉表每字所注音爲大徐本《說文》所標《唐韻》反切。

三、關於《說文》最初聲符的說明。劉表所列，均是《說文》中的最初聲符，他稱聲母。何爲最初聲母？劉賾說："此表仿段玉裁、江有誥等諧聲表之法，取說文最初聲母（聲母，即形聲諸文所從以得聲之字。其非最初聲母，即可省略。如瓏、龓諸字從龍聲，而龍從童省聲，童從重省聲，重從東聲，則龍童重皆爲聲母，而東爲最初聲母矣。其無聲子者亦並列之）分列古韻二十八部。每部之字又分配古聲十九紐。紐韻相合，即可得其本音（每字後切語，係今音，皆省去切字。音同者即共一切語)。蓋說文形聲字居十之七八,初學者僅記其聲母在何韻部,則全書古音皆通,即一切文字古音與夫轉注假借之法無不通矣。"

四、關於聲符的歸部問題。劉氏基本上嚴守清人段玉裁的"同聲必同部說"。劉賾說:"段氏有言曰:'考周秦有韻之文,某聲必在某部,至賾而不可亂,故視其偏旁以何字爲聲,而知其音在某部,易簡而天下之理得也。'又曰:'許叔重作《說文解字》時未有反語,但云某聲某聲,即以爲韻書可也。自音有變轉,同一聲而分散於各部各韻,如一某聲,而某在厚韻,媒腜在灰韻,一每聲,而悔晦在隊韻,敏在軫韻,晦海在厚韻之類,參差不齊,承學多疑之,要其始則同諧聲者必同部也。'"當然,劉氏的歸部是指黃侃的古韻二十八部說。

五、關於聲符的歸紐問題。劉表聲符的歸紐情況比歸部問題複雜多了,雖然黃侃的古聲十九紐說已經規定了中古哪些聲母上古應該歸什麼聲紐,但情況遠非如此簡單。劉賾充分認識到這個問題的複雜性,他說:"然聲母祇足以定其聲子之韻部,不能確定其聲紐。定紐之術云何,章君《文始略例》曰:近代言小學者,或云財識半字,便可例他,此於韻類則合,音紐猶不應也。凡同從一聲者,不皆同歸一紐,若巳目之聲皆在淺喉,而台胎在舌,似俟在齒。丣酉之聲喉舌殊致,而自酉出首,乃爲齒音。九聲古今皆在深喉,而尕从九声,篆文作躂,則在舌頭矣。八聲古今皆在重唇,而穴從八聲,則在淺喉矣。欲言譌音變古,則音異者古亦有徵,古音本綜合方言,非有恆律,轉注所因,斯爲縣象,假令考老小疏,不製異字,則老字兼有考音,其他可以類例。然則分韻之道,聞一足以知十,定紐之術,猶當按文而施。但知舌上必歸舌頭,輕脣必歸重脣,半齒彈舌讀從泥紐,齒頭破碎宜在正齒,(案此說與黃君不同。)今之字母可省者多,斯亦足矣。若以聲母作桀,一切整齊,斯不精之論也。"據此可知,劉賾諧聲表中的同一聲母下所收諸聲,不可一概而論,有些與黃侃的古聲十九紐說也不盡相符,閱者特宜注意。關於這個問題,傳統古音學家似難於解決,宜參考高本漢、李方桂、鄭張尚芳諸家的聲母諧聲說。總之,劉表同一聲母下的諸聲符尚需逐一加以研究,以正確判定其古聲爲何。

六、關於聲符右旁加小圓圈°者。劉表中對於聲符之成問題者亦有記號,於字之右旁識以"°"號,如從《說文》小徐本附列備考者。劉賾說:"表中於《說文》有聲無字諸文,如舣、希、丬、由、免、芈之類,各歸其本韻列出。其在許君已闕其音者如丕屈兂从棘鸟鼏丂卯虵州羴等字,亦從蓋缺闕。至於古籀或體,以及會意兼聲之字而說文未明言其某聲者,如敗旼嬰堯愚俎旔厚之類一見易知,即不復出,以歸省併。其於形聲之字,以大徐本爲主,參以小徐之說。(大小徐而外非無可采之善言,如瑞從耑聲,態從能聲,灰從又聲,差從來聲之類,見於《一切經音義》所引,身從申省聲,見於《韻會》所引,虜從虍省聲,見於《六書故》所引。然其不可信者甚夥,又非初學者所能辨,故不取焉。)有大徐無聲字,而小徐有聲字,與今音比近者,如祫莊芝苄否避糾胗卦博說諰訥䢍變睔睡礦馷杓肭嘗枀粲室定窊冒置幣粉仕俊侔伍佰作倪倌儗製裖薑屚屍視冟欵頹䰢髻髦髻喦碧馱驪馭炲絞爐隸懶憮澦涑決泂沒泐媛蝸蚖塞堊鑾鎦紊纾綴獸胆蠪蠪諸文,則與上舉敗旼等字同類,無勞兼收。若小徐有聲字與今音不甚比近而古韻實同部,或今音雖比近而字形殊見不易辨析者,則爲之列出,以便初學,凡表中規識其旁之字皆是也。"

七、關於字外加大圓圈○者。劉表於所從得聲之字不在本韻部之內者,則字外加大圓圈○,如屑部上(王力質部)的"疾"字外加圈爲㋲,"必"字外加圈爲㋘是。劉賾說:"至於形聲字有與所從聲母,考之古韻,實不同部者,以音有轉變,難以類從,即各歸其本韻書出之,而規識其外。"凡是字外加大圓圈的字,劉表均於"附注"欄內加注說明。但是"附注"欄中的說明文字不全是字外加大圓圈者,即所從得聲之字不在本韻部之內者,還有其他的諸種情況,詳見下條對"附注"欄的說明。

八、關於"附注"欄。劉表又有"附注"一欄,皆就表中所列聲符,擇其相從之字有重文,或讀若,或小徐等說,凡軼出本韻部,可爲對轉(如歌月元互通)旁轉(如歌微佳等互通)等之證明,或僅雙聲相轉,抑或渺不相涉而成偶然的關係者,均加附注說明。劉賾說:"又重文讀若及小徐有聲之字,其音之與古韻部居有不相吻合或相隔甚遠者皆附列表下,以盡其變通之致。嚴可均《說文聲類》所謂'置母爲紐,必在本類,其子有往適他類者,亦有他類之子來歸本類者,以及重文讀若往來無定,既嚴其畛域,復觀其會通'是也。若規識其外之字及附注所言,有多合乎對轉旁轉之條者,亦有絕無音理可尋者,(亦有初不相通,而細按之仍有脈絡可尋者。如囟在先部,從以得聲之思入咍部,而囟之或體作䏪,從宰聲,則囟固有咍部之音矣。采或體作穗,在灰部,小徐從爪聲,則入蕭部,而褎或體作袖,是采固有蕭部之音矣。磬在屋部爲侯之入,讀若筝,則轉蕭部,而筝又讀若弴,則又回侯部矣。)是則姚文田《說文聲系》有言曰:'夫許書傳世既遠,轉寫非一,其中不能無殘缺譌謬。文田嘗取北宋以前諸書有引《說文》者校之,則今本篆文說解其譌脫其不下數千事,豈獨言聲遂無一舛。即叔重生東漢之世,網羅篆籀,間以時代,又雜方音,故讀若兼收,異文備列,其所言聲,亦不必盡符於古。是在證之以經籍之言,然後是非明著。苟執其文而曲爲之說,則其弊又失之鑿。'章君《文始略例》亦云:'世人多謂周秦以上音當其字,必無譌聲,斯亦大略粗舉,失之秋毫。夫駡從尙聲,隊支互讀,彝從互聲,泰脂挾取,未越夿侈之律也。乃若章孰雕皾同在幽部,章聲字古已入諄。奧燠奠墺本在寒部,(奧從釆聲,古文墺從釆聲。)奧聲字古已入幽。至轉爲弔,輖變爲摯,至宵亂流,幽泰交捽。此於韻理無可言者。明古語亦有一二譌音,顧其數甚少爾。'二君之言最爲通達。凡表中所載,考之於古其有轉變出入者,學者皆宜審察明辨,心知其意,不可膠固視之也。"劉表附注中的情況至爲複雜,這些附注多是劉氏本人的見解,有些判斷是否合理,實難遽斷,這大概也是劉氏此表多年來未有學人董理探究的原因之一。

九、劉表所列《說文》最初聲符可能不全。把劉氏此表與朱駿聲《說文通訓定聲》相較,正如黎錦熙在《說文音母並部首今讀及古紐韻表》(1946)中說:"朱駿聲氏《說文通訓定聲》定聲母凡一千一百三十七部。凡例云:'內不爲子亦不爲母者二百五十四部,實得聲母八百八十三部。'就其總數與劉表相較,少一百八十八字。然亦有爲劉表所不列者(如臨部之'丗

(xì)',據《廣韵》引《說文》。頤部之'肊(yì)',本乙聲。孚部之'叉(zǎo)';'不(zhǎng)',聲闕;'𪏲(mí[yù])',米聲。小部之'要(yāo)',交省聲;'敹(liáo)',𣑭古文,𣑭省聲。需部之'𠔿(lù)',六聲。隨部之'厄(wǒ)'①,厂聲,作厂者非;'妥(tuǒ)',按从此聲。解部之'企(qǐ)',止聲。履部之'曳(yì)',丿聲,作厂者非;'枅 jī',开聲;'聿(yù)',一聲;'佾(xì)',八聲;'匹(pǐ)',八聲。泰部之'雪(xuè)',彗聲;'𠂔/𠂔②(niè)',中聲;'弼(bì)',舊說丙聲。乾部之'顯(xiǎn)',古字㬎聲;'攐(qiān)',段氏據《玉篇》改爲舉矣;'短(duǎn)',舊說豆聲,但雙聲相轉耳。屯部之'焚(fén)',即'燓(fán)'字,棥聲;'奔(bēn)',賁省聲。坤部之'㱃(yìn)',來聲。鼎部之'鼁(chǎn)',中聲;'幷(bìng)',开聲。壯部之'長(cháng)',亾聲),計得二十八字(聿、長兩字前已計入部首之不爲音母者六十一字中矣),本表亦皆按音附列之而識以'()'。此朱氏多於劉表之音母也,然則朱氏少於劉表者實二百十六字,此二百十六字果爲最初音母與否,實成問題。"所以,劉表是不是能够準確代表全部《說文》最初聲符,尚需進一步全面研究後才能確定。

十、劉表所依據的黃侃古音學說。閱讀劉賾此表,必須先了解一下黃侃的古韵古聲十九紐和二十八部學說,因爲劉氏諧聲表完全是根據黃說而作的。下面我們把劉賾《聲韵學表解》所列的黃氏聲紐韵部表列出如下,以供參考:

古本聲十九類:

喉聲			牙聲			舌聲					齒聲				唇聲			
影喻爲	曉	匣	見	溪群	疑	端知照	透徹穿審	定澄神禪	泥娘日	來	精莊	清初	從床	心疏邪	幫非	滂敷	並奉	明微

古本韵二十八部及其對轉旁轉等呼附,合口只有唇音者規誌其旁。

陰聲平		灰	歌戈	齊	模	侯	蕭	豪	咍			
		合	開合	齊撮	合	開○合	齊○撮	開○合	開○合			
入	屑	沒	曷末	錫	鐸	屋		沃	德	合	怗
	齊撮	合	開合	齊撮	開合	合		合	開合	洪	細
陽聲平	先	魂痕	寒桓	青	唐	東		冬	登	覃	添
	齊撮	合開	開合	齊撮	開合	合		合	開合	洪	細

關於黃氏的古聲十九紐,從現代音韵學的角度看,有些合併並不合理,如喉聲的影、喻、爲三紐合併,牙聲的群、溪二紐合併,舌聲的定、澄、神、禪四紐合併,齒聲的心、疏、邪三紐合

併,均未合音理,它們各自之間並不是簡單的歸併關係,所以他的這些説法均可商榷。據此,劉賾諧聲表中的影紐、溪紐、定紐,均不是簡單的一個聲母,而是合併了中古多個聲母而成的聲母類,但作爲很有影響的一家之言,顯然值得重視。黃氏的古韻二十八部問題没有聲母那樣多,與目前通行的王力古韻三十部説相差無幾,各部的陰陽入三聲相配關係也基本上可以接受。分部方面,除了閉口韻的劃分黄氏後來有所修正,宵部的入聲覺部和微部亦應獨立外,其他諸家意見基本上一致,毋煩贅論。總之,此表可以作爲我們進一步完善的諧聲表的基礎。

附　注

① 此字手寫稿第一筆似乎爲横,没有查到,無法録入,故正文中爲圖片拼字,但查到了第一筆爲撇的"厃"字,不能確定是否爲同一個字,特此説明。

② 此處原手寫稿的上部似乎爲"中",下部爲"旨",但始終查不到這個字,只找到了"峕"和"旹"這兩個字(這兩字都比手寫的多一筆,不確定是否與原稿手寫的爲同一個字),因爲兩字讀音一樣,待定是"峕"還是"旹"。

參考文獻

陳複華、何九盈　1987　《古韻通曉》,北京:中國社會科學出版社。
黎錦熙　1946　《説文音母並部首今讀及古紐韻表》,蘭州:國立西北師範學院出版組。
李維琦　2011　《李維琦語言學論集》,北京:語文出版社。
李學勤　1991　《〈古韻通曉〉簡評》,《中國社會科學》第 3 期。
劉　賾　1934　《聲韻學表解》,上海:商務印書館。
劉　賾　1961　《漢語聲韻圖説》,油印本,武漢:武漢大學。
劉　賾　1963　《説文古音譜》,武漢:湖北人民出版社。
王　力　1963　《古韻脂微質物月五部的分野》,《語言學論叢》第 5 輯,北京:商務印書館。又見《王力文集》(第十七卷),濟南:山東教育出版社,1989,248—290 頁。
張富海　2008　《試論"豕"字的上古韻部歸屬》,《漢字文化》第 4 期。
鄭張尚芳　2012　《上古音系(第二版)》,上海:上海教育出版社。
周秉鈞　1981　《古漢語綱要》,長沙:湖南人民出版社。

A New Emendation, Phonetic Transcription and Explanation of *Shuo Wen Xie Sheng Biao*（説文諧聲表）Authored by Liu Ze

FENG Zheng

Abstract：*Shuo Wen Xie Sheng Biao*（説文諧聲表）, attached to the book *Sheng Yun Xue Biao Jie*（聲韻學表解）, is written by Liu Ze. *Shuo Wen Xie Sheng Biao*（説文諧聲表）is widespread in the field of phonology, being regarded as a basis in traditional phonology, especially in Zhang Huang phonological school. However, the pity lies in its inconvenience in practical use. For the first time, we sorted the table in the paper systematically, adjusting the arrangement of the original table and marking all the phonetic signs with contemporary phonetic transcription. Besides, we make a detailed statistics of all the sound symbols in original table, among which we annotate for certain phonetic signs and comment. Therefore, the paper helps to further improve the phonology table and provide the reference for correlational research.

Key words: *Liu Ze*, *Shuo Wen Xie Sheng Biao*(說文諧聲表), Huang Kan(黃侃), phonetic signs, phonetic notation

(馮 蒸 首都師範大學文學院 100089)

《上古漢語研究》稿約

《上古漢語研究》是由中國社會科學院語言研究所歷史語言學研究一室主辦、商務印書館出版發行的系列學術集刊(暫定每年一輯),也是目前爲止唯一的以上古漢語(東漢及其以前的漢語)爲研究對象的語言學集刊,主要發表原創上古漢語及其相關專業的學術論文,以期增強國内外學者之間的學術交流,促進傳統語言學與現代語言學的融合,推動上古漢語文字、音韻(語音)、訓詁(詞彙)、語法等研究的全面發展。

本刊面向國内外語言學界組稿,實行雙向匿名審稿制,歡迎學者踴躍投稿。

本刊通信地址:

中國北京建國門内大街 5 號　中國社會科學院語言研究所《上古漢語研究》編輯部。

郵編:100732。電話:010-85195369(周一、周四坐班)。

電子郵箱:shangguhanyu@126.com。

一、來稿注意事項:

1. 篇幅一般請控制在 20000 字以内,超過 5000 字者請提供 300 字以内的中文提要和 3 至 5 個關鍵詞,以及相應的英文題目、提要、關鍵詞。

2. 請提供紙質文本(或嵌入字體的 pdf 格式電子文本)和電子文本(word 格式)。作者姓名、單位、電子郵件、電話、通信地址及郵編等請另頁給出。

3. 本刊以繁體漢字排印(請注意繁簡轉换時一簡對多繁現象和可能出現的錯誤,如"信息"可能會轉成"資訊"等),GBK 以外字體及特殊符號、須製版的圖表等,請另頁標出。

4. 編輯部在收到稿件後半年内告知評審結果。限於人力,來稿恕不退還。

5. 論文一經發表,即贈樣書兩本,並略致薄酬。

二、稿件排版格式

稿件排版格式請參照《中國語文》。主要體例如下:

1. 章節層次編號,請用 1、2,1.1、1.2,1.1.1、1.1.2,依次類推;或一、二、三,(一)、(二)、(三),1、2、3,依次類推。圖表編號,請用圖一、圖二,表 1、表 2,依次類推。

2. 例句編號,請用(1)、(2)、(3)。例句字體爲楷體,首行空 2 格,回行齊漢字;必要時接排,中間用豎綫隔開。例句出處在圓括號內標明,包括書名、卷回名(章節名)或卷回數(章節數)等,文末附有引書目錄時可以注明頁碼;書名與卷回(章節)頁碼之間以逗號隔開,書名號可省略。

3. 國際音標是否加方括號視需要而定,調值用數字形式標在音標右上角,如"[kuan^{11}]"。

4. 附注置於篇末,通篇用阿拉伯數字編碼排序,正文爲上標,文末爲正體。謝啟及相關說明文字置於首頁下,並於篇題之後標星號"＊"參照。

5. 徵引形式爲"王寧(1995)";引述原文時,兼附頁碼如"裘錫圭(1980:21)",或加在引文後面"(裘錫圭:21)"。

6. 徵引文獻一律附在文末"參考文獻"下,先中文,後日文、英文,按音序排列。

6.1 專著的編輯形式,示例如下:

　　王　力　1955　《中國語法理論》,北京:中華書局。

6.2 再版古籍參考文獻編輯形式,示例如下:

　　段玉裁　《說文解字注》,上海:上海古籍出版社,1981年版。

6.3 期刊論文的編輯形式,示例如下:

　　戴慶厦、田靜　2002　瀕危語言的語言狀態——仙仁土家語個案分析之一,《語言科學》第1期,67—77頁。

《上古漢語研究》編輯部